Charlie Rinn-Roock/Günter G. A. Marklein
Der bunte Wegweiser — Landkreis Cuxhaven
Bereits erschienen in dieser Reihe:
Paul Uhrmacher/Günter G. A. Marklein
Der bunte Wegweiser — Landkreis Stade
ISBN 3-92 53 54-01-8

D1994119

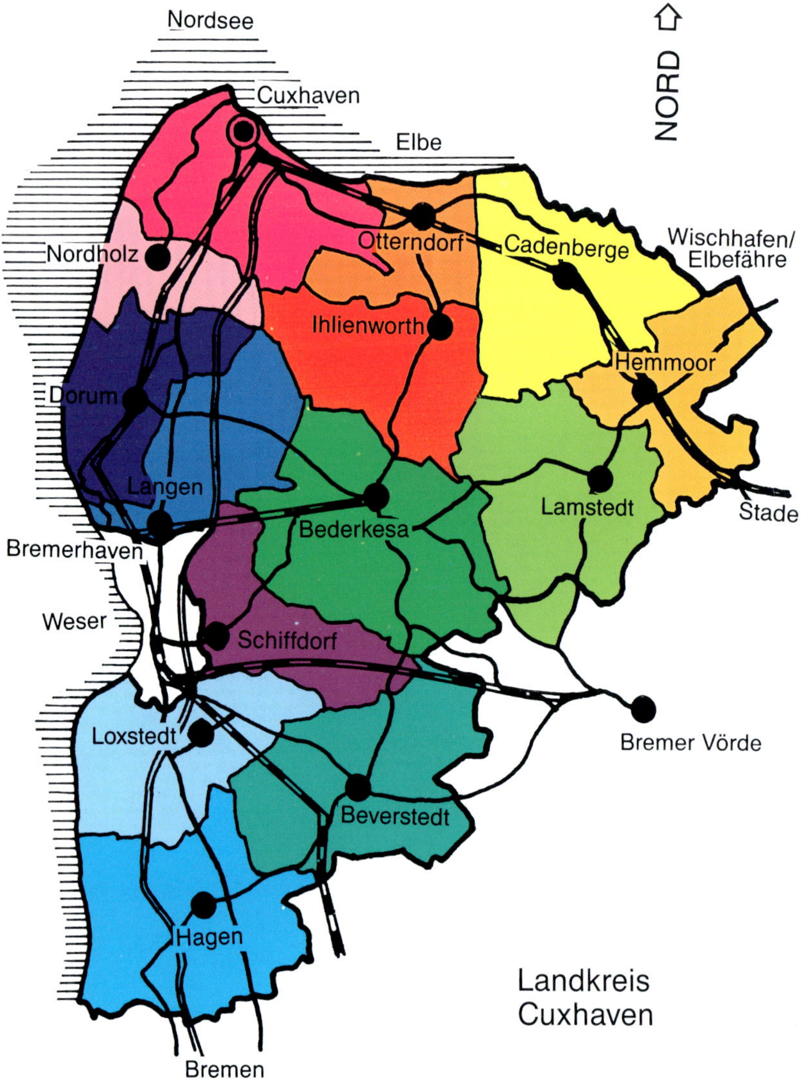
Nordsee
Cuxhaven
Elbe
NORD
Nordholz
Otterndorf
Cadenberge
Wischhafen/
Elbefähre
Ihlienworth
Hemmoor
Dorum
Langen
Lamstedt
Stade
Bederkesa
Bremerhaven
Weser
Schiffdorf
Bremer Vörde
Loxstedt
Beverstedt
Hagen
Landkreis
Cuxhaven
Bremen

Rinn-Roock/Marklein

Der bunte Wegweiser

Landkreis Cuxhaven

dbw Verlagsgesellschaft mbH Freiburg/Elbe

Was Sie in diesem Buch lesen können:

©1988 dbw Der bunte Wegweiser
Verlagsgesellschaft mbH, Freiburg/Elbe

Alle Rechte vorbehalten.

Ohne schriftliche Genehmigung des Verlages und der Autoren ist es nicht gestattet, dieses Buch oder Teile daraus in irgendeiner Form zu vervielfältigen oder unter Verwendung elektronischer bzw. mechanischer Systeme zu speichern, auszuwerten und zu verbreiten.

1. Auflage 10 000 Exemplare

Idee und Gestaltung: Günter G. A. Marklein
Fotos: Günter G. A. Marklein
Text: Charlie Rinn-Roock

Herstellung: Buchdruckerei Loibl, Neuburg/Donau

ISBN 3-92 53 54-02-6

Einleitung

Als wir den „Bunten Wegweiser" durch den Landkreis Cuxhaven planten, waren wir guten Mutes, gehört dieses Gebiet doch sozusagen zu unserem engeren, heimatlichen Umfeld. Hier kennen wir uns schließlich aus — dachten wir. Ein großer Irrtum, wie sich schnell herausstellte. Dieses, in den Schulatlanten so gleichmäßig grün markierte Küstengebiet zwischen Weser und Oste entpuppte sich bei genauerem Hinsehen als ein äußerst vielfarbiges Fleckchen Erde.

Wir haben versucht, Ihnen in diesem kleinen Büchlein ein wenig von der Vielfarbigkeit darzustellen. Natürlich mußte dieser Versuch es bei Andeutungen belassen, sonst würden Sie jetzt einen dicken Wälzer in den Händen halten.

Schon ein flüchtiger Blick auf den Landkreis Cuxhaven läßt seine Vielfalt ahnen. Der längste Teil seiner Grenze wird von Wasser markiert: von der Weser, der Nordsee und der Oste. Die drei klassischen Bodenformationen Norddeutschlands — Marsch, Geest und Moor — bestimmen zu etwa gleichen Anteilen die Landschaft und geben ihr abwechslungsreiches Gepräge.

Besonders die Worte Marsch und Moor beinhalten Kampf mit der Natur. Das bis in die Gegenwart dauernde Ringen mit den fürchterlichen Gewalten des Wassers und die Generationen dauernde mühsame Kultivierung der Moore hat die Geschichte und die Menschen dieser Region über Jahrtausende geprägt. Eine Chronik von Osten verzeichnet allein für dieses Gebiet an der Oste in den letzten 600 Jahren 23 schwere Sturmfluten, d. h. etwa alle 30 Jahre eine. Die letzte war dort 1962.

Die Straßenkarte zeigt, daß dieses Gebiet von seinem Rand her für unsere moderne Zeit erschlossen worden ist. Sie können den Kreis auf Bundesstraßen umrunden. Von Bremen aus auf der B 6 — oder, wenn Sie es eilig haben, auf der A 27 bis Cuxhaven, auf der B 73 bis Hemmoor, auf der B 495 bis Glinde und auf der B 74 wieder bis Bremen. Quer durch den Kreis führt nur im südlichen Zipfel die B 71. Und die älteste dieser Hauptstraßen, die B 6, wurde erst vor ca. 150 Jahren angelegt. Auch die vielen gut ausgebauten Landstraßen sind erst in jüngster Zeit entstanden, so daß die einzelnen Gemeinden bis ins heutige Jahrhundert ihre unterschiedlichen Eigenarten bewahren konnten.

Wenn Sie Freude am Entdecken haben und Ruhe und Erholung suchen, sind Sie hier richtig. Dabei sollten Sie sich mit offenen Augen und Ohren möglichst zu Fuß oder mit dem Fahrrad auf den Weg machen, denn die Sehens- und Hörenswürdigkeiten haben hier meistens keine großen Schilder umhängen. Darum möchten wir am Ende dieses Buches eine, wie wir meinen, sehr schöne Einrichtung vorstellen, die in Gemeinschaft der Fremdenverkehrseinrichtungen des Kreises entstanden ist: das Wandern ohne Gepäck!

Bevor wir Sie nun durch die einzelnen Gemeinden führen, wobei wir im Südwesten von Bremen kommend mit der Samtgemeinde Hagen beginnen, möchten wir Ihnen noch kurz ein paar Stichworte zu den politischen Gebilden der Gemeinden und des Landkreises geben. Was versteckt sich hinter den merkwürdigen Worten Samtgemeinde und Einheitsgemeinde? Wieso sitzt die Kreisstadt Cuxhaven am äußersten Zipfel, gleichsam wie der Stiel an einer Traube? Ab Ende der sechziger Jahre schlossen sich, angeregt durch eine neu verordnete Gebietsreform, jeweils mehrere Gemeinden mehr — oder weniger — freiwillig zu größeren Verwaltungseinheiten, den Samtgemeinden, zusammen, die den Namen einer dieser Gemeinden erhielten. Dem Samtgemeinderat und seiner Verwaltung wurden z. B. die Sorgen um das Schul- und Bildungswesen, den Verkehr, die Entsorgung, die soziale Versorgung, Feuerschutz usw. übertragen. Daneben haben die einzelnen Mitgliedsgemeinden ihre politische Selbständigkeit behalten. Sie haben ihren eigenen Bürgermeister und einen eigenen Etat.

Wesentlich radikaler war die Bildung der Einheitsgemeinden. Von einer politisch und wirtschaftlich starken Gemeinde wurden die umliegenden schwächeren — die Einwohnerzahl spielte dabei eine gewisse Rolle — quasi vereinnahmt. Die betroffenen Dörfer mußten ihre politische Selbständigkeit völlig aufgeben und wurden zu Ortsteilen der Einheitsgemeinde. Das ging manchmal bis zum Verlust des oft über Jahrtausende gewachsenen Namens. Interessanterweise spielte hierbei die Bundespost aus Rationalisierungsgründen eine gewichtige Rolle, die reihenweise Dörfer „sterben" ließ. Inzwischen hat man auch höheren Ortes diese Entwicklung gestoppt und gewährt den Gemeinden wenigstens das Recht auf ihren alten gewachsenen Namen.

Auch Cuxhaven hat sich in den siebziger Jahren durch ständige Eingemeindungen umliegender Landgemeinden zu einer 60 000- Einwohner-Stadt gemausert. Hierdurch die größte und potenteste Einheit, bekam sie dann 1977 den Zuschlag als Hauptstadt des neu gebildeten Landkreises Cuxhaven. Für die Bewohner, z. B. von Hagen oder Hemmoor, teilweise eine schwere Bürde, haben sie doch zu ihren Kreisämtern einen sehr weiten

Weg zurückzulegen. Das neue Kreisgebiet setzt sich aus den Altkreisen Wesermünde und Hadeln und der Stadt Cuxhaven zusammen und gehört heute zu den größten Landkreisen der Bundesrepublik.

Glücklicherweise sind all diese Grenzen für den Besucher nur durch die Kreis- und Ortsschilder wahrnehmbar und sollten nur drosselnde Wirkung auf die Geschwindigkeit Ihres Autos haben. Schlagbäume und Zollerhebungen sind ja schon eine Weile abgeschafft. Dennoch schien uns die Gliederung des bunten Wegweisers nach den einzelnen Gemeinden um der Übersichtlichkeit willen durchaus sinnvoll. Zudem wenden Sie sich bei irgendwelchen Problemen oder Fragen, z. B. Ferienunterkunft usw. am besten an die jeweils zuständigen Ortsämter.

Erwarten Sie von uns bitte keine umfassende, wissenschaftlich erarbeitete Heimatkunde. Vielmehr hätten wir unser Ziel mit diesem Büchlein voll und ganz erreicht, wenn wir Sie mit unserer Begeisterung für dieses grüne Land zwischen Weser und Oste angesteckt haben sollten. Auswahl und Gewichtung sind absolut subjektiv erfolgt und erheben keinen Anspruch auf Vollständigkeit und Allgemeingültigkeit. Es gibt hier noch viel für Sie zu entdecken, zu erleben und zu genießen. Und dabei wünschen Ihnen Günter G. A. Marklein, der die vielen Erinnerungen für Sie fotografiert hat, und Charlie Rinn-Roock, der die Texte geschrieben hat, viel Vergnügen.

Zu guter Letzt obliegt uns noch eine schöne Pflicht, der wir gern nachkommen: Wir danken all den vielen Menschen, die uns durch ihre Heimat geführt und uns von ihr mit großer Geduld so viel erzählt haben. Sie waren uns eine unschätzbare Hilfe.

Ebenso sei dankbar darauf hingewiesen, daß die im Buche eingefügten Anzeigen erst die Realisierung und den niedrigen Preis dieses Buches ermöglicht haben.

Bei unseren Streifzügen sind wir wiederholt auf die ,,Männer vom Morgenstern" gestoßen. Da dieser Heimatbund zwischen Weser und Elbmündung auch für Sie eine Fundgrube sein kann, werden wir ihn am Ende des Buches kurz vorstellen. Als Verneigung vor dem Gründer dieses Bundes, dem großen Marschendichter und -forscher Hermann Allmers, beginnen wir unsere Wanderung durch den Landkreis mit einem Besuch an der Geburts-, Lebens- und Erinnerungsstätte dieses bedeutenden Mannes.

Charlie Rinn-Roock
Günter G. A. Marklein

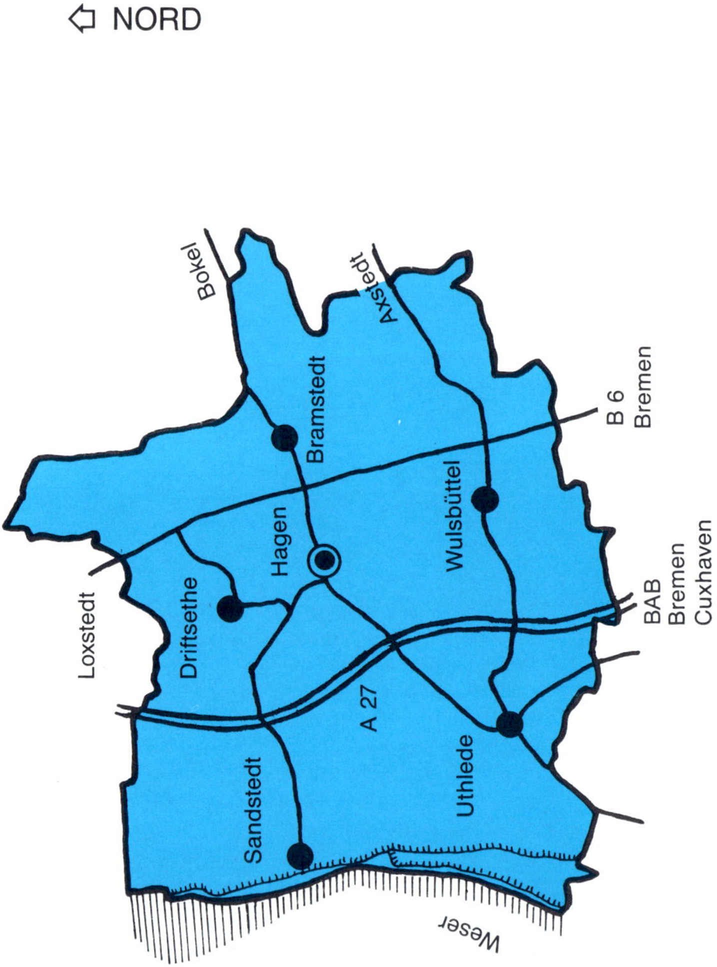

Samtgemeinde Hagen

Samtgemeinde Hagen

Vor Jahrhunderten hatten wieder, wie schon so oft an der Weser, die Wassermassen einer Sturmflut ein großes Loch in den Deich zwischen den Dörfern Sandstedt und Rechtenfleth gerissen. Sofort machten sich die bedrohten Menschen an die Arbeit, die Lücke wieder zu schließen. Aber wieviel Klei und Stallmist sie auch herankarrten, es versank alles im Wasser. So schufteten sie den Frühling, Sommer und Herbst. Doch vergebens, sie bekamen den Deich nicht wieder dicht. Offensichtlich zürnte Gott den reichen Marschenbauern, die ihn in den fetten Jahren vergessen hatten und lieber um das goldene Kalb tanzten.
Der Winter nahte und drohte mit neuen Sturmfluten. In ihrer Not fragten die Bauern und Fischer eine weise Frau um Rat. Sie riet ihnen, Gott ein Opfer zu bringen. Sie sollten frühmorgens den ersten Menschen, der vorüberginge, in die Tiefe werfen und bedeichen. Am nächsten Morgen kam als erster der reiche und hochmütige Bauer Heuer an der Deichbaustelle vorbei, wo die Leute gegen die Naturgewalten um ihr Leben kämpften. Sie ergriffen den Mann, der sich bisher zu fein gewesen war, bei den schweren Deicharbeiten mitzuschaffen, warfen ihn in die Tiefe und überdeichten ihn. In kurzer Zeit war der Deich wieder geschlossen und hielt den kommenden Sturmfluten stand.
Der Kolk, der dabei hinter dem Deich entstand, heißt noch heute der ,,Heuersche Kolk". Er bietet dem Wanderer ein friedliches Bild; aber in manchen Nächten soll noch ein Klagen und Stöhnen aus der Tiefe herauf zu hören sein.
So berichtet die Sage vom ,,Heuerschen Kolk" bei Rechtenfleth, die auch von dem Marschendichter Hermann Allmers erzählt wird. In seinem ,,Marschenbuch" hat er den Menschen ein Denkmal gesetzt, die in jahrhundertelangem Kampf dem Wasser das fruchtbare Land an Weser, Nordsee und Elbe abgerungen haben. Selbst die immer wieder so verheerend hereinbrechenden Sturmfluten, die ganze Dörfer und Landstriche in den Abgrund gerissen haben und Zehntausenden den Tod brachten, konnten dieses harte Menschengeschlecht nicht beugen. Die Chroniken verzeichnen über Jahrhunderte etwa alle dreißig Jahre eine solche Flutkatastrophe. Die letzte war 1962 — oder aber 1976 in Kehdingen beim Deichbruch auf Krautsand.
Wir waren neugierig auf den bedeutenden Chronisten dieses Marschenlandes, der allerdings schon vor fünfundachtzig Jahren gestorben ist. Also spazierten wir über den Deich, der jetzt, dank der weisen Frau und dem beherzten Zupacken der Menschen in

jenen finsteren Zeiten, sicher und fest ist, von Sandstedt nach Rechtenfleth, der Geburts- und Wirkungsstätte von Hermann Allmers. Hier scheint die Zeit stehengeblieben zu sein; denn dieses Marschendorf hat noch viel von seinem ursprünglichen Flair bewahrt, um so überraschender das ,,Marschenheim" des Dichters. Es springt nicht sogleich ins Auge, weil es hinter Hecken und alten Bäumen versteckt liegt. Was zunächst auffällt, ist direkt gegenüber dem Deich das kleine, aber aufwendige, Denkmal für Karl den Großen, das Allmers 1899 errichten ließ. Wahrlich eine Kuriosität, schon wegen der prächtigen Nachbildung einer von Säulen getragenen romanischen Kuppelvorhalle. Der Dichter hatte an dieser Stelle ein altes Schwert gefunden und war fest davon überzeugt, daß es dem alten Frankenkaiser gehörte, der hier bei Rechtenfleth vor tausend Jahren mit seinem Heer über die Weser gegangen sein soll, um die Sachsen zu christianisieren.

Wie diese kleine Episode zeichnet sein ganzes Handeln und Denken diesen, zu seiner Zeit, berühmten Mann als ein typisches Kind des 19. Jahrhunderts aus. Er wurde am 11. Februar 1821 in Rechtenfleth geboren und blieb dort bis an sein Lebensende wohnen. Er war der einzige Sohn eines alten und wohlhabenden Marschenbauerngeschlechtes. So konnten ihm seine Eltern, zumal er durch eine Hasenscharte sprachbehindert war, die Dorfschule ersparen und eine bessere Ausbildung durch Privatlehrer ermöglichen. Er vollendete seine Bildung durch intensives Selbststudium und ab seinem sechzehnten Lebensjahr, während der Wintermonate in Bremen, durch Unterricht in Englisch und Französisch sowie in Naturwissenschaften und Kunst. Er war ein eifriger Leser der zeitgenössischen Literatur und entwickelte selbst ein früh aufkommendes dichterisches Talent. Dazu muß man bedenken, daß er sich gleichzeitig auf das Erbe seines väterlichen Hofes vorbereitete, den er 1849 übernahm. Dieser lebenslange Versuch, das Bauernleben mit dem Literatenleben zu vereinen, muß im nachhinein als gescheitert angesehen werden, zumal er, besonders im bäuerlichen Bereich, manch seltsame Blüten trieb. So soll der Dichter bei Regenwetter mit aufgespanntem Regenschirm gepflügt haben. Seinem Wesen nach stand Hermann Allmers wohl mehr auf der Seite des Geistes und der Künste.

Sein ganzes Leben und Schaffen zu erzählen, würde den Rahmen dieses Buches sprengen. So engagierte er sich für die revolutionäre Bewegung von 1848. Er gilt als ein Vorreiter des Volks-

hochschulgedankens. Er hat sich von früh auf für die Entdeckung und Erhaltung der Kultur und Geschichte und ihrer Zeugen und Denkmäler in seiner engeren Heimat an Weser und Elbe verdient gemacht. Bedeutendstes Ergebnis dieser forscherischen Tätigkeit ist sein „Marschenbuch", das heute noch, nach 130 Jahren, in seinen wesentlichen Teilen zu den Standardwerken über dieses Gebiet zählt und seinen frühen internationalen Ruhm begründete.

Mit fünfundzwanzig Jahren macht er seine erste längere Reise quer durch Deutschland bis nach Oberitalien. Die Berichte und Notizen hierüber wiesen ihn bereits als hervorragenden Reiseschilderer aus. Die nach seinem über ein Jahr dauernden Italienaufenthalt 1858—1859 erschienenen „Römischen Schlendertage" bildeten die zweite Säule seines über die Landesgrenzen reichenden Ansehens. Dieses Reisetagebuch gehörte, wie Goethes „Italienische Reise", fortan in den Rucksack jedes gebildeten Italienreisenden.

Sein hohes Ansehen spiegelt auch sein schier unübersehbarer Freundeskreis wieder, zu dem viele bedeutende Zeitgenossen aus Literatur, Kunst und Wissenschaft zählten. Da er ein typischer Repräsentant seiner Epoche war, hatte er auch einen aus-

Hermann Allmers — Marschensaal

geprägten Sinn für den Nachruhm. Schon zu Lebzeiten hat er sich manches Denkmal gesetzt, seine Totengruft errichtet und testamentarisch verfügt, daß die Stätte seines Wirkens, das ,,Marschenheim", bis auf den heutigen Tag erhalten bleibt, wie er es gestaltet hatte. Und so können Sie es heute noch besichtigen. In diesem prächtigen Haus, das er umbauen und mit einem Stockwerk versehen ließ, und das damit aus der geduckten Marschenarchitektur herausfällt, konnten wir das Leben und Schaffen dieses ungewöhnlichen Mannes aufs Anschaulichste nachvollziehen. Das Marschenheim ist eine Stätte hoher Kultur: die erlesenen Möbel, die Bilder und Plastiken der Künstlerfreunde, die Sammlerstücke vieler Reisen und eine stattliche Bibliothek. Im sogenannten „Marschensaal" hat Allmers die Geschichte seiner Heimat auf einem Wandfries darstellen lassen.

So sehr der Dichter in seinem Haus und dem kleinen, parkartigen Garten auch gefeiert haben mag, so sehr sind sie auch Stätten der Gastlichkeit und Geselligkeit gewesen, auch dieses Ausdruck einer bestimmten Kultur, die uns sogleich gefangennahm. Gönnen Sie sich eine ausführliche Besichtigung und einen Bummel durch Rechtenfleth. Sie können dabei mehr über ein Land und seine Leute, seine Kultur und seine Geschichte erfahren als aus so manchem Buch.

Auf den Wandgemälden im Marschensaal ist u. a. ein Bauerngericht dargestellt. Es fand unter einer großen Eiche, der „Staleke", in Hagen statt, dem heutigen Verwaltungszentrum der Samtgemeinde. Dieses Volksgericht, erstmalig 1248 schriftlich erwähnt, wurde unter dem Vorsitz der Grafen von Stotel abgehalten. Es war die höchste Instanz für schwere Verbrechen. Die Sitzordnung lautete: „Sachsen links, Friesen rechts." Die Sachsen waren um 300 n. Chr., vermutlich von Hadeln aus, in den Elbe-Weser-Raum eingedrungen, in dem der Germanen-Stamm der Chauken seßhaft war, während die Friesen etwa ab dem 9. Jahrhundert die Marsch- und Moorgebiete urbar gemacht haben. Sicherlich mußten die beiden Stämme getrennt werden, weil es sonst leicht zu Handgreiflichkeiten zwischen ihnen gekommen wäre.

Das Gericht tagte zuletzt im Jahre 1822. Die alte Eiche stürzte zu Beginn dieses Jahrhunderts um. An ihrer Stelle wurde zur Erinnerung ein kleiner Eichenhain gepflanzt. Bis vor hundert Jahren war der kleine Ort Hagen im Bremischen (heute ca. 2700 Einwohner) ein Macht- und Verwaltungszentrum für diese Region rechts der Weser. Sichtbares Zeichen für diese einstmalige Bedeutung ist die Burg zu Hagen.

Bis zum Dreißigjährigen Krieg gehörte das Gebiet, wie fast das gesamte Elbe-Weser-Dreieck, zum Herrschaftsbereich des Erzbistums Bremen. Die Bischöfe von Bremen haben um 1200 die erste urkundlich nachweisbare Burg in Hagen errichtet. Der heute noch existierende Bau datiert spätestens aus dem Jahre 1502. Als wir sie 1986 besichtigen wollten, war sie ein von Handwerkern besetztes Backsteinskelett; denn das stark verfallene Gebäude wird von Grund auf renoviert und in seinen fürstlichen Zustand zurückversetzt. Der 1978 gegründete Burgverein möchte die Burg zum Mittelpunkt musischer und kultureller Veranstaltungen machen. Hier sollen Ausstellungen, Konzerte und ab und an auch mal ein kleines Fest stattfinden — in memoriam bischofiensis —; denn die Bischöfe haben hier schon vor 600 Jahren kräftig gefeiert.

Die Gemeinde will auch das Standesamt hier unterbringen, wo es durch ein bedeutsames historisches Ereignis seine besondere Weihe erhalten würde. 1576 hat sich der erste protestantische Erzbischof, Heinrich von Sachsen-Lauenburg, in der Burgkapelle zu Hagen mit der Kölner Bürgermeisterstochter Anna von Broich trauen lassen. Die Wandgemälde der Kapelle im ersten Stock der Burg wurden erst 1982 wieder freigelegt. Die kulturhistorisch interessantesten stammen wahrscheinlich aus der Regierungszeit des Erzbischofs Johann Rohde zu Beginn des 16. Jahrhunderts. Die Restaurierung dieser kostbaren Funde wird noch einige Jahre in Anspruch nehmen.

1648 besetzten die Schweden die Burg. Danach richtete das Königreich Hannover ein Gefängnis darin ein, während in der Kapelle weiterhin Gottesdienst abgehalten wurde. Nach dem Bau eines neuen Amtsgerichtes, dem heutigen Rathaus, bezogen die Amtsrichter in dem geschichtsträchtigen Gebäude ihre Wohnung, bis es 1978 die Gemeinde Hagen vom Land Niedersachsen kaufte und mit der Renovierung begann. Wie ein Tor zum Burghof steht, gleichsam als Hinweis auf den alten Baumbestand um die Burg, eine alte, knorrige Eiche, die nach unserer groben Schätzung einen Durchmesser von mindestens 1,70 m haben dürfte.

Sollten Sie zufällig im Mai, wenn das Heiraten bekanntlich am schönsten ist, auf Ihrer Hochzeitsreise in Hagen verweilen, so müssen Sie unbedingt in einer lauschigen Nacht auf der Wiese hinter der Burg nach der schwarzen Blume mit dem weißen Kelch suchen. Ihr Anblick stärkt Sie in Ihrer ehelichen Treue. Vom Ursprung dieser wundersamen Blume erzählt eine alte Sage: Die Bremer Bischöfe hatten schon vor Jahrhunderten die Schönheit und Erholsamkeit der Landschaft um Hagen erkannt und die Burg nicht nur als Bollwerk gegen die Stedinger, die immer wieder von der Wesermarsch in die Geest einfielen, erbaut, sondern auch als Sommerresidenz und Lustschloß, soweit man das bei

geistlichen Herren sagen darf, genutzt. Bei den Treibjagden, die der Erzbischof hier für seine Gäste veranstaltete, mußten die Bauern aus der Umgebung Treiberdienste leisten, während ihre Frauen in Keller und Küche schuften durften. Schließlich hatten die hohen Herren Hunger und Durst nach dem anstrengenden Vergnügen.

So auch in jenem fern vergangenen Jahr, als die schwarzhaarige Hiltrud, die Frau des Bauern Heino, wie schon in den Jahren vorher, wenn die illustren Gäste auf der Burg weilten, das Regiment in der Küche führte. Oben im Saale speisten die geistlichen und weltlichen Fürstlichkeiten, unten im Keller die erzbischöflichen Jäger mit den bäuerlichen Treibern, was den Grünröcken gelegentlich gegen die Ehre lief. Der Jäger Egbert, einer ihrer Wortführer, hatte an diesem Abend ein Auge auf die ,,schwarze" Hiltrud geworfen; denn schon damals waren die Frauen in dieser Gegend von besonderer Schönheit. Nachdem er sich ordentlich Mut angetrunken hatte, stieg er ihr in die Küche nach. Heino, ihr Ehemann, bemerkte wohl, was dort gespielt wurde, und eilte seiner Frau zu Hilfe. Er stellte den aufdringlichen Freier und warf ihn die Kellertreppe hinunter, wo er am Boden liegenblieb.

Heinos männlicher Beschützerinstinkt schlug schnell in Angst um, als er sah, was er angerichtet hatte. Er nahm seine Frau bei der Hand und floh. Beinahe wäre ihnen die Flucht gelungen. Aber der Jäger Egbert berappelte sich bald wieder, stellte die Fliehenden am Burggraben und streckte den Bauern mit seinem Jagdspieß nieder. An der Stelle, wo die schwarze Hiltrud ihren sterbenden Mann ins Gras bettete und bittere Tränen über ihn vergoß, wächst seitdem in jedem Jahr die geheimnisvoll-schöne schwarzweiße Blume. Sollten Sie sie finden, geben wir Ihnen einen guten Rat: Lassen Sie sie, wo sie ist. Selbst der Erzbischof hat seinerzeit vergeblich versucht, sie in seinen Garten nach Bremen zu verpflanzen.

Wir wollen nicht zu weit in die Vergangenheit schweifen. Die Samtgemeinde Hagen hat auch hier und heute viel für Ihre Erholung und Unterhaltung zu bieten. Hagen selbst hat ein modernes Hallen- und Freibad sowie eine bestens ausgestattete Sportanlage. An Sehenswürdigkeiten muß noch die Rittersche Mühle genannt werden, die, erbaut 1778, zu den ältesten erhaltenen Mühlen im Landkreis zählt. Hagen als ungefährer geographischer Mittelpunkt bietet sich für Ausflüge in die klassisch norddeutsche Landschaft der Samtgemeinde geradezu an.

Radeln oder wandern Sie nach Bramstedt, wo zu bischöflichen

Zeiten die Hauptkirche des Amtes Hagen stand. Die alte Kirche steht leider nicht mehr, aber die heutige hat auch schon ihre guten 200 Jahre auf dem Buckel. Davor breitet die hundertjährige Lutherlinde ihre mächtige Krone aus. Auf eine ausgefallene Rarität möchten wir Sie noch aufmerksam machen: die wahrscheinlich kleinste Likörfabrik der Welt. Die Schwestern Thea Knoblauch und Emmalisa Habben produzieren in einem Dachzimmer mitten im Dorf einen köstlichen Kräuterlikör. Das Rezept für den Magenbitter haben die Damen in Großvaters Tagebuch gefunden, ein reines Kräuterelixier. Und alles legal. Der vereidigte Gutachter bescheinigte: ,,Der Bramstedter Bitter ist einwandfrei und artenrein.'' Der Jahresausstoß des Zweifrauen-Betriebes liegt bei ca. 3000 Flaschen ,,Bramstedter Jagdbitter.''
Seit in den sechziger Jahren die Chausseebäume an unseren Landstraßen aus Sicherheitsgründen gefällt worden sind, dürfte die Alleestraße von Bramstedt nach Wittstedt, bis zu der die Axt nicht mehr gekommen ist, auch zu den Raritäten zählen. Zwischen dieser Allee und der B 6 liegt das Wald- und Heidegebiet ,,Häseler Busch'' und im Südosten von Bramstedt in Richtung Harrendorf der große Staatsforst. Hier läßt sich's vortrefflich wandern.

Niedersachsenhaus Bramstedt

Wenn Sie von Bramstedt nach Süden fahren, gelangen Sie zu dem gepflegten Feriendorf Wulsbüttel. Das Dorf, am Rande eines Waldes gelegen, lädt mit seinem Badeteich, Campingplätzen und Wander- und Reitmöglichkeiten zum Verweilen ein. Hier steht die älteste Kirche der Samtgemeinde. Die kleine Feldsteinkirche mit Holzturm wurde um 1200 erbaut. Die drei gleichklingenden Glocken sind etwa um 1300 gegossen worden. Neben der Kirche erinnert noch ein über dreihundert Jahre altes, gut erhaltenes Bauernhaus mit besonders schönem Fachwerk an die lange Vergangenheit des Dorfes.

Für die Ritter der Neuzeit sind am östlichen Dorfausgang eine Motor- und Autocrossbahn angelegt worden, wo alljährlich die internationale Auspuffelite ihre Kräfte mißt. Für den Nachwuchs werden in den Sommermonaten auf einer BMX-Bahn Pokalrennen ausgetragen.

Wer's lieber etwas gemütlicher mag, sollte sich nach Westen in Richtung Uthlede auf den Weg machen. Er wird sehr bald zur alten Wassermühle an der Drepte gelangen. Dieses romantische Plätzchen, an dem schon seit 700 Jahren nachweislich Wassermühlen das Korn zu Mehl gemahlen haben, könnte als Illustration für das Volkslied „Es klappert die Mühle am rauschenden Bach" aus einem alten Liederbuch stammen. Hinter dem gut erhaltenen Fachwerkgebäude von 1880, in dem sich noch bis 1956 die Mühlsteine drehten, liegt das ebenso alte Gut „Heesen", das heute unter Denkmalschutz steht. Ein kurzes Stück Weges weiter kommen Sie in das hübsche Dorf Lehnstedt am Düngel. In dem großen Waldgebiet wurden ein Waldlehrpfad und ein Vorgeschichtspfad mit 4000 Jahre alten Großsteingräbern angelegt, die eine sinnvolle Bereicherung Ihres Ausfluges bieten.

In Uthlede ist wieder eine Kirche zu besichtigen. Auffallend ist schon von weitem der ungewöhnlich hohe Turm. Der ursprüngliche Bau aus dem 13. Jahrhundert ist 1863 abgebrannt und wieder aufgebaut worden, aber seine wahren Kostbarkeiten birgt er in seinem Innern, das zu den schönsten Kirchenräumen des südlichen Kreises gehört. Hier finden Sie wertvolle Kunstschätze aus dem 15. Jahrhundert, wie Reliefs, Altartafeln usw. oder das bronzene Taufbecken von 1570.

Wenn Sie von Uthlede nach Hagen zurückwandern, kommen Sie durch ein teilweise noch recht ursprüngliches Heide- und Moorgebiet, wo noch Torf abgebaut wird. Falls sich der Tag schon dem Ende zuneigt, sollten die empfindsameren Seelen unter Ihnen sich nicht mehr auf den Weg durch die Uthleder Heide machen.

Zur Warnung soll Ihnen die folgende kleine Geschichte dienen: Noch vor sechzig Jahre war die Landstraße von Uthlede nach Hagen nur eine Fahrspur durch die Heide, die sich zu beiden Seiten bis zum Horizont ausdehnte. Hier hauste der „Heidteller", ein Nachtgespenst, das den Weg unsicher machte.
Zu seinen Lebzeiten war der Heidteller ein böser Mensch gewesen, der weder Gott noch die Menschen achtete. Nach seinem Tod spukte er ruhelos als Geist umher und trieb allerlei Unfug in seinem Haus. Nur durch einen sündenfreien Menschen hätte der Unhold gebannt werden können. Nun sollte man meinen, ein Geistlicher sei die Tugend in Person. Doch jedem, der ihm entgegentrat, konnte der Geist eine Sünde nachweisen. Wäre nicht schließlich doch noch ein Diener Gottes gekommen, der ein wahrer Ausbund an Tugendhaftigkeit war, so würde der Kobold noch heute sein Hundegeheul durch's Dorf hallen lassen. So aber wurde er in die Heide verbannt und dazu verurteilt, das Heidekraut zu zählen. Und wenn er nicht gestorben ist, — und Geister sterben bekanntlich nicht — dann zählt er heute noch die Heide zwischen Hagen und Uthlede.

Uthlede

Vielleicht sollten Sie noch gar nicht nach Hagen zurückkehren sondern weiter westwärts ziehen, denn Uthlede steht am Rande von Geest und Moor. Sie kommen jetzt in eine völlig andere Landschaft. Ihr Blick schweift über eine endlos weite Ebene; kaum ein Baum unterbricht den Horizont. Sie sind auf die Marsch geraten, und erst der Weserdeich gebietet Ihrem Blick Einhalt. Auch die Architektur der alten Bauernhäuser hat sich verändert. Man sieht weniger Fachwerkhäuser, sondern dunkelrote Backsteinhöfe mit tief heruntergezogenen Reetdächern. Hier muß sich alles unter den Wind ducken, der fast ständig über das weite, fruchtbare Land fegt. Ein Spaziergang über den Deich von Wurthfleth bis Rechtenfleth reinigt die Lungen vom Großstadtmief und befreit den Kopf von kleinlichen Gedanken. Aber die Mütze tief über die Ohren ziehen. Wurthfleth, Rechtebe, Wersabe und Offenwarden: lauter typische alte Marschensiedlungen. In Sandstedt können Sie dann so richtig Badeurlaub machen — Schwimmen und Sonnenbaden an einem echten Sandstrand, der eine Ausnahme am sonst grünen Weserstrand ist. Auch einen großen Campingplatz und eine Anlegebucht für Ihr Segelboot gibt es hier. Eine besonders aktive DLRG-Gruppe sorgt für interessante Beschäftigungen der Jugendlichen und ermöglicht Ihnen den Erwerb des

Sandstrand bei Sandstedt

Motorbootführerscheines. Eine Fähre setzt hier mit Roß und Wagen über die Weser. Der rege Zubringerverkehr zur Fähre hat leider das alte Dorfbild von Sandstedt weitgehend zerstört. Das mittelalterliche Sandstedt wurde schon 1420 von einer schweren Sturmflut vernichtet. Man mußte es ausdeichen und weiter landeinwärts hinter dem neuen Deich weiter aufbauen. Die aus jener Zeit stammende Kirche mit interessanten alten Grabsteinen auf ihrem Friedhof und einige schöne Bauernhöfe drumherum geben noch einen Eindruck von dem ehemaligen Marschendorf.
Auf den alten Grabplatten taucht häufig der Name Allmers auf, und so gelangen Sie denn auch nach einem kurzen Spaziergang wieder nach Rechtenfleth, dem Geburtsort des bedeutendsten Sprosses dieser friesischen Familie. Neben der anfangs erwähnten Dorfidylle gibt es übrigens auch hier einen gut ausgebauten Campingplatz und einen Yachthafen.
Zur Abrundung Ihres Streifzuges durch die Samtgemeinde bleibt Ihnen nur noch der Rückweg ostwärts nach Hagen. Dabei kommen Sie durch das in seiner historischen Substanz noch gut erhaltene Dorf Driftsethe, wo Sie zwischen den eng beieinanderstehenden Gehöften noch einmal den Hauch der Vergangenheit schnuppern können.

ⓘ Was es in Hagen gibt

Auskünfte

Samtgemeinde Hagen,
Amtsplatz 3, 2856 Hagen — Tel. 0 47 46 / 8 70
Öffnungszeiten: Mo.—Fr. 9—12 Uhr, Do. 14—18 Uhr
Mi. keine Sprechstunde

Bäder

Hallen- u. Freibad,
Burgallee, 2856 Hagen — Tel. 0 47 46 / 87 30

Fahrradverleih

Bauernschänke Ahrens,
2856 Bramstedt — Tel. 0 47 46 / 60 61-62

Hotels u. Gaststätten

Hotel-Café-Restaurant
„Deutsches Haus"
H.-W. u. C. Otten
2856 Sandstedt — Tel. 0 47 02 / 10 26-27
5 Min. zur Weserfähre u. zur BAB-Abfahrt Hagen;
alle Zimmer mit Bad, Dusche, WC und Telefon

Hotel-Restaurant „Bauernschänke"
Inh. Renate u. Werner Ahrens
Dorfstr. 31 — Tel. 0 47 46 / 60 61-62
2856 Bramstedt
Donnerstag Ruhetag, Mittagstisch

Kräuterlikörherstellung

E. Habben,
Alte Dorfstr. 13, 2856 Bramstedt — Tel. 0 47 46 / 60 17
Auch Hausverkauf

Museum

Hermann-Allmers-Gesellschaft
Heim Rechtenfleth
2856 Sandstedt-Rechtenfleth — Tel. 0 47 02 / 3 61

Polizei

Grüner Weg 5, 2856 Hagen — Tel. 0 47 46 / 3 60

Postamt

Amtsdamm, 2856 Hagen — Tel. 0 47 46 / 3 12

Sehenswürdigkeiten

Burg Hagen, Kirche Wulsbüttel, Rittersche Mühle Hagen, alte Wassermühle, Kirche Uthlede, Vorgeschichtspfad u. Waldlehrpfad Wulsbüttel

Für Sie angeschaut

Anzeige

Hotel — Restaurant Bauernschänke, Bramstedt

Die Bauernschänke in Bramstedt hat schon einige Jahre „auf dem Buckel", was man ihr allerdings nicht ansieht. Der Wirt, Werner Ahrens, der dieses Haus von seinem Großvater übernahm, ließ es 1970 vollkommen renovieren. Dies konnte der gemütlichen und rustikalen Atmosphäre jedoch nichts anhaben. Im großen Flur bewunderten wir an der rechten Wand ein Relief, geschaffen von dem Kunstmaler Hans Simoleit. Hier sind verschiedene Epochen der Urgeschichte im Bild vereint. Hünengräber, Fischer, Sammler und eine urwüchsige Moorlandschaft. Die umfangreiche Speisekarte des Hauses bietet für jeden Geschmack etwas. Vom „Butterbrot mit Leberwurst" bis zum „Rumpsteak mit Hindernissen?" können Sie je nach Lust und Laune wählen. 10 moderne Fremdenzimmer ermöglichen einen längeren Aufenthalt, und der große Saal steht für alle erdenklichen Feiern zur Verfügung.

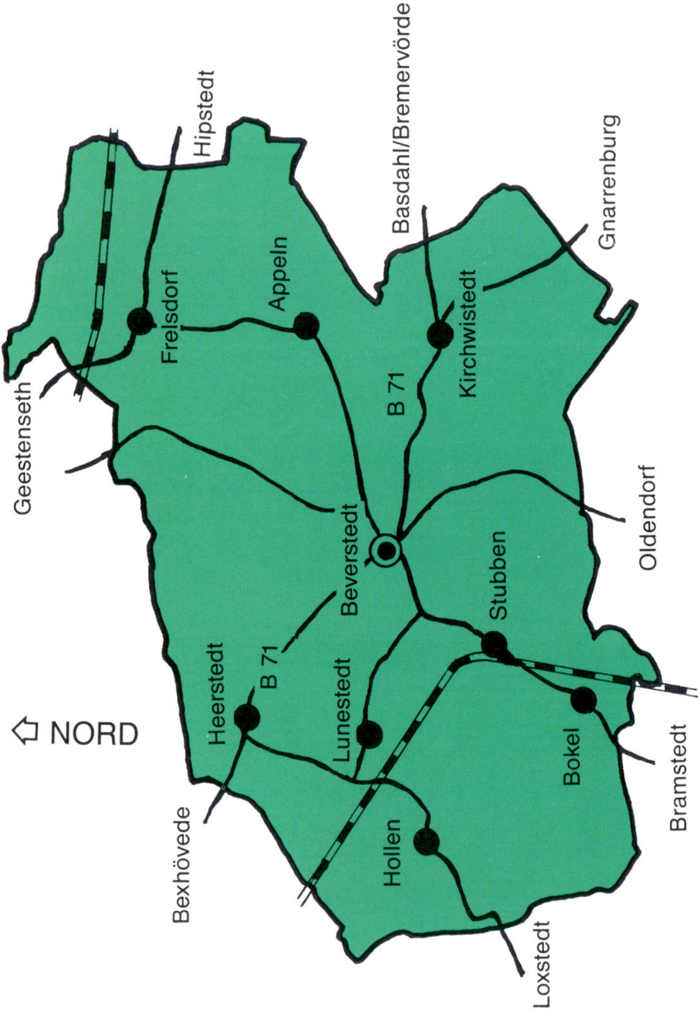

Samtgemeinde Beverstedt

Samtgemeinde Beverstedt

Die Grenzen der Samtgemeinden werden nicht, wie die Kreis- oder Landesgrenzen, durch Schilder angezeigt. Der Wanderer wird den Wechsel von einer Gemeinde zur anderen gar nicht bemerken. Erst auf dem nächsten Ortsschild liest er dann, daß die Gemeindezugehörigkeit sich geändert hat. Dennoch lassen sich bei aufmerksamem Hinsehen durchaus Unterschiede feststellen, die gerade für den Gast von Bedeutung sein können. Die Samtgemeinde Hagen hat sich z. B. sehr gezielt auf den Fremdenverkehr eingestellt, indem sie u. a. an besonders reizvollen Stellen Campingplätze und Bademöglichkeiten geschaffen hat.
Dagegen haben die Samtgemeindeväter von Beverstedt einen anderen Weg eingeschlagen. Sie haben, wie man uns im Rathaus versicherte, ganz bewußt auf große Fremdenverkehrseinrichtungen verzichtet zugunsten der Pflege und Erhaltung dessen, was an Natur und historisch gewachsenem Menschenwerk vorhanden ist. Der Gast findet hier kaum irgendwelche extra für ihn geschaffenen Freizeitanlagen. Sondern er ist eingeladen, eine sich in Jahrtausenden gebildete typische norddeutsche Landschaft und in Jahrhunderten entwickelte bäuerliche Siedlungen zu durchstreifen und sich von der erholsamen Atmosphäre einnehmen zu lassen. Alles ist liebevoll gepflegt und gehegt und auf hervorragend ausgebauten Wirtschaftswegen sowohl zu Fuß oder mit dem Fahrrad als auch mit dem Auto zu erreichen. In der Nähe aller interessanten und landschaftlich besonders attraktiven Stellen sind Parkplätze angelegt worden, so daß Sie auch mit dem Auto kein schlechtes Gewissen als Flurschädling bekommen müssen.
Da der Naturschutz in der Gemeinde eine vorrangige Stellung einnimmt, hat man einige ökologisch besonders wertvolle Gebiete unter Naturschutz gestellt. An erster Stelle muß hier das Bülter Moor mit dem Bülter See genannt werden. Es ist ein großes Feuchtgebiet mit einem gut erhaltenen Hochmoor, wo der Brachvogel und das Birkhuhn noch heimisch sind, und einem charakteristisch flachen Moorsee, der verschiedenen Entenarten und z. B. der Trauerseeschwalbe eine Existenzmöglichkeit bietet. Dieses Gebiet ist — bewußt! — nur sehr schwer zugänglich.
Ein eindringliches Beispiel für den Konflikt zwischen Naturschutz und dem Erwerbszwang und Erholungsbedürfnis des Menschen ist der Wollingster See, der unter Naturschutz steht, und das darumherumliegende Gebiet zwischen Wollingst, Appeln und Osterndorf, das als Landschaftsschutzgebiet ausgewiesen ist.

Der See ist ein klassisches Überbleibsel aus der Eiszeit. Sein kristallklares Wasser über dem weißen Sandgrund lädt geradezu zum Baden ein, was denn auch von der Bevölkerung gern und reichlich getan wird. Leider wird das Wasser dann schnell zur braunen Brühe, und am Uferrand stapelt sich der Müll. Als wir an einem sonnigen Maitag dort waren, bot der See noch eine Oase des Friedens und der Klarheit. Ein Taucher, den wir dort zufällig trafen, berichtete von kapitalen Hechten, die ihm in der Tiefe begegnet seien, aber ebenso auch von Müllhalden am Grund des Sees, der bis zu 20 Meter hinuntergehen soll. Der Taucher war bis auf zehn Meter Grundtiefe gekommen. Diese großen Tiefen verursachen kalte Strömungen, vor denen man sich beim Schwimmen in acht nehmen sollte.
Die für ein solches nährstoffarmes Seegebiet einstmals charakteristische Pflanzenwelt ist allerdings nicht nur durch die Badegäste, sondern auch durch die intensive Düngung der umliegenden Ackerflächen weitgehendst vernichtet worden.
Wie gesagt, das Baden ist im Wollingster See nicht verboten. Aber es wäre schön, wenn wir Menschen mit mehr Achtung der Natur begegneten, die uns dieses kleine Paradies geschenkt hat.

Wollingster See

Irgendwelche öffentlichen Freizeiteinrichtungen gibt es hier nicht. Nur die Naturfreundejugend betreibt direkt am See ein Gästehaus und einen Zeltplatz für ihre Mitglieder.

Wer gerne, wie wir, möglichst bei gleißendem Mondlicht, im nächtlich stillen See badet, der sollte sich auf eine unheimliche Begegnung gefaßt machen: Bis ins neunzehnte Jahrhundert besaß das Kirchdorf Beverstedt die Erbgerichtsbarkeit für die sieben umliegenden Kirchspiele der Börde Beverstedt. Diese Gerichtsbarkeit war das Privileg der Herren von Luneburg, die einen Voigt oder Richter mit diesem Amt beauftragten. Vor gut 200 Jahren übte nun ein Richter dieses Amt aus, der wegen seiner Härte und Unbarmherzigkeit gefürchtet war. Eines Tages fand man seine Leiche, und die Leute dachten, der Teufel habe ihn endlich geholt. Aber der Teufel wollte ihn nicht in der Hölle haben und der liebe Gott ihn schon längst nicht im Himmel. Darum verdammten sie ihn dazu, den Wollingster See mit einem Eimer ohne Boden auszuschöpfen. Noch heute soll man ihn in der Geisterstunde hören können, wenn er unter Fluchen und Stöhnen seine vergebliche Arbeit tut.

In der Stille und Weite um Beverstedt findet der Tages- und Wochenendausflügler Erholung von Lärm und Streß des städtischen Alltages. Da die Samtgemeinde drei Bahnstationen hat, gelangt man auch ohne Auto bequem hierher. Auf der Strecke Bremen—Bremerhaven steigt man in Stubben oder Lunestedt aus und in Frelsdorf auf der Strecke Bremervörde—Bremerhaven. Auf der letzteren Strecke halten die Züge allerdings nur werktags, an den übrigen Tagen fahren Autobusse. Hier ist der Bahnbetrieb sogar von der totalen Stillegung bedroht. Alle drei Bahnhöfe sind günstige Startplätze für ausgedehnte Wanderungen. Wer etwas weiter herumkommen will, kann sich ein Fahrrad leihen. Die Gemeinde unterhält seit fünfzehn Jahren einen Fahrradverleih, der leider viel zu wenig in Anspruch genommen wird. Als wir zur Besichtigung des „Brink" in Frelsdorf verabredet waren, haben wir uns den Spaß gemacht, mit dem Bummelzug von Bremervörde aus anzureisen. Auf der Fahrt fiel uns schon das Waldgebiet bei Frelsdorfermühlen auf, so daß wir, da wir noch Zeit hatten, erst mal einen kleinen Spaziergang dorthin unternahmen. Dabei gerieten wir unversehens auf den Hof eines alten Gutes mit stattlichem Herrenhaus, von denen Sie in der Samtgemeinde noch mehrere entdecken können. Die Bahnstation liegt etwa einen Kilometer vom Dorf entfernt und ist nur so eine Art Haltestelle mit einem Namensschild und einem kleinen Wartestand.

Das Backhaus auf dem Brink

Dafür gibt's aber gleich gegenüber einen großen Gasthof, wo wir uns erst mal ordentlich gestärkt haben. Achtung! Im Mai/Juni ist hier Spargelzeit!
Wieder bei Kräften, sind wir dann nach Frelsdorf marschiert, wo wir mit dem Ortsheimatpfleger Horst Roppel und dem Vorsitzenden des Heimatvereins, Günter Lührs, verabredet waren. Es wurde ein fröhlicher Nachmittag, an dem uns die beiden freundlichen Männer viele Informationen gaben und Interessantes erzählt haben.
Der Brink in Frelsdorf ist in seiner Art einzigartig in Deutschland. Das Wort ,,Brink" bedeutet einen freien, mit Gras bewachsenen Platz im Dorf, der der Gemeinschaft der Bewohner gehört. Im Süddeutschen wird solch ein Platz ,,Anger" genannt. Einen Brink gab es früher wohl in den meisten Dörfern. Aber der Frelsdorfer fiel aus der Rolle, weil er mit Kornscheunen, sogenannten Tuunschünen, und mit Schafställen vollgestellt war. Auf einer Karte von 1850 sind 15 Tuunschünen und 23 Schafställe für an die 1000 Schafe verzeichnet. Und das auf einem Gelände von etwa 2 ha Größe. Das muß ein schönes Gedränge gewesen sein. Von freiem Platz natürlich keine Rede. Solch intensive Schafhaltung

war für diese Gegend unüblich. Die Frelsdorfer waren auch damals schon pfiffige Leute. Daß sie es heute noch sind, erkannten wir, als uns Herr Roppel und Herr Lührs mit verschmitztem Lächeln erzählten, mit welchem Geschick sie die kargen Geld- und Hilfsmittel für den Aufbau ihres stattlichen Freilichtmuseums einsetzten.

Mit der Schafhaltung hatte es folgende Bewandtnis: Nach dem Dreißigjährigen Krieg stiegen die Kornpreise, und die Bauern kamen zu Geld. Um nun die Erträge und damit die Einnahmen noch zu steigern, mußte man die Felder ordentlich düngen. Dafür eignete sich der Schafsmist besonders gut. So trieb man die Schafherde über die Stoppel- und Brachfelder. Die Frelsdorfer haben besonders kräftig und großzügig gedüngt, wobei es häufig Ärger mit den Nachbargemeinden gab, weil sie es mit den Grenzen nicht so genaunahmen — natürlich ganz aus Versehen. Es gibt darüber allerlei Gerichtsdokumente. Mit Beginn dieses Jahrhunderts und dem Aufkommen des Kunstdüngers ging die Schafzucht dann stark zurück und blühte nur noch in Notzeiten, wie nach dem 1. und 2. Weltkrieg, kurz wieder auf.

Anfang der Fünfziger wurde ein Teil des Brinks parzelliert und als Bauland verkauft. Den Rest, etwa 1$^{1}/_{2}$ ha, kaufte der Landkreis und stellte ihn unter Naturschutz. Ein Schafstall und 3 Tuunschünen waren noch erhalten und wurden restauriert. Und die standen dann 20 Jahre herum, und keiner kümmerte sich darum, und keiner schaute sie sich an. 1981 ging der „Brink" in die Verantwortung der Samtgemeinde Beverstedt über, die sie wiederum vertrauensvoll in die Hände der Frelsdorfer selbst legte. Das war klug getan, denn die brachten die Sache jetzt in Schwung. Erst wurde ein Heimatverein gegründet, damit alles seinen geordneten Rahmen bekam. Günter Lührs wählte man zum Vorsitzenden, und die Frelsdorfer wußten schon, warum. Die vier vorhandenen Gebäude wurden abermals restauriert und dann ein Backhaus gebaut, sozusagen zum Üben. Man hatte sich nämlich so peu à peu ein altes Bauernhaus besorgt und abgerissen und dazu eine alte Scheune als zusätzliches Baumaterial. 1985 stellten die tüchtigen Frelsdorfer das Niedersachsenhaus auf, worauf sie mit Recht stolz waren, denn es war prächtig geraten. Alles natürlich, außer dem Reetdach, in ehrenamtlicher Eigenarbeit. Als Treibstoff hatten die Frauen für ausreichend Butterkuchen und Kaffee und die nötige klare, geistige Verdünnung zu sorgen. Am besten lassen Sie sich von Herrn Roppel oder Herrn Lührs einmal selbst die Geschichte des „Brink" erzählen, denn sie

Niedersachsen-Haus in Frelsdorf

scheint uns ein typisches Stück Menschheitsgeschichte zu enthalten, sozusagen von unten, nicht von den Fürsten, sondern von den Leuten aus gesehen. Gelegenheit dazu gibt es reichlich, denn ab Mitte April veranstaltet der Heimatverein jeden Donnerstag und Sonntag Herdabende und Backfeste. Da gibt es den schon erwähnten Kaffee und Butterkuchen, der zünftig im Holzofen des alten Backhauses gebacken wird. Außerdem ist der Brink während der Sommerzeit jeden Sonntag von 14 bis 17 Uhr geöffnet (telefonische Anmeldung über 04749/544 oder 04749/1570). Der Brink ist weniger als Museum denn als Stätte der Begegnung gedacht. Die historischen Gegenstände, wie z. B. die Spinnräder, sind nicht zum Begucken, sondern zum Benutzen da — zum Wiederentdecken traditioneller Produktionstechniken. Zum Abschluß unseres Besuches hat uns Herr Lührs noch durch sein schönes Dorf geführt und uns auf einige gut erhaltene alte Höfe aufmerksam gemacht.
Die bäuerliche Geest- und Moorlandschaft mit ihren eher gedeckt grünen und braunen Farbtönen, ihren weiten Flächen und stillen Wäldern und ihren langen, dunklen Ziegelfachwerkhäusern mit den großen tief heruntergezogenen Reetdächern

wirkt auf den Wanderer außerordentlich beruhigend. Sie strahlt eine große Kraft und Beständigkeit aus. Man bekommt den Eindruck, die großzügig angelegten, von Feldsteinmauern eingefriedeten Gehöfte stünden schon seit tausend Jahren dort.

Von Frelsdorf aus, das im Nordosten der Gemeinde liegt, haben wir eine Rundtour um das Gemeindezentrum Beverstedt gemacht. In Richtung Süden gelangten wir über Appeln nach Kirchwistedt, einem Zentrum der hiesigen Spargelzucht, wo man dieses köstliche Gemüse auch besonders gut zubereiten kann. Schauen Sie sich hier die Kirche, deren ältester Teil aus Feldsteinen gebaut ist, und die riesige 1000jährige Eibe im Pfarrgarten an. In Altwistedt haben wir unseren Kurs nach Westen verändert und sind durch eine weit geöffnete Wiesen- und Feldlandschaft und durch das besonders idyllische kleine Dorf Ahe nach Wellen gelangt. Mal abgesehen davon, daß man in Wellen sehr angenehm eine Kaffee- und Kuchenpause einlegen kann, lassen sich von hier aus schöne Spaziergänge unternehmen, denn im Süden des Dorfes beginnt der große Wellener Wald.

Etwa zwei Kilometer nordöstlich fanden wir eine erstaunliche Sehenswürdigkeit: die Monsilienburg, obwohl eigentlich nichts von ihr übriggeblieben ist. Über Herkunft und Bedeutung dieser Burg gibt es keine gesicherten Nachrichten. Nur ihre endgültige Zerstörung durch die Stedinger aus dem Oldenburgischen im Jahre 1212 ist belegt. Bis auf den heutigen Tag sind nur noch die Ringwälle in Form riesiger Erdwellen nachzuvollziehen. Man ist überrascht, wenn der Waldboden plötzlich Wellen schlägt. Es muß eine mächtige Befestigungsanlage gewesen sein, mit einem inneren Hof von ca. 70 × 70 Metern. Heute, wo man von alledem nur noch etwas zu erahnen vermag, kann man seiner Fantasie freien Lauf lassen. Man wird das Gefühl, daß unter der Erde von diesen alten Zeiten noch etwas vergraben sein müßte, nicht los. Anstelle des stillen Waldes muß hier vor 800 Jahren ein reges Treiben und gelegentlich auch wüstes Waffengeklirre geherrscht haben.

Wann immer die Erzbischöfe von Bremen mit ihren benachbarten Fürsten und Rittern Streit hatten oder aber mehrere Erzbischöfe sich für die Rechtmäßigen hielten, gab's hier in dem friedlichen Bauernland östlich der Weser ein Hauen und Stechen. Begonnen hat's mit Karl dem Großen, der Ende des achten Jahrhunderts die Sachsen mit Waffengewalt christianisierte. Bremen wurde Erzbistum, und die Kirchenfürsten errichteten überall zwischen Weser und Elbe Kirchen und Burgen zur Befestigung ihrer geistlichen und weltlichen Macht. Die Monsilienburg wird dem letzteren gedient haben, besonders als Bollwerk gegen die häufigen Überfälle der Wikinger, die mit ihren Schiffen aus Skandinavien über das Meer und die Flüsse in das Land eindrangen. Ein dritter empfehlenswerter Spaziergang von Wellen aus, auf dem wir auch unseren Rundgang fortsetzten, führt über Kramelheide durch das Bauernholz nach Stubben. Für den Touristen ist dieser Ort hauptsächlich als Bahnstation von Bedeutung. Wegen seiner günstigen Verkehrslage zwischen Bremen und Bremerhaven ist Stubben eher für Gewerbeansiedlungen und als ländliche Wohnstatt attraktiv. Das gleiche gilt für das sich südlich anschließende Bokel, durch das unser Weg uns weiterführte.

Hinter Bokel sind wir, nordwärts umschwenkend, über Langenfelde und Kransmoor in eine ganz andere Landschaft geraten: das typische Moor. Hier liegt das, Anfang des neunzehnten Jahrhunderts nach Finndorfschem Vorbild angelegte, klassische Moorhufendorf Heise. Wie auf eine Perlenschnur aufgezogen liegen die kleinen Höfe mit ihren Moorkaten entlang der Straße. Gerade in Heise ist diese historische Siedlungsform noch fast unverändert erhalten. Auch einige recht alte schiefe Katen sind noch zu sehen. Da auf dem weichen Moor mit den Jahren alles etwas schief und krumm wird, machen die Moordörfer immer einen besonders romantischen Eindruck. Am nördlichen Ende des langgestreckten Dorfes liegt der ,,Malerwinkel". Ein in der Tat malerisches Eckchen, in dem einige Künstler in einer renovierten Holländermühle und einem Bauernhaus leben und ihre Arbeiten ausstellen.

Mit einer lustigen kleinen Tonfigur als Trost für die Daheimgebliebenen in der Tasche sind wir durch Hollen nach Lunestedt gekommen. Beides sehr alte Ortschaften, die aber durch den Bahnhof und ihre Nähe zu Bremerhaven ein neuzeitliches Gepräge erhalten haben. Den Namen Lunestedt gibt es überhaupt erst seit 1969, als im Zuge der Gebietsreform die beiden alten Dörfer Westerbeverstedt und Freschluneberg zusammengezogen worden sind. Freschluneberg ist immerhin mal der Sitz derer von Luneburg gewesen, dem mächtigsten Adelsgeschlecht der ehemaligen Börde Beverstedt. Auf der Weiterfahrt haben wir Rast in der gut erhaltenen Galeriemühle am westlichen Ortsausgang von Heerstedt eingelegt, die ein gemütliches Restaurant und Weinlokal beherbergt. Weiter führte unser Weg ostwärts entlang dem Großen Moor/Bülter Moor, dem eingangs erwähnten Naturschutzgebiet, durch das kleine Dörfchen Lohe nach Wol-

Malerwinkel

lingst. Hier schließt sich der Kreis unserer Rundreise, und mit einem Schwenk nach Süden sind wir Richtung Beverstedt geeilt.
Kurz vor dem Ziel wurden wir in Osterndorf noch durch den überraschenden Anblick einer prächtigen Villa aufgehalten, die genausogut an der Elbchaussee in Hamburg hätte stehen können. Leider können Sie dieses Haus nur von außen bewundern. Dabei war es der elterliche Landsitz und langzeitige Aufenthaltsort eines bedeutenden Mannes. Die Rede ist von dem Maler Carl Vinnen, einem der Mitbegründer der berühmten Worpsweder Künstlergruppe, zu der die Maler Fritz Mackensen, Otto Modersohn, Hans am Ende, Fritz Overbeck und Heinrich Vogeler gehörten.
Carl Vinnen ist 1863 in Bremen geboren, wo sein Vater eine Reederei besaß. Vinnen hat nie fest in Worpswede gewohnt, obwohl er gelegentlich sogar als der Kopf der Gruppe galt, sondern sich immer nur besuchsweise dort aufgehalten. Ebenso haben ihn seine Künstlerfreunde in Osterndorf besucht, das somit zeitweilig eine Art Dependance von Worpswede war. Hier begegnen wir auch dem bedeutenden Marschendichter Hermann Allmers wieder, über den wir am Anfang dieses Buches ausführlicher berich-

tet haben. Er war mit der Worpsweder Malergruppe befreundet und hat sich auch in Osterndorf aufgehalten.

Carl Vinnen hatte im Osterndorfer Gutshaus ein riesiges Atelier. Da er aber, wie seine Mitstreiter für eine neue Kunst, vornehmlich ein Freilandmaler war, ließ er sich, dank seiner vermögenden Eltern, einen beheizbaren Atelierwagen bauen, um auch im Winter seinen künstlerischen Prinzipien auf kommode Art treu bleiben zu können. Seit 1908, zu seinen Worpsweder Malerfreunden war er inzwischen auf Distanz gegangen, hat er in Cuxhaven und später, bis zu seinem Tode 1922, in München gelebt. Seine Urne ist auf dem kleinen Friedhof seiner Familie in Osterndorf beigesetzt.

Die Geschichte eines anderen Hauses wollen wir auch noch kurz erzählen, weil wir meinen, daß sie gleichzeitig einige charakteristische Episoden aus der Geschichte dieser Region enthält: In dem Wäldchen hinter Wachholz, einem ,,Vorort" von Beverstedt an der Landstraße nach Heerstedt, finden Sie das ,,Forsthaus", das als Heimathaus und Stätte der Begegnung dient. Dieses niedersächsische Hallenhaus wurde 1781 von einer Familie Hincken erbaut. Marten Hincken war seinerzeit Holzvoigt im Wachholzer Forst: Von ihm übernahm Hinrich Tienken das Amt und das Haus. 1833 richtete er mit seiner Frau Catharina in dem Haus eine Gastwirtschaft ein, denn das Amt des Holzvoigtes war aufgelöst worden. Der Gasthof florierte, denn die Heerstedter, Stinstedter, Freschluneberger und Westerbeverstedter kamen auf ihrem Kirchgang nach Beverstedt dort vorbei. Auch ihre Toten mußten sie noch bis 1870 auf dem Beverstedter Friedhof begraben. Auf dem Rückweg machte man dann gerne bei ,,Tienken" eine Verschnaufpause. Der 1850 gegründete Schützenverein von Beverstedt erwählte den Gasthof zum Vereinslokal, nachdem schon die Bürgerwehr während der revolutionären Unruhen um 1848 dort Schießübungen abgehalten hatte. Fünfzig Jahre lang wurden hier die Schützenfeste gefeiert. Auf der mit Häcksel bestreuten Diele schwangen die Schützen das Tanzbein. Sogar eine Kegelbahn gab es schon. Allmählich entwickelte sich das Haus zum beliebten Ausflugslokal für Familien und Schulklassen.

1902 verkaufte die Familie Tienken das Haus an die Forstverwaltung. Die Gastwirtschaft wurde geschlossen. Fortan lebte dort der Forstwart Dietrich Wintjen. Daher der Name ,,Forsthaus", obwohl nie ein richtiger Förster darin gelebt hat. Bis in die zwanziger Jahre brannte im Flett des Hauses noch ein offenes Feuer, und der Rauch zog durch das Eulenloch hinaus. Viele Beverstedter haben ihre Schinken und Würste dorthin zum Räuchern gebracht. Auf Betreiben des Heimatbundes der ,,Männer vom Morgenstern" wurde dieses bewahrenswerte Haus in den fünfziger Jahren vom Land Niedersachsen von Grund auf erneuert. 1979 hat es die Samtgemeinde gekauft und für den heutigen Zweck eingerichtet.

Nach diesen Abstechern sind wir aber doch in Beverstedt, dem Verwaltungszentrum der Samtgemeinde, angekommen. Seit mindestens 1666 hat dieser Ort, mit heute rund 3500 Einwohnern, das Recht auf die Bezeichnung ,,Flecken". Er ist von alters her der wirtschaftliche und kirchliche Mittelpunkt dieser Region und bis 1859 der Amtssitz einer großen Börde mit rund vierzig Ortschaften gewesen. Mit Sicherheit ist schon vor mindestens tausend Jahren die erste Kirche in ,,Beversate", wie es damals hieß, errichtet worden. Wahrscheinlich war es ein Holzbau, der heute leider nicht mehr existiert. Die zweite, aus Feldsteinen erbaute Kirche mußte 1848 wegen Baufälligkeit abgerissen werden. Der damals amtierende Superintendent Conrad Wilhelm Wiedemann war ein ausgesprochener Kirchenfan. Er ließ das Innere der neuen Kirche, einen Backsteinbau in romanischem Stil, genau den Abmessungen der Sixtinischen Kapelle im Vatikan nachbauen, die im Rufe einer ausgezeichneten Akustik stand. Die 1100 Plätze boten jedem Gemeindemitglied Platz. Die Inneneinrichtung enthält noch vieles der alten Vorgängerin, z. B. das Taufbecken aus dem 13. Jahrhundert oder Teile des alten Schnitzaltars und die Abendmahlsgeräte. Ein Porträt des Superintendenten Wiedemann hat ebenfalls einen Ehrenplatz in der Kirche gefunden.

Die Kirche ist eine Kuriosität, die mit ihrer heute geradezu unangemessenen Großartigkeit, mit dem dreiteiligen Portal und den zwei Türmen, von der einstmaligen Bedeutung des Beverstedter Kirchspiels zeugt. Unter den Feldsteinen des Fundamentes befindet sich neben dem Portal auch der ehemalige Richterstein. Zu Zeiten der Erbrichterschaft, die in den Händen der Herren von Luneberg lag, fand das Gericht grundsätzlich im Freien statt. Der Richter stand auf einem großen Feldstein vor der Kirchhofsmauer, den Blick gen Osten gerichtet. Wichtige Bekanntmachungen wurden ebenfalls von diesem Stein aus verlesen. Während der Revolutionswirren 1848 soll der Zimmermann Hanke Henken aufrührerische Reden von diesem Stein herab gehalten haben. Den so entweihten Stein haben die braven Bürger des ,,Flekkens" eilends behauen und in die Kirche vermauert.

Mit der Versicherung, daß die Bürger von Beverstedt auch heute noch so brav und ehrfürchtig sind, wollen wir uns von der Samtgemeinde, wo wir uns sehr wohlgefühlt haben, verabschieden.

ⓘ Was es in Beverstedt gibt

Auskunft:

Samtgemeindeverwaltung
Wesermünder Str. 6
2855 Beverstedt Tel. 04747/181-0
Öffnungszeiten: montags bis freitags von 8.00 bis 12.00 Uhr
donnerstags von 15.00 bis 18.00 Uhr

Bäder:

Freibad, Bokel
Freibad (beheizt), Lunestedt
Bademöglichkeit am Wollingster See

Fahrradverleih:

Samtgemeinde Beverstedt

Ferienwohnungen:

Meta Dörfert
Elbinger Str. 34
2855 Frelsdorf — Tel. 04749/1519

Fundbüro:

Samtgemeindeverwaltung
Beverstedt

Heimatverein:

Heimatverein Beverstedt
Forsthaus Wachholz
Breslauer Str. 1
2855 Beverstedt — Tel. 04748/691

Heimatverein Frelsdorf
Freilichtmuseum
Kelwer Weg 2
2855 Frelsdorf — Tel. 04749/684

Hotels und Gaststätten:

„Rauchkate"
Ausflugsgasthaus und Miniatur-Golf-Park
Angelteiche
2855 Beverstedt-Wehldorf — Tel. 04747/751

Gaststätte Wohlers
Fremdenzimmer, Mittagstisch
Bahnhofstr. 14
2855 Frelsdorf — Tel. 04749/395
Mittwoch Ruhetag

Polizei:

Polizeistation Beverstedt
Amtsallee 4
2855 Beverstedt — Tel. 04747/243

Post:

Postamt Beverstedt
2855 Beverstedt — Tel. 04747/380

Sehenswürdigkeiten:

Naturschutzgebiete am Wollingster und Bülter See, in Osterndorf, im Beverstedter Moor und Hollener Heide, Forsthaus in

Beverstedt-Wachholz, Freilichtmuseum in Frelsdorf, Monsilienburg in Beverstedt-Wellen, Steinkistengrab in Heerstedt, Malerwinkel in Hollen

Sonstiges:

„Teebakel"
Teestube, Naturkostladen, Galerie
Poststr. 6
2855 Beverstedt

Tel. 04747/1310

Für Sie angeschaut

Anzeigen

Gasthaus Rauchkate Beverstedt

Das Gasthaus Rauchkate ist ein Restaurant mit Café mit prächtig blühendem Sommergarten, einer Miniatur-Golf-Parkanlage sowie einer Freizeit-Angelteichanlage mit unterschiedlichem Fischbesatz.
Bei gutem Essen, das Fleisch besonders schmackhaft auf dem offenen Feuer im rustikalen Gastraum zubereitet, süffigem Bier aus urigen Kutschergläsern (bis zu 1 m hoch) oder germanischen Trinkhörnern sowie erlesenem Wein fühlt man sich rundherum wohl.
Außerdem finden hier regelmäßig Forellen-Angelwettbewerbe statt. Als Preise winken 7—14tägige Traum-Angelurlaub-Reisen nach Jugoslawien und verschiedene skandinavische Länder.

Gaststätte Wohlers, Frelsdorf

Einen Anlaß zu nennen, um bei Marita und Reinhard Wohlers einzukehren, fällt uns nicht schwer. Nach einer Wanderung im schönen Frelsdorfer Wald, zum Kohl- und Pinkelessen oder zum Familien-Sonntagsschmaus. Egal, beim Durchblättern der Speisekarte werden Sie auf jeden Fall etwas Leckeres finden. Hervorheben wollen wir die Wildspezialitäten und daß Sie jedes Menü als Kinderteller bekommen können.

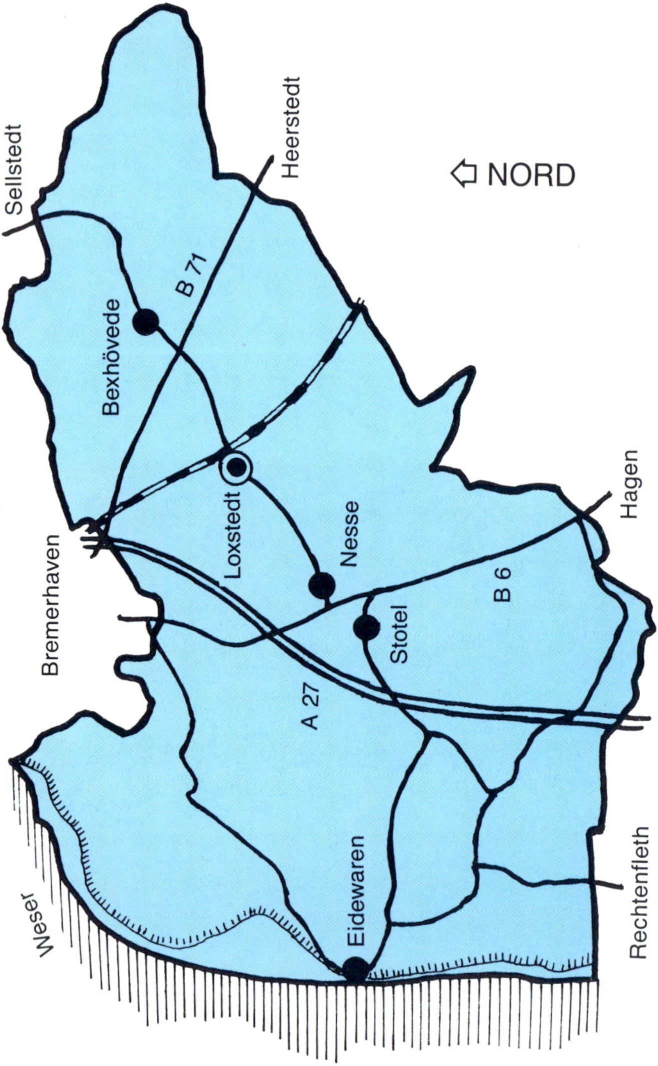

Einheitsgemeinde Loxstedt

Einheitsgemeinde Loxstedt

Loxstedt gehörte einst zur Börde Beverstedt. Heute ist es eine der vier selbständigen Einheitsgemeinden des Landkreises Cuxhaven und mit seinen rund 15 000 Einwohnern neben Cuxhaven die zweitgrößte Gemeinde des Kreises. Wir wollen noch eins draufgeben: wenn Sie die Ortsgrenzen auf der Karte vergleichen, ist es gebietsmäßig größer als Bremerhaven. Das heißt, die Bewohner haben viel Platz in ihrem Heimatort. Die Einheitsgemeinde setzt sich aus 21 Ortschaften zusammen, die geografisch auch heute noch existieren, aber ihre politische Eigenständigkeit verloren haben. Es ist auffällig, daß drei der vier Einheitsgemeinden, nämlich Schiffdorf, Langen und eben Loxstedt, direkt an Bremerhaven grenzen. Man darf mit Sicherheit annehmen, daß sie von der Großstadtnähe stark beeinflußt werden. Viele Bürger dieser Gemeinden verdienen ihren Lebensunterhalt in der Hafenstadt. Und umgekehrt haben sich viele Großstädter in den Landgemeinden ihr ruhiges Heim in frischer Luft gesucht. In diesem Sinne könnte man auch von „Vororten" Bremerhavens sprechen, ohne ihnen damit ihre Autonomie absprechen zu wollen. Übrigens grenzt Nordholz, die vierte Einheitsgemeinde, an Cuxhaven.
Bis zur Gebietsreform 1973 war die Situation mit den Grenzen nicht so harmlos, wie es heute scheint: denn das Loxstedter Gebiet längs der Weser, das von alters her das „Würdener Land" hieß, gehörte bis dahin zum links der Weser gelegenen Land Oldenburg, war also „Ausland". Dieses kleine Fleckchen Erde hat eine bewegte Vergangenheit hinter sich, obwohl es offensichtlich nie in die kriegerischen Händel der Bremer Bischöfe verwickelt war. Im 12. Jahrhundert hat Würden noch zur Grafschaft Stotel gehört. Im Jahre 1218 ging es dann als Mitgift der Gräfin Kunigunde von Stotel an den Grafen Burghardt von Oldenburg, der sie in jenem Jahre geehelicht hatte. Im 14. Jahrhundert wurde das Ländchen mit allem toten und lebenden Inventar von dem Grafen Johann an das Land Bremen verscherbelt. Der Graf hatte sich durch seine Hunde- und Pferdeliebhaberei total verschuldet. Nachdem es dann für nur kurze Zeit wieder in Oldenburger Besitz zurückgekehrt war, wurde es abermals, diesmal als Lösegeld, an die Bremer versetzt. Den Bruder des Grafen Dietrich von Oldenburg hatten die Bremer gefangengenommen. Erst im Jahre 1511 kehrte es für die nächsten 460 Jahre in den Schoß der Oldenburger zurück.
Glücklicherweise ist diese „internationale Konfliktsituation" heute aus verwaltungstechnischer Vernunft bereinigt worden.

Aber die alten Würdener finden sich nur zähneknirschend damit ab. Die Würdener sind ein starkes Friesengeschlecht, denen der häufige Wechsel von Fürst und Recht nie den stolzen Sinn zu beugen vermochte. In früheren Jahrhunderten waren sie als Piraten bekannt und gefürchtet, die den Bremer Handelsschiffen manch bösen Streich spielten.

Mit dem Gemeindegebiet von Loxstedt hat's sowieso seine Merkwürdigkeiten; denn etwa 1000 ha Land verdankt es, genau genommen, dem Teufel. Und das war so: Vor vielen, vielen Jahren, als die Bauern das Heu von den Wiesen außendeichs einholten, zog ein schweres Unwetter auf, und die Weser schwoll zusehends an. Es war abzusehen, daß das Heu nicht trocken in die Scheuer kommen würde. Als das Weideland schon fast landunter war, tauchte plötzlich ein Boot aus den Fluten auf, dem ein Mann mit Hinkefuß und ein hageres Weib mit glühenden Augen entstiegen. Sie boten sich den Bauern an, das Heu trocken hinter den Deich zu schaffen, wenn sie sich dafür ein Boot voll Erde graben dürften, wo und wann sie wollten. Die Bauern waren zufrieden und stimmten zu. Die beiden merkwürdigen Gestalten nahmen die Forke und warfen das Heu gleich fuderweise in weitem Bogen über den Deich, so daß alles trocken blieb. Die

Weserufer — Loxstedt

Bauern erschraken, denn sie merkten wohl, daß sie sich mit dem Teufel und seiner Großmutter eingelassen hatten. Als die Schwefelgeister ihre Arbeit getan hatten, meinten sie, das mit der Erde habe noch Zeit, und verschwanden wieder.

Mit den Herbststürmen und den Fluten, die gegen die Deiche drückten, kamen die beiden wieder und gruben sich just am Deich ihre versprochene Erde. Als die Bauern sahen, daß die Satansbrut ihren Deich zerstörte, begannen sie ein großes Gejammer und schleppten ihre Habe auf den Jedutenberg und banden das Vieh in den Ställen los. Nur der Küster war ein beherzter Mann. Er lief in die Kirche, riß das Kruzifix vom Altar und rannte damit auf den Deich. Beim Anblick des Kreuzes heulten die Höllengestalten entsetzt auf, warfen eine letzte Schaufel Erde mit solcher Wut auf ihr Boot, daß es kenterte, stürzten sich in die Weser und waren fortan nicht mehr gesehen. Der Deich war gerettet und eine verheerende Überschwemmung verhindert worden. Wo der Höllennachen gekentert war, ragte ein Erdhaufen aus dem Wasser, der nicht wieder verschwand. Im Gegenteil, er wurde durch den anschwemmenden Sand und Schlick immer größer. Schon nach wenigen Jahren konnte das Gras auf der allmählich angelandeten Insel gemäht werden. Schließlich wurde die heutige Luneplate südlich von Bremerhaven daraus, die man eindeichte und so zu wertvollem Nutzland machte.

In Zukunft soll hier ein Industrie- und Gewerbegebiet entstehen. Bei Dedesdorf, wo jetzt die Weserfähre von Kleinensiel anlegt, ist ein Tunnel unter der Weser hindurch geplant. Wie viele Landgemeinden hat auch Loxstedt mit der hohen Arbeitslosigkeit zu kämpfen und setzt in den Tunnel und die Luneplate seine ökonomische Hoffnung. Wenn das man nicht mit dem Teufel zugeht. Das scheußliche Betonskelett des nie vollendeten Hochhauses in Stotel sollte Mahnung genug sein vor allzu großartigen Plänen.

Loxstedt bietet kaum besondere Touristenattraktionen und hat auch keine speziellen Einrichtungen für den Fremdenverkehr, wie z. B. Campingplätze, erstellt. Aber die weite Wesermarschlandschaft und die alten Moorgebiete östlich der Autobahn laden hier ebenso zum Wandern ein wie in den anderen Gemeinden. Das erholsame Vergnügen eines Deichspazierganges hört natürlich nicht an der Gemeindegrenze bei Rechtenfleth auf. Büttel und Dedesdorf sind schöne alte Marschendörfer. Auf dem alten Kirchhof von Dedesdorf können Sie prächtige Grabsteine entdecken, die von dem einstmaligen Wohlstand der Marschbauern zeugen. In der Kirche steht eine Arp-Schnittger-Orgel, ein kleines Juwel mit einem wunderschönen Klang. Dedesdorf war einstmals Haupt-, Gerichts- und Kirchort des Landes Würden. Hier hielten bis ins vierzehnte Jahrhundert, wie in Hagen unter der Staleke, die Grafen von Stotel das Volksgericht ab. Der Grafensaal in Stotel erinnert noch an diese große Zeit. In der Nähe des Ortes, beim Bau der Autobahn, ist der Stoteler See entstanden, der als Bade- und Naherholungsgebiet gestaltet worden ist.

Südlich vom See, zwischen Hahnenknoop und Schwegen liegt das Königsmoor, das unter Landschaftsschutz steht und mit seinen kostbaren Feuchtbiotopen manchen vom Aussterben bedrohten Pflanzen und Tieren eine Überlebenschance bietet. In diesem Zusammenhang muß auch das Naturschutzgebiet um den Bülter See genannt werden, das zu einem kleinen Teil auf Loxstedter Gebiet liegt und ein ganz hervorragendes und besonders gut geschütztes Feuchtgebiet ist. Die Loxstedter bemühen sich sehr um die Erhaltung und den Schutz solcher Naturreservate. Die dünne Besiedelung des Elbe-Weser-Raumes bietet hierfür die besten Voraussetzungen. Schützenswert ist sicherlich auch die romantische Baumallee von Stotel über Loxstedt nach Bexhövede, die wehmütige Erinnerungen an die vielen herrlich schattigen Landstraßen weckt, wie sie vor dreißig, vierzig Jahren noch überall anzutreffen waren.

Ein großes Steingrab, das kurz hinter Loxstedt liegt, war einstmals in heidnischer Zeit ein Opferaltar. Noch Jahrhunderte nach der Christianisierung lebten in dem großen Steinhaus die Zwerge der germanischen Geisterwelt. Wenn man abends Eisen und Holz und etwas Geld als Lohn auf den Deckstein legte, konnte man am anderen Morgen den fertigen Pflug abholen. Aber, wie gesagt, das alles ist schon lange her. Auch dürften die Zwerge inzwischen bei den modernen Ackergeräten technisch überfordert sein.

Während Stotel und das Verwaltungszentrum Loxstedt, bedingt durch die Nähe Bremerhavens, trotz ihres Alters, ausgesprochen neuzeitliche Wohnorte ohne wesentliche historische Denkmäler sind, ist in Bexhövede wieder mehr Vergangenheit gegenwärtig. Im Jahre 812 setzte Karl der Große den Sachsenhäuptling Seidinger als Grafen von Bexhövede ein. Von der stolzen Burg der Grafen zeugt heute nur noch der Feuerlöschteich, der ein Teil des Wallgrabens war. Aber die 1184 erbaute Feldsteinkirche mit dem hübschen Fachwerkturm steht heute noch. Der Chor ist im 15. Jahrhundert erweitert worden.

1201 gründete der Bremer Domherr Albert von Bexhövede in Livland (Lettland) die Stadt Riga und legte damit den Grundstein für den jahrhundertewährenden Einfluß der Deutschen im Baltikum. Am Ort ihres Ursprungs ist diese Adelsfamilie schon im Mittelalter ausgestorben. Aber in Livland hat sie noch lange weiter existiert. 1865 ließ Eugen von Buxhöwden von der Ostseeinsel Oesel, ein Nachfahr derer von Bexhövede, die Kirche in Bexhövede auf seine Kosten renovieren. Inzwischen ist sie abermals sehr sorgfältig renoviert worden, wobei auch der gotische Ostgiebel des erweiterten Chores wieder freigelegt wurde.
Die Angst vor den Schlangen ist bei den Moor- und Heidebewohnern sprichwörtlich, und sie sagen den gefürchteten Tieren allerlei schreckliche Eigenschaften nach. So wird behauptet, die Schlange spränge einem an die Brust, wenn man sie mit dem Fuße berühre, und man werde blind. Daher der Name ,,Blindschleiche". Wenn man eine Schlange zerteile, würden beide Teile bis zum Abend weiterleben und der Kopfteil behalte seine Giftigkeit. Bei Donnern, auf dem Weg nach Wedel, liegt ein großer Granitstein, auf den das naturgetreue Abbild einer Schlange gebannt ist. Von der Entstehung dieses Schlangensteines berichtet folgende Legende:

Mühle bei Dedesdorf

Eines Tages, vor langer Zeit, entdeckte der Kuhhirt von Donnern beim Hüten einen See, der vorher nicht dort gewesen war und der fürchterlich nach Schwefel stank. In Furcht und Schrecken trieb der Hirte die Rinder ins Dorf und berichtete aufgeregt von seiner Entdeckung. Die mutigsten Bauern wagten sich zu der Weide und fanden auch den See, konnten aber keinen Schwefelgeruch feststellen. So befahlen sie dem Hirten, weiterhin das Vieh dort zu weiden, und freuten sich über die neue Tränke. Als der Hirte jedoch abermals den Gestank bemerkte, versteckte er sich in dem hohen Heidekraut und beobachtete, was geschehen würde. Ein gewaltiger Drache stieg aus dem See, legte sich ins Gras und sonnte sich. Nach ein paar Stunden verschwand er wieder im Wasser. Als kurz darauf ein paar Kühe aus dem See tranken, fielen sie sofort tot um.

Nun bauten die Bauern einen kräftigen Zaun um das Gewässer. Aber immer wieder brachen einige Rinder durch die Absperrung, tranken von dem Wasser und starben. In der Not wurde der Pfarrer von Beverstedt geholt, um den Spuk zu bannen. Doch die inbrünstigen Gebete des ganzen Dorfes zeigten keine Wirkung. Erst als die sechs benachbarten Gemeinden zu Hilfe kamen, erhörte Gott das siebenfache Gebet und ließ den See mitsamt dem Drachen für immer verschwinden. An der Stelle lag jedoch am nächsten Morgen der große Granitblock mit der versteinerten Schlange.

Wir aber fürchten uns nicht vor der Schlange, sprich: Bremerhaven, sondern werden jetzt wenigstens ein Stückchen in diese Stadt hineinfahren, obwohl sie nicht zum Landkreis Cuxhaven gehört. Aber dann geht's schnell wieder über den Schiffdorfer Damm hinaus nach Schiffdorf, dem nächsten Ziel unserer Rundreise.

ⓘ Was es in Loxstedt gibt

Auskünfte

Rathaus Loxstedt
Am Wedenberg 10, 2854 Loxstedt — Tel. 0 47 44 / 4 80
Öffnungszeiten: Mo.—Fr. 8.00—12.00 Uhr,
Di. auch von 15.00—18.00 Uhr

Hotels und Gaststätten

„Zum Brückenwirt"
Inh. Willi Holz
Hauptstr. 1, 2854 Loxstedt-Lanhausen — Tel. 0 47 44 / 53 94
Fremdenzimmer, Mittagstisch

„Stinstedter Schinkenklause"
Inh. Ingo Naumann
2854 Loxstedt-Stinstedt — Tel. 0 47 03 / 3 25

Polizei

Bahnhofstr. 87, 2854 Loxstedt — Tel. 0 47 44 / 22 82

Postämter

Postdienst Loxstedt
Bahnhofstraße 16 — Tel. 0 47 44 / 20 36

Sehenswürdigkeiten

Auskunft: Heimat- und
Bürgervereine

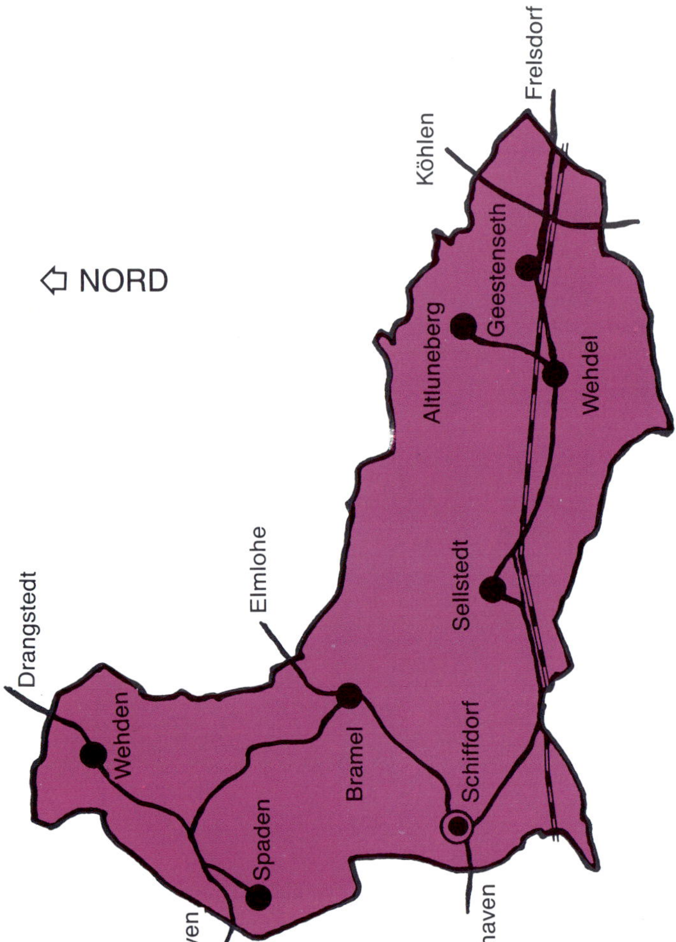

Einheitsgemeinde Schiffdorf

Einheitsgemeinde Schiffdorf

Dreimal dürfen Sie raten, welche Verbindung es zwischen Schiffdorf und dem Namen Krupp gibt. Keine Ahnung? Dann wollen wir Ihnen einen Tip geben: In Schiffdorf stand, sozusagen, die Wiege der „Dicken Bertha“. Bei den Älteren von Ihnen dämmert es vielleicht schon. Nun, — die Sache verhält sich so: Bis ins 19. Jahrhundert hinein war der friesische Name Bohlen im Vieland um Schiffdorf herum und im Land Wursten weit verbreitet. Die Gemeinde Schiffdorf darf es sich zu ihrer Ehre anrechnen, aus diesem großen und weitverzweigten Friesengeschlecht den Stammvater eines der letzten Häupter der berühmten Stahlköche an der Ruhr, Gustav Krupp von Bohlen und Halbach, hervorgebracht zu haben.
Das muß noch lange kein Grund zum Feiern sein, zumal die Geschichte für Schiffdorf, genau genommen, gar nicht so rühmlich ist. Aber wir meinen, daß es ein Stück alltäglicher deutscher Geschichte des 18. und 19. Jahrhunderts ist. Unser Schiffdorfer Held, Bohl von Bohlen, wanderte nämlich, wie so viele seiner Familien- und Zeitgenossen, aus. Zunächst, im Jahre 1774, nach Amsterdam, wo er sicher viele Bekannte aus seiner Heimat, die schon vor ihm fortgegangen waren, wiedertraf. Einige Jahre später zog er weiter nach Philadelphia in den USA. Die Geschichte der Auswanderung gehört untrennbar zur Geschichte Norddeutschlands. Die drückenden Steuerlasten, das Erbrecht, das allen Grund und Boden dem Erstgeborenen zufallen ließ, und der Mangel an Erwerbsmöglichkeiten trieben die jungen Menschen in Scharen aus der Heimat in die Neue Welt. Und Bremerhaven war zu jener Zeit der wichtigste Auswanderungshafen für diese Mutigen und Verzweifelten.
Bohl von Bohlen und seine Familie gehörten, da von Haus aus wohlhabend, zu den wenigen wirklich Erfolgreichen auf der anderen Seite des Atlantiks. Bohl hat es in Philadelphia zu großem Wohlstand und hohem Ansehen gebracht. Durch die eheliche Verbindung mit einer anderen deutschen Einwandererfamilie entstand der Name von Bohlen und Halbach. Zahlreiche Nachkommen dieser Familie sind später wieder nach Europa zurückgekehrt und haben sich unter anderem mit etlichen Fürstenhäusern durch das probate Mittel der Ehe verbunden. Die Blutsbanden reichen bis ins niederländische Königshaus.
1906 heiratete ein Gustav von Bohlen und Halbach die einzige Krupp-Erbin, Bertha Krupp, und übernahm die Leitung der Firma. Aus familienpolitischen Gründen trug er fortan den

Namen Gustav Krupp von Bohlen und Halbach. Im Jahre 1950 starb er fast achtzigjährig. Seine Frau Bertha war natürlich nicht identisch mit der ,,Dicken Bertha'', sondern dabei handelt es sich um eine berühmte und gefürchtete Kanone aus dem ersten Weltkrieg, die, sicherlich auch in Anspielung auf die Konzern-Herrin, im Volksmund so genannt wurde.

Die Familie der Bohlen ist in Schiffdorf längst ausgestorben. Aber es hat den Anschein, als ob die Geschichte der Auswanderer auch heute noch, ganz aktuell, ihre durchaus positive Auswirkung auf Schiffdorf hat. Lesen wir doch in einer Selbstdarstellung des ,,Schiffdorfer Mühlenvereins'', daß die Mitglieder und Förderer des Vereins nicht nur aus der ganzen Bundesrepublik kommen, sondern auch aus Holland, Spanien und den USA. Vermutlich versuchen die Menschen in der Fremde über diesen Weg den Kontakt zu ihrer alten Heimat und ihrem Ursprung zu bewahren. Das wird besonders dann verständlich, wenn man den ,,Schiffdorfer Mühlenverein'' einmal genauer kennenlernt.

Der Hausmakler Herbert Klöker hat aus einem persönlichen Faible für alte Mühlen 1977 den Verein ins Leben gerufen, um die verfallene Schiffdorfer Mühle zu retten. Der Gründer ist leider inzwischen verstorben, aber der Verein hat, auch unter dem Nachfolger Joachim Donner, eine enorme Lebenskraft entwickelt, und die Mühle ist heute das Wahrzeichen der Gemeinde. Im August 1987 wurde das zehnjährige Bestehen gefeiert, und die aufwendigen und kostspieligen Renovierungsarbeiten sind abgeschlossen. Die über 120jährige Galerieholländerin ist jetzt wieder technisch voll funktionsfähig und wird in ihrem unteren Lagerraum einen Versammlungs- und Veranstaltungsraum beherbergen, wo die Mitglieder sich treffen wollen, private Feiern stattfinden können und auch gelegentlich Konzerte oder Ausstellungen veranstaltet werden.

Man hat ganz bewußt keine Gastronomie eingerichtet, und auch die öffentlichen Veranstaltungen will man in einem begrenzten Rahmen halten, weil die Mühle nicht vermarktet werden soll. Als Stätte der Begegnung für die Schiffdorfer Bürger soll sie das Bewußtsein für deren Geschichte und Tradition wachhalten. Schon für 20 DM Jahresbeitrag kann jeder Mitglied des Vereins werden und damit auch Miteigentümer der Mühle, die besonders für die auswärtigen Mitglieder ein willkommener Anlaß ist, öfter mal nach Schiffdorf zu reisen.

Die Mühle ist eine der wenigen Zeugen einer urkundlich belegten achthundertjährigen Vergangenheit Schiffdorfs. Heute sieht man

dem Ort dieses respektable Alter kaum noch an, sondern er hat sein Weichbild schon in starkem Maße der nahen Großstadt Bremerhaven assimiliert und das typische Gesicht eines Wohnvorortes angenommen. Dabei haben hier sicher schon viel länger, als die Dokumente belegen, Menschen gesiedelt.

Sie müssen sich vorstellen, daß zwischen der Weser und Schiffdorf, wo heute ein dichtes Häusermeer liegt, noch vor hundertfünfzig Jahren weite Wiesen- und Ackerflächen sich ausdehnten. Die Bremerhavener Stadtteile Wulsdorf und Geestemünde (Geestendorf) waren kleine Dörfer in dieser bäuerlichen Landschaft und bildeten zusammen mit Bramel und Schiffdorf das Vieland. Die vier Dörfer lagen auf einem schmalen, hochgelegenen Geestrücken, eingeschlossen von Marsch- und Moorniederungen. Ursprünglich haben hier die Germanen und, ab ca. 300 n. Chr., die Sachsen gesiedelt. Erst ab etwa 900 sind von dem Bremer Erzbistum, um die Zehnteinnahmen zu steigern, die Friesen, gelegentlich auch die stammesverwandten Holländer, zur Urbarmachung der Sümpfe und Marschen geholt worden. Das Wort Vieland leitet sich nicht etwa von dem Wort Vieh ab, sondern kommt aus dem Friesischen und bedeutet soviel wie sumpfiges, morastiges Land. Die Friesen waren Spezialisten im Trockenlegen von Feuchtgebieten und im Deichbau, und die Holländer leisten ja heute noch Großartiges auf diesem Gebiet.

Die Friesen sind von alters her ein außerordentlich freiheitliebendes Volk gewesen. So schuldeten sie der Kirche für das zugeteilte Land lediglich den Zehnten. Im übrigen konnten sie über ihren Besitz und ihr Leben frei verfügen. Im Gegensatz hierzu waren die Geestbauern auf ihren Lehens- und Meierhöfen auch in diesen existentiellen Entscheidungen ihren Herren, den Grafen und Rittern, gegenüber wesentlich abhängiger. Von alters her bis in die Mitte des neunzehnten Jahrhunderts war die Landwirtschaft genossenschaftlich organisiert. Pferde, Kühe, Schweine, Schafe und Gänse wurden von den jeweiligen Gemeindehirten im Frühjahr gleichzeitig auf die entsprechenden Almenden oder Gemeindeweiden getrieben und im Herbst wieder in die Ställe zurückgebracht. Für die Winterfütterung stand jedem, entsprechend seinem Viehbestand, ein genau berechneter Anteil an Heu zu. Ebenso wurde mit dem Anbau von Getreide verfahren. Auf vier sogenannten Gewannen wurden Hafer, Roggen, Buchweizen und Gerste in Dreifelderwirtschaft gemeinsam eingesät und geerntet. Saatgut und Ernte waren entsprechend der jeweiligen Größe des Bauern, der „Baumann" oder später „Hausmann" genannt wurde, anteilig verteilt. Nur bei Gemüse und Leinen war diese gemeinsame Bewirtschaftung nicht möglich.

Festgelegt war dieses Genossenschaftswesen in der Bauern-Willkür, deren älteste noch vorhandene aus dem Jahre 1733 datiert. Diese Willkür mußte häufiger erneuert werden, weil die Gemeinschaft natürlich nicht immer reibungslos funktionierte. Außerdem änderte sich die Zahl ihrer Mitglieder, die durch den Besitzstand jedes einzelnen genau geregelt war. Erst 1851 wurde die Schiffdorfer Feldmark verkoppelt, das heißt, als einzelne Besitzstücke an die Bauern verteilt. Damit war die genossenschaftliche Dorfgemeinschaft endgültig beendet. Im Zuge der Revolution von 1848 verloren die Adligen auch ihren Besitzanspruch auf dieses Land und die Menschen, die es bestellten.

So wenig heute noch von dem bäuerlichen Schiffdorf zu finden ist, so verborgen liegen auch die Ursprünge für seinen Namen; denn das Dorf liegt an keinem Schiffahrtsweg. Auf alten Landkarten ist allerdings noch ein Nebenfluß der Geeste zu erkennen, der am Ort vorbeiführte. Auch wird berichtet, daß im siebzehnten Jahrhundert noch ein zugeschlammter Hafen beim Alten Hamm im Nordwesten existierte. Die Friesen sind nicht nur ein altes Seefahrervolk, sondern sie waren auch als Piraten gefürchtet. Vermutlich bot ihnen um die Jahrtausendwende der Hafen bei Schiffdorf einen sicheren Unterschlupf für ihre kleinen Boote, mit denen sie den Bremer Handelsschiffen das Leben auf der Weser sauer machten. Mit dem Niedergang des ehrwürdigen Piratenhandwerks ist dann wahrscheinlich auch der Schiffdorfer Hafen langsam verschlammt und schließlich ganz verschwunden.

Das Erzbistum hatte sogenannte ,,Lokatoren" eingesetzt, die den Siedlern das Land anweisen und ihnen bei der Urbarmachung des Landes Schutz bieten sollten. Aus diesen ,,Beschützern" entwickelte sich sehr bald ein Ritterstand, der den Landesherren eine militärische Macht garantierte und dafür von der Kirche Land geschenkt bekam. Hieraus entstand das Meierwesen, das heißt, die totale Abhängigkeit der Bauern von den Rittern und Grafen. Aufgrund von alten Flur- und Straßennamen, wie ,,Borgenfleth" = Burggraben oder Saalacker, Saalstä, Saddelstä lassen sich noch drei Standorte von Ritterburgen bei Schiffdorf feststellen oder vermuten.

Eine von ihnen stand bei dem kleinen Dorf Apeler im Südwest-Zipfel der Samtgemeinde. Hier residierte ein Familienableger aus dem Geschlecht derer von Bexhövede.

Und nun sehen wir uns genötigt, eine kleine Korrektur vorzunehmen. Denn Ehre, wem Ehre gebührt! Nicht aus der Gemeinde Loxstedt, wie wir weiter oben behauptet haben, sondern aus Apeler in der Gemeinde Schiffdorf stammt der berühmte Albert von Bexhövede, der um 1200 als Domherr von Bremen mit einem Kreuzfahrerheer nach Livland zog und dort im Jahre 1201 an der Dünamündung die Stadt Riga gründete. Fünf seiner Brüder waren mit ihm dorthin gezogen, von denen glücklicherweise zwei keine Geistlichen waren; so konnte denn dort — auf durchaus christlich-legale Art — ein Familienzweig derer „von Buxhövden" gegründet und seßhaft werden.
Da wir uns gerade in den feinen Kreisen des Adels bewegen, wollen wir auch gleich die Stätte einer zweiten bedeutenden Familie besuchen, die über Jahrhunderte einen Teil des heutigen Gemeindegebietes beherrschten. Hierzu müssen wir am Südrand des Wilden Moores von Apeler auf dem breiten Geestrücken ostwärts über Sellstedt nach Wehdel fahren. Das Dorf ist ein typisches Gemisch aus alter bäuerlicher und neuer Einfamilienhaus-Siedlung ohne nennenswerten historischen Besichtigungswert. Bewirkt hat diese Entwicklung sicherlich die Eisenbahnlinie mit Bahnhof und die inzwischen breit ausgebaute Landstraße.

Dabei lebten hier schon seit der Steinzeit 5000 bis 2000 v. Chr. Menschen. Um die Jahrhundertwende hat man noch hunderte von Hügelgräbern und Urnenfriedhöfe aus jener dunklen Zeit gefunden. Aber im Zuge der Heidekultivierung, die wiederum durch die Entwicklung des Kunstdüngers im großen Stile möglich wurde, sind die meisten friedlichen Zeugen einer bewegten Vergangenheit vernichtet worden. Der Name Wehdel erklärt eventuell schon diese frühe Besiedelung. Er läßt sich aus dem altnordischen ,,vadell" = Furt herleiten. Hier gab es wahrscheinlich auf dem Weg von der Weser über die Geest nach Bremervörde und Stade eine Furt durch die Grove, einem kleinen Nebenflüßchen der Geeste, das östlich von Wehdel vorbeifließt.

Wir werden die Grove nicht überschreiten, obwohl heute eine bequeme Brücke hinüberführt und das Schiffdorfer Gemeindegebiet noch bis Geestenseth reicht, sondern in Wehdel links abbiegen und zwei Kilometer weiter nach Altluneberg fahren. Ein Erpo von Luneberg soll hier Ende des zwölften Jahrhunderts eine Burg errichtet haben. Die Herren von Luneberg waren das mächtigste Adelsgeschlecht in dieser Gegend mit Stammsitz in Freschluneberg (heute Lunestedt), wo der letzte derer von Luneberg 1641 starb und den Namen mit ins Grab nahm. Ihnen war vom Erzbischof von Bremen die Erb-Gerichtsbarkeit für die Börde Beverstedt übertragen worden, was eine außerordentliche Machtbefugnis bedeutete.

Die Burg war an drei Seiten von den Sümpfen der Geeste-Niederung umgeben und nur über eine schmale, trockene Landzunge von Wehdel aus zu erreichen, also sehr gut geschützt. Die Mittel für ihr fürstliches Leben sollen die Grafen nicht nur aus ihren Lehensbauern herausgepreßt, sondern auch bei den Bremer und Stader Kaufleuten, die hier vorbei mußten, durch hohe Wegezölle abkassiert haben. Die Furt über die Grove war da sicherlich ein willkommener Engpaß. Schließlich wurde den Stadern das Treiben derer von Luneberg zu bunt. Sie ließen auf Beschluß des Bischöflichen Gerichts die Burg in Altluneberg schleifen, so daß heute nichts mehr von ihr zu finden ist. Sie stand etwa 100 Meter östlich der Kirche. Ganz in der Nähe hat man noch die Spuren von zwei weiteren Burgen gefunden: der ,,Nienborg" (Neue Burg) und dem sogenannten ,,Wehdeler Schloß".

Das älteste noch erhaltene Bauwerk ist die hübsche kleine Fachwerkkirche in der Ecke des hervorragend gestalteten Dorfplatzes. Klaus und Lüder Bicker aus dem Folgegeschlecht der von Lunebergs haben sie um 1550 erbaut. Auf dem hohen Gestühl neben

dem Altar sind die Namen von Generationen der Familie Bicker eingeschnitzt. Der Altar stammt aus dem Jahre 1635 und das reich verzierte Taufbecken aus dem Jahre 1640. In den Boden des Mittelganges ist eine Grabplatte eingelassen, mit der Aufschrift: „Dieses ist der uhralten adelichen Geschlechter der Bicker und von Oldenborch Leichstein." Der Glockenturm kam erst 1751 auf das Dach, nachdem der separat stehende hölzerne Turm wegen Baufälligkeit abgerissen werden mußte.
Das historisch bedeutendere Gebäude in dem kleinen, idyllischen Dorf dürfte allerdings das sogenannte „Oldenburger Haus" sein, das zu den ältesten, größten und wohl auch schönsten und eindrucksvollsten Großbauernhäusern Norddeutschlands zählt. Sein Haupt- oder Langhaus wurde um 1600 von einem Lüder Bicker gebaut. Als Erbrichter der Börde Beverstedt ist dieser Sproß aus dem Hause Luneberg durch den letzten Hexenprozeß, der 1607 im Erzstift Bremen von ihm durchgeführt worden ist, berühmt geworden. Seine Tochter hat einen Joachim von Oldenburg geheiratet. Deren Enkel, ebenfalls ein Joachim von Oldenburg, durch den das Haus seinen heutigen Namen erhalten hat, baute 1671 an den Nordgiebel ein Querhaus, das ursprünglich einen großen Saal umfaßte. Auch einen Folterkeller soll es in diesem Hause gegeben haben.

Durch ungeklärte Besitzverhältnisse und Schwerfälligkeiten in den zuständigen Behörden war das „Oldenburger Haus" in den letzten Jahren immer stärker dem Verfall ausgesetzt gewesen. Sozusagen in allerletzter Minute konnte aber doch noch mit der Renovierung begonnen werden, so daß es nun wieder in seiner alten Pracht zu besichtigen ist.

Neben dem niedersächsischen Backsteinhaus der Pfarrei und einem hübschen Landgasthof vervollständigt ein drittes Prachtstück das vorbildlich restaurierte Dorfzentrum Altluneberg: Gegenüber der Kirche liegt ein großer Gutshof, dessen massives Gutshaus, 1784 erbaut, noch erhalten ist und, wie die anderen historischen Gebäude, unter Denkmalschutz steht. Altluneberg hat schon fast den Wert eines lebendigen Freilicht-Dorf-Museums, das einen ausgedehnten Spaziergang wert ist.

Wir können Ihnen noch einen bedenkenswerten Vorschlag machen: machen Sie einmal ausgiebig Ferien in der Wehdeler Gegend. Wenn Sie nämlich in Wehdel nicht links nach Altluneberg, sondern nach rechts abbiegen, dann kommen Sie nach etwa zwei Kilometern an den stillen, teilweise von Naturschutzgebiet umsäumten Silbersee. Ein kleiner Bade- und Erholungssee, wie man ihn sich nur wünschen kann, mit einem gut ausgestatteten Campingplatz gleich nebenan. Dieses kleine Paradies liegt, ganz unauffällig und ohne jedes touristische Brimborium, eingebettet in die ruhige und beruhigende Wald- und Wiesenlandschaft zwischen Geest und Moor. Eine halbe Stunde Spaziergang führt Sie in das fantastische Naturschutzgebiet des Bülter Moores mit Bülter See.

Wasser ist ein gewichtiges Element in der Gemeinde Schiffdorf. Wenn Sie sich, was wir Ihnen unbedingt raten möchten, die Wanderkarte der Gemeinde besorgen, werden Sie sehen, daß das Gebiet zu einem größten Teil mit einem Netz von blauen Äderchen überzogen ist, den unzähligen Entwässerungskanälen und -gräben, die die einstigen Sümpfe der Geeste-Niederung im Laufe von tausend Jahren zu üppigem Weideland gemacht haben. In diesem Grabennetz werden Sie mehrere Seen entdecken, so daß man durchaus von einer Schiffdorfer Seenplatte reden kann.

Besonders der Naturfreund wird auf einer Wanderung entlang der Geeste manch kostbare Entdeckung machen. Das beginnt schon beim verlandeten Altluneberger See, nördlich von Altluneberg, wo Brachvogel, Bekassine, Trauerseeschwalbe und Kiebitz noch zu Hause sind. Einige Kilometer weiter nord-westlich mün-

det der Bederkesa-Geeste-Kanal in die Geeste, die von hier ab bis zur Mündung Ende, bzw. Anfang, des Schiffahrtsweges zwischen Elbe und Weser ist. Sie können mit Ihrem Sportboot von Bremen nach Hamburg tuckern, ohne das Meer gesehen zu haben. Durch den Hadelner-Kanal gelangen Sie bei Otterndorf in die Elbe.

Bei klarem Wetter erkennen Sie deutlich, wie der Vieländer Geestrücken, auf dem Schiffdorf und Bramel liegen, sich aus den feuchten Niederungen heraushebt. Der Seekanal führt uns zum Sellstedter See, und von dort gelangen wir wieder auf trockenen Boden nach Bramel. Die ursprünglichen Siedlungen in dieser Gegend waren eng zusammengerückte Haufendörfer. Einzelhöfe gab es wegen der vielen Gefahren durch die Natur und den Menschen und wegen der genossenschaftlichen Bewirtschaftung praktisch nicht. In Bramel ist diese alte Siedlungsform noch sehr gut erhalten. Die Kirche mit dem getrennt stehenden, aus Feldsteinen erbauten Glockenturm aus dem 13. Jahrhundert, und die schönen niederdeutschen Backsteinhöfe drumherum geben dem konzentrischen Dorf eine geschlossene, ursprüngliche Atmosphäre.

Eine andere Merkwürdigkeit Bramels erzählen wir am besten mit einer der vielen Geschichten, die über die Brameler im Umlauf sind: ,,Einmal mußten die Brameler einen Brunnen graben. Als sie ihn fertig hatten, lag neben dem Brunnenloch ein Haufen Sand. Da er die Brameler störte, wollten sie ihn wegschaffen, wußten nur nicht wie. Also beratschlagten sie sich und kamen zu dem Beschluß, ein großes Loch zu graben, um den Sand dort hineinzuwerfen. Sie waren sehr glücklich über diesen Einfall und begannen sogleich mit der Arbeit. Als sie sie beendet hatten, war der Sandhaufen auch wirklich verschwunden. Aber ein neuer, noch viel größerer lag nun dort. Da sagte die einsichtigste unter den wackeren Bramelern, das Loch sei viel zu klein gewesen, und sie müßten ein noch viel größeres ausheben, damit der ganze Sand hineinpasse. Das leuchtete allen ein, und so begannen sie wieder zu graben . . . — Schilda läßt grüßen! Und die Brameler mögen uns verzeihen.

Am besten, wir eilen schnell davon nach Laven und von dort an den Spadener See. Oder, besser noch, im großen Bogen über die Lavener Straße nach Spaden, dem größten Ort der Gemeinde, und von dort an den See. Hier sind wir wieder ganz in der Neuzeit, mit bestens ausgestatteter Campinganlage, Badestrand, Surfschule, Tretbooten, Cafeteria und Restauration. Ein großer See mit einer Freizeitanlage nach den modernsten Gesichtspunkten. Als Symbol dieser Modernität kann man die Windkraftanlage mit den beiden 20-kW-Windmühlen betrachten, aus der die Campinganlage mit Strom versorgt wird. Sie ist gleichzeitig ein Zeugnis für das ausgeprägte Umweltbewußtsein und die Vernunft der Verantwortlichen. Ähnliche Tugenden waren sicherlich auch nötig, diese vorbildliche Freizeitanlage überhaupt erst zu ermöglichen; denn sie ist ein Gemeinschaftswerk des ,,schwarzen" CDU-regierten Niedersachsens, bzw. Schiffdorfs, und des ,,roten" SPD-regierten Bremens, bzw. Bremerhavens. Bei aller politischen Enthaltsamkeit wollten wir dieses erstaunliche Politikon nicht unerwähnt lassen.

Spaden selbst ist zwar das größte Dorf der Gemeinde, aber für uns von keinem besonderen touristischen oder historischen Interesse. Als Einzugsgebiet von Bremerhaven wird es schon stark von der Großstadtnähe geprägt. Ältestes Gebäude im Ort, worauf die Spadener denn auch sehr stolz sind, ist die alte Klus (Klause). Eine kleine Backsteinkapelle mit Dachreitertürmchen, die etwa um 1490 erbaut wurde. Sie bietet 50 Seelen Platz und wird seit 1966, nach Fertigstellung des neuen Gemeindehauses,

nur noch für besondere Anlässe, wie Trauungen, Taufen etc., verwendet. Da Spaden bis 1960 kein eigenes Kirchspiel war, sondern zu Debstedt gehörte, diente die Klus in ihrer 500jährigen Geschichte nicht nur als Gotteshaus, sondern auch als Versammlungsraum für die Spadener Bauern, als Leichenhalle und sogar als Ausnüchterungszelle und Notgefängnis.
Bevor wir nun an den Beginn unserer Gemeinderundtour nach Schiffdorf zurückkehren, leisten wir uns noch ein kleines Freizeitvergnügen und radeln oder wandern von Spaden über die alte Schiffdorfer Schleuse entlang dem toten Arm der Geeste zum Gemeindezentrum zurück und genießen noch einmal den weiten Blick über die saftig-grünen Flußniederungen.

ⓘ Was es in Schiffdorf gibt

Auskunft

Gemeindeverwaltung Schiffdorf
Brameler Str. 13, 2858 Schiffdorf Tel. 0 47 06 / 1 81-0
Öffnungszeiten: Mo.—Fr. 8.00—12.00 Uhr
Do. 15.00—18.00 Uhr

Campingplatz

„Spadener See"
Seeweg 2, 2858 Schiffdorf-Spaden Tel. 04 71 / 80 10 22
„Silbersee"
2858 Schiffdorf-Wehdel Tel. 0 47 49 / 14 58 u. 13 26

Post

2858 Schiffdorf Tel. 0 47 06 / 2 20

Sehenswürdigkeiten

Oldenburger Haus, Wehdel/Alt-Luneberg
Schiffdorfer Mühle, Schiffdorf
Schiffdorfer Stauschleuse, Schiffdorf/Spaden

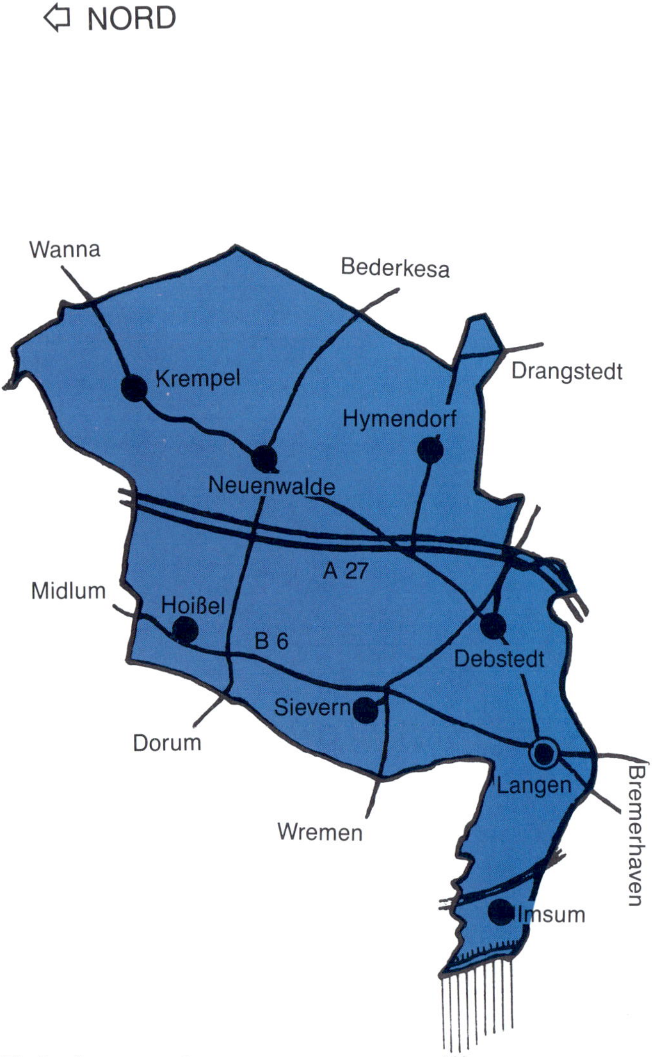

Einheitsgemeinde Langen

Einheitsgemeinde Langen

Wenn Sie von Bremerhaven nach Langen fahren, ohne auf die Ortsschilder zu achten, dann werden Sie den Grenzübergang gar nicht wahrnehmen. So nahtlos schließt sich unser nächstes Ziel wie ein Vorort an die Hafenstadt an. Dabei haben Sie immerhin eine dreifache Grenze überschritten: die Landesgrenze zwischen den Bundesländern Bremen und Niedersachsen, die Kreisgrenze des Landkreises Cuxhaven und die Stadt- bzw. Gemeindegrenze von Bremerhaven und der Einheitsgemeinde Langen.

Das Verwaltungszentrum der Einheitsgemeinde, die Ortschaft Langen, wird auch als sogenannte Schlafstadt bezeichnet, weil ein großer Teil seiner berufstätigen Bevölkerung in Bremerhaven arbeitet und daher nur seine Schlaf- und Freizeit in Langen verbringt. Viele Bremerhavener „Stadtflüchtlinge" haben hier eine neue, ruhigere Heimat gefunden. Das kann man grundsätzlich natürlich auch von Schiffdorf und Loxstedt sagen. Aber Langen hat von den dreien an dieser, für alle Großstädte typischen Wanderungstendenz den Löwenanteil. Zählte die Gemeinde nach dem Krieg noch ca. 3400 Seelen, so ist sie heute schon bei 9000 angelangt, und der „Flüchtlingsstrom" will nicht abreißen. Da kann man schon fast von einem „Emigrantenparadies" sprechen. Wenn man für diese Neusiedler einmal den Begriff Steuerzahler setzt, versteht man, warum die Langener Stadtväter über diesen Bevölkerungszuwachs gar nicht so traurig sind.

Trotz seiner beachtlichen Einwohnerzahl hat Langen kein Stadtrecht, das im Landkreis, außer Cuxhaven, nur noch Otterndorf, von alters her, und neuerdings Hemmoor besitzen. Bei den Angaben von Einwohnerzahlen geraten wir sowieso allmählich in Verlegenheit. Weiter vorne haben wir Loxstedt mit 15 000 Einwohnern den „Ehrenkranz" der zweitgrößten Gemeinde, hinter Cuxhaven, umgehängt. Aber es gibt immer zwei Zählweisen für diese hochwichtige Zahl, nach dem Motto: je größer, desto attraktiver. Zum einen gilt die Fortschreibung nach dem Niedersächsischen Landesverwaltungsamt und zum anderen die aktuelle Zählung der jeweiligen Ortsämter. Beim einen stehen für Langen 14703 per 30. 6. 1984 zu Buche und beim anderen 16331 per 31. 12. 1984. Am besten, wir halten uns aus diesem Kopf-um-Kopf-Rennen heraus und nehmen unseren „Ehrenkranz" wieder mit. Bei den eben genannten Einwohnerzahlen handelt es sich natürlich um die gesamte Einheitsgemeinde, die sich 1974 im Zuge der niedersächsischen Gemeindereform aus den Dörfern

Langen, Debstedt, Hymendorf, Neuenwalde, Krempel, Holßel, Sievern und Imsum gebildet hat.
Alles hat natürlich auch seinen Preis. So haben die Bevölkerungsexplosion und die starke Anbindung an Bremerhaven aus der alten Ortschaft Langen eine typische „Vorstadt" ohne besondere bau- oder kulturhistorische Attraktion gemacht. Die Vergangenheit ist bei dem forschen Voranschreiten arg überrollt worden. Aber glücklicherweise gibt es immer wieder Menschen, die dem so rasch laufenden Rad der Zeit in die Speichen greifen und möglichst viel von dem, was auf der Strecke blieb, aufzubewahren suchen. Am Ende einer kilometerlangen Fahrt durch eine gleichförmige Häuserlandschaft — man ist schon im nächsten, sich nahtlos anschließenden Dorf Debstedt angelangt — taucht plötzlich, nach einem kurzen Rechtsabbieger, eine kleine klassisch-dörfliche Oase auf. Eine hübsche, kleine Kirche mit einem separat stehenden und offensichtlich schon alten Glockenstand und gegenüber ein prächtiges, renoviertes Bauernhaus bewirken diese Idylle.
Um die Mitte der sechziger Jahre begannen der leidenschaftliche Hobby-Heimatforscher Artur Burmeister und seine Frau in

Debstedter Kirche

Heimatmuseum Debstedt

Debstedt mit dem Sammeln der immer rarer werdenden Zeugen einer bewegten Heimatgeschichte. Burmeister wurde, als Kompetenz in Sachen Vergangenheit, zum Ortsheimatpfleger von Debstedt ernannt. Die private Sammlung wuchs immer rapider an und verwandelte den Keller der Burmeisters in ein Heimatmuseum. Als der Keller überzulaufen drohte, kauften sie die alte Bauernstelle bei der Kirche, renovierten das Haus zwei Jahre lang und stellten es dann dem Debstedter Heimatverein mitsamt der ganzen Sammlung als Heimathaus und Museum zur Verfügung.

Ist das niedersächsische Vierständer-Fachwerkhaus schon an sich ein Kleinod, so birgt es in seinem Innern wahrlich einen Riesenschatz. Fast zweitausend Exponate! Vom einfachsten Hausrat über bäuerliche Feld- und Hofgeräte bis zu den alten Werkzeugen des ländlichen Handwerks ist hier alles zu finden, womit sich die Menschen dieser Region über die Jahrhunderte ihr tägliches Leben gestaltet haben. Hier wird nicht die Geschichte von Königen und Fürsten erzählt, sondern das Leben und Wirken der einfachen Bürger, Bauern und Handwerker eindrucksvoll dokumentiert. Paradestück des Museums ist die Webstuhlsammlung, die

die umfangreichste in Niedersachsen sein soll. Das hat seinen historischen Hintergrund; denn vor dem Siegeszug der mechanischen Webstühle stand die Weberei in Debstedt in hoher Blüte. Debstedt war einstmals das Zentrum einer großen Börde und eines bedeutenden Kirchspiels. Schon um 800, gleich nach der Christianisierung dieser Gegend, soll hier die erste Kirche nördlich der Geeste gebaut worden sein. An Stelle der ursprünglichen hölzernen Kirche wurde im zwölften Jahrhundert ein Feldsteinbau errichtet, der im Jahre 1912 bei einem Großbrand zerstört und im folgenden Jahr wieder aufgebaut worden ist. In ihrem Innern birgt sie noch ein kostbares kupfernes Taufbecken des Bremer Meisters Goteke Klinghe aus dem Jahre 1497. Seit 1784 besaß Debstedt das Marktrecht, und seine Frühjahrs- und Herbstmärkte waren im ganzen norddeutschen Raum berühmt. Zwei verheerende Großbrände in den Jahren 1847 und 1912 haben die historische Bausubstanz von Debstedt total vernichtet, so daß das Dorf, auch durch den Einfluß der nahen Großstadt, sein bäuerliches Gesicht weitgehendst verloren hat.

Auch „De Lindenhoff", das Heimatmuseum, wurde in seiner heutigen Form erst nach dem letzten Brand errichtet. Das Museum ist von März bis Oktober an Sonn- und Feiertagen von 14 bis 17 Uhr geöffnet. Nehmen Sie sich viel Zeit mit, denn es gibt viel zu sehen. Die Mitglieder des Heimatvereines führen Sie gerne, natürlich ehrenamtlich, durch die große Sammlung. Anschließend können Sie sich in der Deel, bei offenem Herdfeuer im Flett, mit Kaffee und Kuchen von der anstrengenden Besichtigung erholen.

Debstedt hat direkten Anschluß an die Autobahn A 27, die nur einen Kilometer östlich am Dorf vorbeiführt, ist also bequem mit dem Auto zu erreichen. Sind Sie allerdings erst einmal hier angekommen, um die Schönheit und Erholsamkeit der norddeutschen Tiefebene zu genießen, dann würden wir Ihnen doch lieber raten, einen Ausflug über die guten alten Landstraßen ins Hymenmoor zu machen. Sie geraten in eine klassische Moorlandschaft mit einem Prachtexemplar von Moorhufendorf.

Etwa ab dem letzten Drittel des 18. Jahrhunderts begann die damalige Hannoversche Verwaltung, die großen Hochmoore in den Herzogtümern Bremen und Verden systematisch zu besiedeln. Hierfür hatte man eine spezielle Form der Hochmoorkultur entwickelt, die es ermöglichte, die Hochmoore landwirtschaftlich zu nutzen, ohne sie vorher abtorfen zu müssen. Bei der sonst üblichen Fehnkultur, die in Holland entwickelt und erfolgreich angewandt worden ist, wird die Moorfläche erst abgetorft und dann in landwirtschaftliche Nutzfläche umgewandelt. Im Gegensatz zu Holland bestand in Deutschland, mit seinen umfangreichen Stein- und Braunkohlevorkommen, kein so großer Bedarf an Brenntorf, so daß sich die Fehnkultur aus wirtschaftlichen Gründen nicht durchzusetzen vermochte.

Zur Erschließung der unwegsamen Moore wurden zunächst feste Wege angelegt, die schnurgerade in die Landschaft hineinführten. Dann durchzog man das Moor mit einem Kanalsystem zur Entwässerung. Die Hauptkanäle dienten gleichzeitig als Transportwege für die kleinen Torfkähne, mit denen die Bauern ihren Torf an die großen Flüsse und in die großen Städte, wie z. B. Bremerhaven, zum Verkauf brachten. Die Regierung in Hannover verteilte jeweils 10—15 ha Land, sogenannte Hufe, an die siedlungswilligen Bauern, die sich hauptsächlich aus verarmten Bauern oder den nicht erbberechtigten Bauernsöhnen rekrutierten. Die zugeteilten Grundstücke grenzten nur mit einer schmalen, wenige zehn Meter messenden Kante an den Weg oder Hauptkanal, der meist neben dem Weg verlief, und erstreckten sich tief in die weite Moorlandschaft hinein. Als Grenzmarkierung dienten die vielen Entwässerungsgräben.

Wenn Sie einen Blick auf Ihre Wander- oder Straßenkarte werfen, werden Sie im Elbe-Weser-Raum viele solcher, wie Perlenketten aufgereihter Moordörfer finden, Hymendorf im Hymenmoor gehört als ein besonders deutliches Beispiel dazu. Die Häuser liegen vielfach weit zurück von der Straße, und an den Kanten ihrer Zufahrtswege kann man gelegentlich noch den Torfabstich erkennen. Was Sie aber auch noch in dem 1829 gegründeten und vier Kilometer langen Hymendorf finden können, ist die genaue Nachbildung einer alten Moorkate, der ersten Hausform, die die Kolonisten vor zweihundert Jahren benutzt haben. Wahrlich keine Luxusvillen, sondern ganz einfach bescheidene Unterkünfte. Das Leben im Moor, besonders aber der ersten Siedler, war hart und entbehrungsreich. Nicht umsonst gilt der Spruch:

Dem Ersten den Tod,
Dem Zweiten die Not,
Dem Dritten das Brot.

Zur Erinnerung an ihren Ursprung haben die Hymendörfer sich in Eigeninitiative die alte Kate mit Backhaus und Brunnen gebaut. Die Anlage ist nicht als Museum, sondern als Treffpunkt für die Bewohner gedacht, wo man gemeinsam kleine Feste bei selbstgebackenem Brot und Butterkuchen feiern kann.

Hymendorf trennt wie eine Achse die weite grüne Wiesenlandschaft des Hymenmoores in zwei Hälften. Ein relativ kleines Moor, das in die höher gelegene trockene Geest eingebettet liegt. An seiner Westseite zieht sich der Geestrücken der Hohen Lieth, die „Wurster Heide", bis nach Cuxhaven-Sahlenburg hinauf. Im Norden verläuft, jenseits des Hohen Moores, ein schmaler Geestrücken von Neuenwalde durch das Dahlemer- und Flögelner Holz nach Bederkesa. Dahinter dehnt sich das große Ahlenmoor mit dem Flögeler-, Halemer- und Dahlemer-See aus. Letzterer reicht mit einem Teil noch in das Gebiet der Einheitsgemeinde Langen hinein und gehört zusammen mit dem Halemer-See zu einem großen Naturschutzgebiet. Im Süden des Hymenmoores kommt man schließlich trockenen Fußes von Debstedt über Drangstedt nach Bederkesa.

Im Jahre 1334 muß von Altenwalde bei Cuxhaven eine lange Karawane über die Wurster Heide südwärts nach Neuenwalde am Rande des Ahlenmoores gezogen sein. Und diese Karawane bestand überwiegend aus Frauen. Jedenfalls könnte man sich so den Umzug eines Nonnenklosters im Mittelalter vorstellen. Und nicht etwa mit Möbelspedition und Autobus über die A 27, sondern zu Fuß und zu Pferde über Knüppeldämme, Sandwege und

durch finstere Wälder, sicherlich auch mit schwer bewaffnetem Geleitschutz gegen Räuber und sonstiges Gesindel. Das Erzbistum Bremen hatte den Benediktinerinnen von Altenwalde, das bis dahin Wolde hieß, eine neue Heimstatt geschaffen, eben Neuenwalde. Sehr bald siedelten sich um das Kloster Handwerker und Bauern an, und so wurde, wo vorher nur eine Mühle stand, ein neues Dorf geboren.
Das Kloster wurde sehr schnell zum geistlichen, gerichtlichen und wirtschaftlichen Zentrum der weiteren Umgebung. Seine Besitzungen reichten von Wanhöden und Midlum bis nach Sievern und Debstedt. Die Dörfer Krempel und Wanhöden mit ihrer Feldmark gehörten ganz zu Neuenwalde außer dem Haupthof, der vom Kloster direkt verwaltet wurde, war das Land als Meierhöfe an die Bauern vergeben, die dafür abgabenpflichtig waren.

Kloster Neuenwalde

Mit Beginn des 16. Jahrhunderts hält die Reformation von Hadeln aus Einzug in das Gebiet zwischen Elbe und Weser. Spätestens 1560 waren alle Kirchen um das Kloster Neuenwalde herum mit lutherischen Geistlichen besetzt. Nur das Kloster selbst hielt, wie ein Fels in der Brandung, bis zum Tode der letzten katholischen Priorin Dorothea von der Hude 1571 zur alten Kirche. Viele Jahre lang sind die Bewohner von Neuenwalde und Umgebung den weiten Weg nach Debstedt zur Kirche gegangen, bis um 1583 auch die Kanzel der Klosterkirche ein lutherischer Pastor bestieg. Nach dem dreißigjährigen Schrecken des Krieges und dem endgültigen Ende der bischöflichen Herrschaft im norddeutschen Raum schenkte die schwedische Regierung ihrem Generalkriegszahlmeister Melchior von Schlangenfeld für seine Verdienste das Kloster als Mannlehen, d. h. ohne Erbrecht bis zu seinem Tode. Als Melchior 1683 starb, übernahm die Bremische Ritterschaft die Klosteranlage von der Schwedischen Krone und richtete sie als Stift für ,,unverheiratete adelige Fräuleins" ein. Und ein solches Damenstift beherbergen heute noch die in großen Teilen erhaltenen alten Gemäuer.

1629 war das ursprüngliche Klostergebäude mitsamt der Kirche durch ein Feuer zerstört worden. Der vordere ältere Teil der Kirche und das dahinter liegende langgestreckte Gebäude, das die Wohnungen der Klosterdamen enthält, waren 1636 wieder neu hergestellt. Der niedrige Anbau und das hohe Fachwerkgebäude dahinter sind um 1719 entstanden. 1910 wurde die Kirche um 5,50 m verlängert, was man deutlich erkennen kann. Der Anbau hat sehr schöne große Bleiglasfenster erhalten. Die ehemalige Zehntscheune ist im 19. Jahrhundert als Wohnhaus umgebaut worden. Es gab keine Zehntabgaben mehr, die in dieser Scheune gelagert werden konnten. Wir haben es also nicht mit mittelalterlicher, aber dennoch altnorddeutscher Backstein- und Fachwerkarchitektur zu tun, die uns anheimelnd aus einer fernen Zeit herübergrüßt. Sie können das Kloster allerdings, aus verständlichen Gründen, nur von außen besichtigen, zumal auch das historische Inventar durch Brände und Plünderungen bis in die neuere Zeit hinein verlorengegangen ist.

Nicht, daß Sie jetzt glauben, in Neuenwalde lebten nur alte, alleinstehende Damen. O nein, im Gegenteil! Seit einigen Jahren gibt es hier z. B. eine äußerst jugendliche Volkstanzgruppe, die schon weit über die heimatlichen Grenzen hinaus bekannt geworden ist. Die Männergesangsgruppe ,,Dahlemer Singers", die sich dem Volkslied und Shanty verpflichtet hat, erinnert mit ihrem Namen an den wunderschönen Dahlemer See. Wir meinen, ein Ausflug dorthin lohnt sich, auch wegen des Dorfes mit seinem intakten ländlichen Charakter.

Von Neuenwalde gelangt man auf der Geestkante nach Krempel im Nordzipfel der Einheitsgemeinde. Auch eine alte Ansiedlung, die 1280 erstmals urkundliche Erwähnung findet und sich bis heute ihren bäuerlich-dörflichen Charakter bewahrt hat. Aber man darf getrost davon ausgehen, daß hier schon vor 5000 Jahren Menschen siedelten, wie die vielen vorgeschichtlichen Gräberfelder aus der Stein- und Bronzezeit belegen. Freigelegte Brandgruben, die als Opfergruben anzusehen sind, lassen darauf schließen, daß Krempel zwischen 1000—700 v. Chr. ein heidnisch-religiöses Kultzentrum war. Auf dem Sonnenberg am nördlichen Dorfrand, wo fünf bronzezeitliche Grabhügel lagen, hat sich jetzt die Bundeswehr eingegraben. Interessant ist, welche Veränderungen die Ortsnamen im Laufe der Jahrhunderte durchmachten. So geht es von Crimpelinge über Crempeling, Crumpelincge, Crumpelig, Crumpelinege, Cremeling, Crempelig, Cremelinge, Krempelinge, Krempelle oder gar Krümpel bis zu dem knappen, heute so typisch mundfaulen Krempel, was Sie, bitte schön, nicht zweideutig verstehen dürfen.

Für die Rückkehr nach Langen empfehlen wir Ihnen, über die Autobahn zur Westkante der Wurster Marsch zu wechseln und auf der B 6 den Weg entlang der Marsch über Holßel und Sievern zu nehmen. Die modernen, breit ausgebauten Straßen haben so manches historisch gewachsene Dorfbild zerschnitten und zerstört. Deshalb sollten Sie nicht zu schnell fahren, sonst verpassen Sie z. B. die interessante Feldsteinkirche in Holßel, dessen altes Dorfzentrum Sie von der B 6 aus kaum erahnen können. Die Kirche soll, fast unverändert, aus dem 12. Jahrhundert stammen. Auffällig ist der fremdartige Turm, der besser in eine süddeutsche Landschaft passen würde. Die Glocke mit Kreuzigungsrelief datiert aus dem 14. Jahrhundert. Eine weitere Besonderheit, die man ihr allerdings nicht ansehen kann, liegt darin, daß sie seit dem Mittelalter von Pastoren der evangelisch-reformierten Kirche betreut wird.

Auch an einer anderen historischen Stätte kann man leicht vorbeifahren, obwohl sie direkt neben der B 6, kurz vor Sievern liegt. Wir meinen die Pipinsburg, von der nur noch ein acht Meter hoher Erdwall übriggeblieben ist. Es muß einmal eine gewichtige Burganlage gewesen sein, denn der Wall, dem nach Osten drei weitere Wälle vorgelagert sind, beschreibt einen Innenhof von

sechzig Metern Durchmesser. Es gibt nur wenige gesicherte Daten über dieses archäologische Denkmal. Die Entstehung der Burg liegt im Dunkeln.
Bei Grabungen Anfang dieses Jahrhunderts hat man Reste von elf bis zwölf Gebäuden gefunden, die aus Holz gebaut gewesen waren. Zwei davon lassen sich als Wohnhäuser, eins als Pferdestall und die übrigen als Speicher deuten. Auf Grund der Funde vermutet man, daß es sich ursprünglich um eine sächsische „Herrenburg" etwa aus dem 8. Jahrhundert handelte, die als Wehranlage gegen die Einfälle der Normannen diente. Diese Annahme wird durch ein in der Nähe gefundenes frühmittelalterliches Gräberfeld erhärtet. Sie kann auch als Schutz-, Rast- und Umschlagplatz für die Händler gedient haben, die von Norden und Osten her kommend ihre Waren auf dem Wasserwege weiter zur Weser transportierten.
1343 ist die Pipinsburg von dem Erzbischof von Bremen und den Herren von Bederkesa als Bollwerk gegen die aufsässigen Wurstfriesen neu befestigt worden. In diesem Zusammenhang taucht auch der Name Siverdesborg auf. Deshalb nahm man zeitweilig auch an, daß in Sievern direkt, wo es heute noch die Flurbezeichnung „auf der Burg" gibt, eine zweite Burg errichtet worden ist. Dies ist aber durch keinerlei Funde zu belegen.

Bereits um 1500 muß die Anlage völlig zerstört gewesen sein. Auch der Name gibt noch Rätsel auf. Jedenfalls muß die Behauptung, der Name Pipinsburg stehe mit Kaiser Pipin, dem Vater Karls des Großen, in Zusammenhang, ins Reich der Sage verwiesen werden. Der Name taucht überhaupt erst 1604 urkundlich auf. Von der Bevölkerung wurde die Burg auch einfach ,,de ole Borg'' genannt.

Die verkehrstechnisch äußerst günstige Lage machte die Gegend um Sievern zum Eldorado der Archäologie. Auf dem breiten Geestrücken der ,,Hohen Lieth'' (Wurster Heide) führte in Nord-Süd-Richtung, 500 Meter östlich an der Pipinsburg vorbei, von alters her der Heer- und Handelsweg entlang, der, in Erinnerung an den Eroberungszug Karls des Großen, auch Königsweg genannt wurde und heute ,,Alter Postweg'' heißt. Dieser Heerweg wird südlich der Pipinsburg von der Sievener Aue gekreuzt, die vor tausend Jahren, bevor das Land eingedeicht wurde, noch beschiffbar war und eine Verbindung zur Weser bzw. zum Meer herstellte. Die bis 2000—3000 vor Christi zurückführenden Funde in dieser Gegend umfassen etwa 12 Steingräber, 108 Grabhügel, 14 Urnenfriedhöfe, 26 Wohnplätze, 1 gemischtbelegtes Gräberfeld (Brand- und Körpergräber), 4 Schatzfunde sowie mehrere Münz- und Importfunde.

Wir wollen Sie nur noch auf einige historische Denkmäler hinweisen, die Sie auch heute noch besichtigen können. Auf der östlichen Seite des alten Heerweges, etwa 500 bis 800 Meter von der Pipinsburg entfernt, treffen Sie auf zwei weitere Wallanlagen, die Heidenschanze direkt im Winkel des Alten Postweges und Sievener Au und etwas nördlicher die Heidenstadt. Diese germanischen Befestigungsanlagen stammen aus der Zeit der römischen Besetzung um 50 v. Chr. bis 100 n. Chr. und dürften die Funktion befestigter Handelsplätze gehabt haben. Besonders die gründlichen Ausgrabungen an der Heidenschanze haben interessante Aufschlüsse über die Bautechnik der damaligen Zeit gegeben.

Wenn Sie auf Ihrem, auch landschaftlich sehr eindrucksvollen archäologischen Rundgang von der Heidenstadt zurück zur Pipinsburg gehen, kommen Sie noch an dem riesigen Steingrab ,,Bülzenbett'' vorbei. Es ist eines der bedeutendsten Großsteingräber Norddeutschlands aus der jüngeren Steinzeit. Der mittlere der drei riesigen Decksteine des Grabes ist in dem Zeitraum zwischen 1600 und 1750 durchgesprengt und eingestürzt. Man kann noch die Bohrungen mehrerer Sprenglöcher ausmachen.

Die Sage berichtet, hier habe eine blutige Entscheidungs-

schlacht zwischen den Franken und Sachsen stattgefunden. Karl der Große habe sich ein Zeichen über den Ausgang der Schlacht erbeten und sei mit seinem Rappen auf das Steingrab gesprungen. Dabei sei der Stein zerbrochen, als Zeichen für den Untergang der heidnischen Mächte. Die Sachsen wurden vernichtend geschlagen. Eine andere Sage erzählt, der Teufel habe den Stein aus Wut zerschlagen, weil die christlichen Priester ihn von seinem Altar vertrieben haben. Anhand alter Abbildungen dieses bedeutenden Steingrabes dürfte der mittlere Deckstein aber erst im 17. / Anfang 18. Jahrhundert durchgesprengt worden sein. Der Name ,,Bülzenbett" wiederum soll von einem alten, mächtigen Heidenfürsten mit Namen Bülze, Bilse oder Bülsing kommen, der hier seine Wohnstätte hatte. Wahrscheinlich leitet der Name sich von dem alten Wort ,,bülzen" = auf Stützen stellen, ab.
Mit dem nahegelegenen Sievern geraten wir schon wieder in den Einflußbereich der Großstadt. Der Ort ist eine Mischung aus Bauerndorf mit urigen niedersächsischen Backsteinhöfen und neuzeitlichem Wohnvorort. Die ältere Bausubstanz ist 1857 durch

einen Brand vernichtet worden. Nach Ihrer Wanderung durch historische Gefilde bietet Ihnen der Sievener See ein köstliches Erfrischungsbad. Natürlich können Sie sich in Sievern auch für die ganzen Ferien einmieten; vielleicht sogar in einem der hübschen Ferienhäuser am See.

Und dann machen Sie einen Ausflug zum Ochsenturm. In Langen geht's rechts ab Richtung Weser, nördlich von Bremerhaven entlang. Hier gehört ein schmaler Streifen Marschland mit dem Friesendorf Imsum zum Langener Gemeindegebiet. Ganz in der Nähe dieser alten Ortschaft steht völlig frei hinterm Weserdeich ein dicker, stumpfer Turm, der „Ochsenturm". Er ist der Rest einer Kirche, die 1881 wegen Baufälligkeit abgerissen werden mußte. Der Turm wurde als wichtiges Seezeichen für die Schiffe stehengelassen. Heute dient er als beliebter Aussichtsturm, falls er nicht gerade mal wieder wegen Einsturzgefahr der Treppe gesperrt ist. Man hat von hier einen fantastischen Rundblick über die Marsch und die schon breit auseinanderlaufende Mündung der Weser. Die Kirche findet 1091 zum erstenmal schriftliche Erwähnung und gehörte zu den Gemeinden Dingen, Weddewarden und Lepstedt, das im 15. Jahrhundert von einer Sturmflut fortgerissen wurde und versank.

Der freie Standort und der ungewöhnliche Name werden von einer Sage so erklärt: Nachdem die Wurstfriesen nach langen Kämpfen das fruchtbare Marschenland dem Wasser abgerungen und allmählich einen gewissen Wohlstand erwirtschaftet hatten, bauten sie sich überall stattliche Kirchen. Natürlich hätten die Imsumer und Lepstedter auch gerne so eine schöne Kirche gehabt. Aber jede Gemeinde für sich war doch zu schwach auf der Tasche. So beschlossen sie, ihr Geld zusammenzulegen und gemeinsam ein prächtiges Gotteshaus zu bauen. Nun konnten sich die beiden Dörfer nicht auf einen gemeinsamen Standort einigen. Deshalb gebot ihnen der Bischof, sich auf ein Gottesurteil zu einigen. Man band zwei Ochsen, aus jedem Dorf einen, mit einem kräftigen Strick zusammen und trieb sie zum Tauziehen an. Wo sich die Tiere nach erbittertem Ringen erschöpft niederließen, da sollte man die Kirche errichten. Und so geschah es denn hier an der Weser. Da die Kirche in der nassen Marsch stand, nannte man den Ort im Sumpf Imsum. Dieser Name ging später auch auf die ganze Ortschaft Dingen über. Aber wie gesagt, so erzählt es die Sage. Gleichzeitig wird berichtet, eine reiche Jungfrau aus dem später untergegangenen Lebstedt, mit Namen Imme, habe die Kirche gestiftet, und ihr zu Ehren sei

dieser Name entstanden. Vom Ochsenturm können wir bereits einen Blick voraus über die Grenze der Samtgemeinde Land Wursten werfen, dem nächsten Ziel unserer Rundreise durch den Landkreis Cuxhaven.

ⓘ Was es in Langen gibt

Auskunft

Gemeindeverwaltung Langen, Rathaus
Sieverner Str. 10, 2857 Langen — Tel. 0 47 43 / 89 10
Öffnungszeiten: Mo.—Fr. 8.30—12.00 Uhr
Di. 16.00—18.00 Uhr

Fremdenverkehrsverein

Verkehrsverein Neuenwalde/Krempel e. V.
Friedel Dohrmann
Dorumer Str. 18, 2857 Langen-Neuenwalde — Tel. 0 47 07 / 12 11

Verkehrsverein Sievern

Gerhard Uphoff
Büttel 29 — Tel. 0 47 43 / 63 52
2857 Langen-Sievern

Heimatverein

Debstedt e. V.
Artur Burmeister
Drangstedter Str. 13, 2857 Langen-Debstedt

Hotels und Gaststätten

Hotel-Restaurant Cordes
2857 Langen-Sievern — Tel. 0 47 43 / 70 91-92
70 Betten

Kunsthandwerk

Keramikwerkstatt,
Ausstellung und Verkauf
Sibylle u. Rodolfo Casanova
2857 Langen-Neuenwalde — Tel. 0 47 07 / 2 08

Museum

Heimatmuseum Debstedt
Kirchenstr. 6, 2857 Langen-Debstedt — Tel. 0 47 43 / 4 87
sonn- u. feiertags 14.00—17.00 Uhr
Ortsgeschichte Sammlung Neuenwalde
Karl Gebhardt
Debstedter Chaussee 7,
2857 Langen-Neuenwalde — Tel. 0 47 07 / 3 17

Polizei

Polizeirevier Langen
Leher Landstr. 39, 2857 Langen — Tel. 0 47 43 / 50 01

Post

Postamt Langen
Debstedter Str. 9, 2857 Langen — Tel. 0 47 43 / 3 98

Sehenswürdigkeiten

Ochsenturm, Imsum

Winter in der Marsch

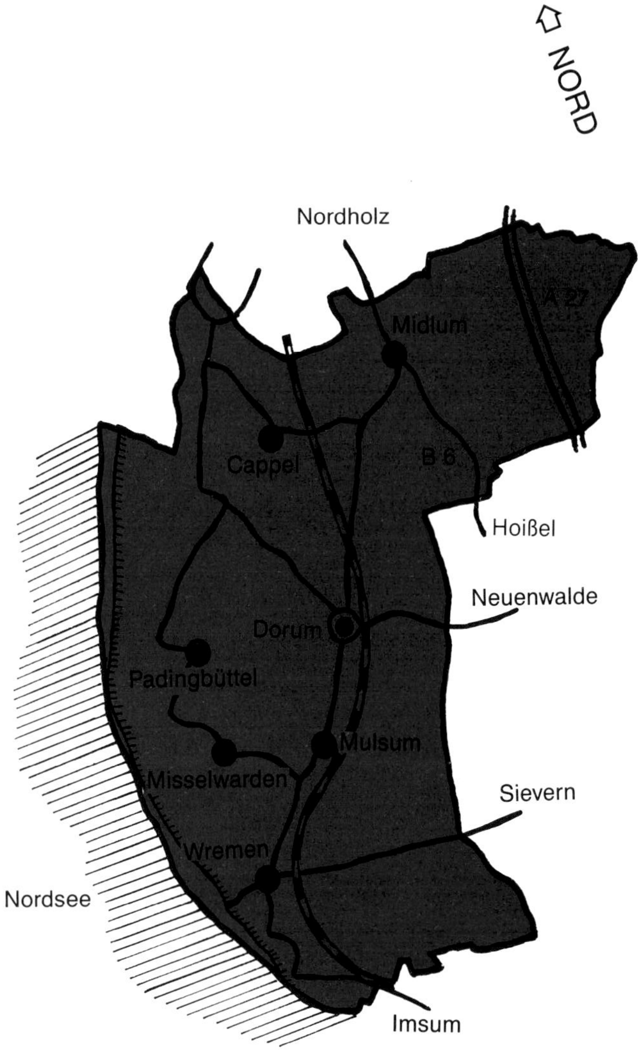

Samtgemeinde Land Wursten

Samtgemeinde Land Wursten

Bei der Samtgemeinde Land Wursten haben wir es, streng genommen, mit einem Fragment zu tun: Das ursprüngliche, von alters her so genannte Wurster Land, Terra Wursacia, reichte von Lehe/Weddewarden, heute Bremerhaven, und Imsum, heute Langen, bis über Spieka-Neufeld hinaus, dem Küstenstreifen von Nordholz. Das geschichtsträchtige, eigenwillige Ländchen ist am Nord- und Südzipfel um einiges gekürzt worden. Dafür hat die Samtgemeinde östlich von Midlum ein Stückchen Geest von der Wurster Heide dazubekommen, wo einstmals, als es noch ödes weites Heide- und Moorland war, die Wurster Bauern ihr Jagdrevier hatten. Doch eigentlich ist Wurster Land schweres, saftiges, plattes, weites Marschenland. Das ist wichtig, denn dieses rauhe, fruchtbare Land am Wasser hat seine Bewohner, die Wurtsassen, die auf den Wurten Sitzenden, über Jahrhunderte und Jahrtausende geprägt.

Das Wort „Jahrtausende" löst vielleicht Erstaunen bei Ihnen aus, denn allgemein nimmt man an, daß die vom Meer bedrohten Küstenstreifen erst durch die Kunst des Deichbaues für den Menschen bewohnbar wurden. Aber die Wissenschaftler gehen davon aus, daß bereits vor rund 10 000 Jahren auf dem heutigen Marschengebiet sowohl pflanzliches wie tierisches und menschliches (Neandertaler) Leben existierte. Damals hatte das Meer die Landverbindung zwischen Dover und Calais noch nicht durchbrochen, und die Nordseeküste verlief bei der Doggerbank. Das heutige Wurster Watt gehörte noch zum Festland. Man muß sich eine Landschaft mit riesigen Kiefernwäldern vorstellen, von der die Bernsteinfunde zeugen, die die Fischer in ihren Fanggründen im Watt gemacht haben.

Aber mit der Zeit ist das Wasser gestiegen. Das Meer hat sich gewaltsam einen Weg zwischen der englischen und französischen Küste gebahnt und die Doggerbank überflutet. Der Anstieg des Meeresspiegels verlief nicht kontinuierlich, sondern kam durch Klimawechsel mehrmals zum Stillstand oder war sogar rückläufig. Funde und Spuren, z. B. auf dem Wattengebiet Langlütjensand vor der Wurster Küste, zeigen, daß dieses Gebiet zwischen 700—300 v. Chr. besiedelt war. Danach wurde der Festlandsockel überflutet und das Mündungsgebiet der Weser in ein großes Flußdelta zerrissen.

Erst im letzten Jahrhundert v. Chr. konnten dann die Menschen wieder in den Bereich der heutigen Wurster Marsch vorrücken. Diese Siedlungsperiode um den Beginn unserer Zeitrechnung hat uns ein hervorragendes Zeugnis vom Leben unserer Urahnen hinterlassen: die ,,Feddersen Wierde''. Aus dieser prähistorischen Wurt — Wierde ist ein anderes Wort für Wurt — hat man zwischen 1955—63 in acht übereinanderliegenden Schichten bäuerliche Siedlungen aus der Zeit von 100—50 v. Chr. bis etwa 500 n. Chr. ausgegraben. ,,Feddersen Wierde'' lag südlich von Mulsum-Wierde am Ufer der Misselwardener Wasserlöse (Sieverner Aue), etwa 500 m östlich der Bahnlinie. Sie gehörte zu einer Reihe von prähistorischen Wurten, die auf einem Brandungswall lagen, der etwa ab 500 v. Chr. von den herandringenden Wassermassen aufgeschichtet worden war. Zu diesen Wurten gehörten Weddewarden, Dingen (heute Imsum), Barward, Fallward und Feddersen Wierde (alle drei nur noch als archäologische Ausgrabungsstätten bekannt), Mulsum-Wierde, Mulsum, Dorum und Alsum.

Abbruchkante

Die acht Siedlungsschichten, die die Archäologen unter der Leitung des Wilhelmshavener Professors Dr. Werner Haarnagel in mühevoller neunjähriger Kleinarbeit mit Spaten und Spachtel freigelegt haben, erklären sich aus dem langsam steigenden Wasserstand. Die ersten Häuser wurden etwa um 50 v. Chr. zu ebener Erde auf eine von Meeresrinnen umspülte Insel gebaut. Offensichtlich konnte man hier ohne einen besonderen Schutz gegen die Fluten wohnen. Mit der Zeit wurden die Rinnen, bis auf eine, die als Schiffahrtsweg ins Land hinein benutzt wurde (siehe Samtgemeinde Langen, Heidenschanze), zugeschüttet, oder sie versandeten, so daß sich das Dorf in vier festzustellenden Phasen allmählich ausdehnen konnte.

Um 100 n. Chr. entstand die zweite Bebauungsebene. Das Wasser stieg, und die Bewohner begannen, ihre Häuser auf kleine Hügel zu stellen. Für die Nordseeküste ist dies sozusagen die Geburtsstunde der ,,Wurtenzeit''. Die Wurten wurden aus Kleierde und Stallmist aufgeschichtet und erreichten eine Höhe bis zu einem Meter. Und noch etwas änderte sich: während die ebenerdigen Häuser eine Reihensiedlung bildeten, wurden die folgenden Siedlungen kreisförmig um einen zentralen Platz angelegt. Im Laufe der nächsten 350 Jahre mußten die Wurten bis auf vier Meter erhöht werden, und die einzelnen Hauswurten verschmolzen zu einer großen Dorfwurt. Dann, am Ende des fünften Jahrhunderts, haben die Bewohner endgültig die ,,Feddersen Wierde'' verlassen. Das Wasser war offensichtlich zu mächtig geworden. Vorher kann schon ein Rückgang der Landwirtschaft beobachtet werden. Sie war sicherlich durch die häufigen Überflutungen und die hierdurch bedingte Versalzung des Ackerlandes unwirtschaftlich geworden.

Die Ausgrabungen haben in den jeweiligen Siedlungsphasen, bedingt durch den feuchten, undurchlässigen Boden, gut in Holz erhaltene Hausgrundrisse, Metall- und Keramikfunde, Geräte- und Werkstattreste sowie Knochen- und Samenfunde von Haus- und Wildtieren und Kultur- und Wildpflanzen freigelegt. Daher lassen sich recht umfassende Aussagen über die Kultur, die Haus- und Siedlungsformen und die wirtschaftlichen und sozialen Verhältnisse der Nordseeküstengermanen machen. Nur in der jüngsten Schicht direkt unter der Oberfläche zeichneten sich die Grundrisse nur noch undeutlich ab, so daß über diese letzte Phase vor dem totalen Rückzug nur vage Vermutungen angestellt werden können. So aufregend diese Reise in die Vergangenheit auch ist, wir müssen uns auf einige stichwortartige Angaben beschränken, um den Rahmen dieses Büchleins nicht zu sprengen.

Die landwirtschaftlichen Gebäude erreichten eine Größe bis 29 × 7 m und teilten sich, der Länge nach, in Wohn-, Wirtschafts- und Stallteil. Daneben standen Speicher von etwa 3 × 4 m. Es gab aber auch kleinere Hofstellen, offensichtlich Nebenerwerbsstellen, sowie reine Handwerkerhäuser. Es waren dreischiffige Wohnstallhäuser, die auf zwei Reihen starker Eichenpfosten ruhten. Die Wände bestanden aus Flechtwerk mit Lehmbewurf. Hauptsächlich Viehzucht (Rinder, Schafe, Pferde, Schweine und Hunde) aber auch Ackerbau (Hafer, Gerste, Feldbohnen, Lein und etwas Dinkel und Emmer) wurden betrieben. Wintersaat konnte nicht angebaut werden.

Zum Handwerk gehörten Spinnen und Weben, Körbeflechten, das Herstellen von Geräten aus Knochen und Horn, Zimmerei, Gerben von Häuten und die Lederproduktion sowie Drechseln, Töpfern, Schmieden und Bronzegießen. Fischfang und Jagd spielten keine große Rolle. Aber ab dem zweiten Jahrhundert gewann der Handel eine immer größere Bedeutung. Er führte bis zu den Handelsplätzen am Niederrhein im Westen und Jütland im Osten, wie uns die Fundstücke aus jenen Gegenden zeigen. Parallel zur Entwicklung des Handels läßt sich aus den verschiedenen Grundrissen auch eine Veränderung der sozialen Struktur des Dorfes rekonstruieren. Bis um Christi Geburt bestand die Gemeinschaft noch aus freien Bauern mit gleichem Besitz, im 1. Jahrhundert n. Chr. veränderten sich dann schon die Besitzverhältnisse, und im 2. Jahrhundert gliederte sich die dörfliche Gesellschaft bereits in eine Häuptlingsfamilie, freie Bauern, Hintersassen und bäuerliche Handwerker. Im 3.–4. Jahrhundert kamen noch die Berufshandwerker und Schiffer hinzu, die nach dem Niedergang der Landwirtschaft die Dorfgemeinschaft prägten.

Wo vor 25 Jahren die ca. 4 ha große Ausgrabungsstätte die Gemüter der Archäologen erregte, käuen heute in aller Gemächlichkeit die wohlgenährten Wurster Kühe wider. Die Feddersener Wierde ist, wie auch Fallward und Barward, nicht wieder besiedelt worden. Auf der Burg in Bederkesa, im Deichmuseum in Dorum und im Morgensternmuseum in Bremerhaven können Sie sich umfassender über die „Feddersen Wierde" informieren und sogar die naturgetreue Nachbildung eines Bauernhausgrundrisses betreten.

Die Epoche der Vorgeschichte des Wurtenlandes ist vorüber. Danach entsteht eine Art historischen Loches, aus dem uns nur

dürftige Nachrichten erreichen. Erst 100 bis 150 Jahre später, im 7./8. Jahrhundert kommt wieder Bewegung in die Geschichte. Schon im 6. Jahrhundert läßt sich anhand von Gräberfunden, z. B. bei Altenwalde und Sievern, ein allmähliches Einsickern von Friesen auf dem Geestrücken der Hohen Lieth feststellen, der im Zuge der Völkerwanderung zum zweiten Male innerhalb von 200 Jahren entvölkert worden war. Die im Umgang mit dem Wasser erfahrenen Friesen nehmen auch die Wurster Marsch wieder in Besitz. Sie rücken von Süden nach Norden vor. Vermutlich ist ihr Ausgangspunkt der alte Handels- und Verkehrsknotenpunkt Sievern.

Vorstellbar wäre, daß die Friesen über die alte Wasserstraße der heutigen Misselwardener Wasserlöse in die Marsch eingedrungen sind und die alten Wurten wieder besiedelt haben. Nach der Verlandung des vorgelagerten Wattenlandes sind sie weiter nach Westen vorgedrungen und haben im frühen Mittelalter die Dorfwurten Wremen, Misselwarden, Padingbüttel und Cappeln gegründet. Man begann, Ringwälle um die Höfe und Dörfer aufzuwerfen. Schon im 11. Jahrhundert bauten die Wurster den ersten durchgehenden Deich von Schmarren bis Padingbüttel und dann weiter bis in die Nähe von Nordholz, der noch als „Alten Deich" vorhanden ist. Heute können Sie darauf eine herrliche Fahrt durchs Wurster Land machen und sich die großen Marschenhöfe ansehen, die mit ihrem dunkelroten Ziegelmauerwerk so schwer und erdverbunden wirken.

Zu Beginn des 17. Jahrhunderts gewannen die Wurster durch den Bau eines vorgeschobenen neuen Deiches, der heute noch der Hauptdeich ist, das Wurster Neufeld hinzu. Schon 1630 und in den folgenden zwanzig Jahren wurde der Deich wiederholt zerstört und mußte teilweise weiter zurückgenommen werden, so daß z. B. in der Wremer Feldmark viel wertvolles Land verlorenging. Ein Teil von Rintzeln, nördlich von Wremen, ging landunter, und die Bewohner mußten weiter landeinwärts neu siedeln. Das gleiche Schicksal traf den Ort Remintzel bei Solthörn. Im Laufe der Jahrhunderte sollen vierzehn Orte in den Fluten der Unterweser und ihres Mündungsbereiches versunken sein, wie z. B. Lebstedt bei Imsum. Immer wieder mußte der Deich repariert und erhöht werden, wie nach der großen Sturmflut 1717 und zuletzt nach der Sturmflut vom 17. Februar 1962, an die sich sicherlich noch viele Leser erinnern werden. Von ursprünglichen 3,60 m hat der Deich inzwischen die stattliche Höhe von 9 Metern erreicht.

Der Kampf mit den Naturgewalten hatte die Friesen zu einer starken Gemeinschaft verschweißt. Die Erde, auf der sie lebten und ackerten, hatten sie dem Meer in unsäglicher Mühe abgerungen. Es war ihr Land. Den hierdurch geprägten stolzen, freien Sinn der Friesen veranschaulicht vielleicht am besten die Legende „Wie der Reichsadler in das Wurster Wappen kam", die uns von Hermann Allmers überliefert wurde: Als Kaiser Barbarossa seinen ruhmvollen Zug zur Erringung der Kaiserkrone nach Rom unternahm, zog auch eine Gruppe friesischer Krieger in seinem Heerbann mit. Die Wurster erwiesen sich vor dem Feinde als besonders tapfer und halfen ihrem Kriegsherrn aus mancher Bedrängnis. Darum wollte der frisch gekrönte Kaiser sie zu Rittern schlagen. Aber die Friesen wiesen diese Ehrung zurück und sprachen: „Du kannst uns nimmer damit ehren, denn wir sind schon edle freie Friesen und deinen Rittern gleich an Rang und Ruhm." Der Kaiser war keineswegs gekränkt, sondern erfreut ob des Stolzes seiner tapferen Untertanen und gewährte ihnen das Recht, fortan den deutschen Reichsadler in ihrem Schilde zu tragen, zu ihrer und des Reiches Ehre.

In der Tat haben die Wurster sich über Jahrhunderte ihre wirtschaftliche und politische Unabhängigkeit bewahren können.

Das Land, ihr Land, hat sie mit reicher Ernte und kräftigem Vieh für ihre schwere Arbeit belohnt. Aber ihrem geistlichen Oberhirten, dem Erzbischof von Bremen/Verden, haben sie nie den sonst üblichen Zehnten abgeliefert. Lediglich zu einer jährlichen Zahlung des ,,Andreasschatzes" waren sie bereit. Ansonsten ließen sie sich von keinem hineinreden. Weder die machthungrigen Ritter und Grafen der benachbarten Geest noch der Erzbischof von Bremen bekamen in Wursten einen Fuß auf die Erde. Mit den Grafen und Herren von Bederkesa, Lappe und Thefholte (Diepholz) hat es manch blutige Händel gegeben.
Besonders 1256 mußten die Herren von Bederkesa eine böse Schlappe einstecken. Viele Edle und Ritter, berühmte Räuber, wie ein Abt des Midlumer Benediktinerklosters berichtete, wurden niedergemacht. Das hat natürlich für die Zukunft das Verhältnis zwischen Geest-Adel und Wurstern nicht gerade verbessert. Seit 1211 hatten die Lauenburger Grafenrecht über ,,Terra Wursacia", das sie aber nur sehr bedingt wahrnahmen. Der Herzog Magnus von Lauenburg hat 1499 dann doch versucht, mit seinem Söldnerheer durch Waffengewalt die Wurster zu unterjochen. Aber an Weihnachten erfährt die gefürchtete ,,Schwarze Garde" des Herzogs bei Weddewarden eine empfindliche Niederlage.

Das oben erwähnte Benediktinerkloster in Midlum war auch so ein wunder Punkt in der selbstherrlichen friesischen Landschaft. Die Grafen von Diepholz, deren Fronhof die Kransburg bei Midlum gewesen sein könnte, hatten es 1219 zusammen mit einer Kapelle und einschließlich ihres gesamten dortigen Besitzes gestiftet. Die Wurster Gemeinfreien betrachteten das Kloster mit großem Mißtrauen. Die Nonnen fanden in dieser Umgebung offensichtlich keine ruhige Bleibe, zumal es sich noch um ein sog. offenes Kloster handelte. Bereits 1282 wurde diese fromme Einrichtung nach Wolde, dem heutigen Altenwalde, verlegt. Dort gab es bereits eine kleine Wallfahrtskapelle. 1399 waren die Wurster dann sogar bereit, allen Pilgern zum ,,Heiligen Kreuz auf dem Berge" bei Altenwalde einen feierlichen Geleitbrief auszustellen.

Die Wurster Friesen kannten unter sich keine Fürsten und Grafen. Es war eine freie Bauernrepublik, deren oberste politische Instanz die 16 Ratgeber bildeten. Versammlungsplatz war die alte Thingstätte Sieverdeshamm bei Mulsum, etwa an der Kreuzung der Straße von Mulsum nach Wremen mit der Misselwardener Löse, einem zu damaliger Zeit sicherlich wichtigen Verkehrsknotenpunkt. Allerdings: politischen Einfluß hatten natürlich nur die wohlhabenderen Bauern, aus deren Reihen sich auch die 16 Ratgeber rekrutierten. Im Gegensatz zur Geest war das Marschland durch das dichte Entwässerungsnetz der Gräben und Kanäle schon viel früher in einzelne Besitzteile gegliedert. Das heißt, daß im Lande Wursten die einzelnen sozialen Schichten schon seit dem frühen Mittelalter viel schärfer ausgeprägt waren.

Man kann es auch so sagen: Es gab nicht wenige Fürsten und viele Untertanen, sondern eine Ober- und Unterschicht. Es heißt, ein Wurster Bauer setzt(e) sich nicht mit seinen Mägden und Knechten an einen Tisch, wie es auf den Meierhöfen der Geest durchaus üblich war. Stolz und Freiheit haben auch eine Rückwand, und man sagt, die Grenze zwischen Marsch und Geest sei nicht nur geologischer Natur gewesen. In den Archiven finden sich aus dem Mittelalter bis ins neunzehnte Jahrhundert hinein zahllose Dokumente über Grenzverletzungen und Raubzüge der Wurster auf der benachbarten ,,Hohen Lieth". Heute ist das natürlich alles ganz anders!

Zu Beginn des 16. Jahrhunderts wird das Ende der freien Bauernrepublik eingeläutet. Der machtgierige Erzbischof Christopher rückt 1517 mit einem riesigen Heer heran. Nach einer teilweisen Niederlage bei Lehe kann er die Wurster am Wremer Tief in einer blutigen Schlacht entscheidend schlagen. 500 Männer und 300

Frauen (!) bleiben auf dem Schlachtfeld. Darunter die berühmte Fahnenjungfer Tjede Pekes aus Padingbüttel, die mit der Fahne in der Hand ihre Landsleute in die Schlacht geführt hatte.

Aber damit nicht genug, es sollte noch schlimmer kommen. 1524 rückte Christopher mit einem noch größeren Heer heran, und um die Mulsumer Kirche herum gab es ein schreckliches Blutbad. 700 bis 1000 Tote soll es bei den Wurstern gegeben haben, was der Ausrottung mehrerer Dörfer gleichkommt. Viele Männer, Frauen und Kinder sind auf der Flucht erschlagen worden, einige konnten sich aber auch per Schiff nach Dithmarschen hinüber retten.

Typisch für unser Friesenvölkchen scheint uns, wie es zu diesem Gemetzel gekommen war. Nach der ersten Niederlage waren den Wurstern hohe Abgaben aufgebürdet worden. Außerdem mußten sie dem Bischof in Weddewarden die Zwingburg ,,Morgenstern" zu ihrer eigenen Unterdrückung bauen, die im Mai 1518 fertig wurde. Bei Verhandlungen um eine Reduzierung der Abgabenlasten im gleichen Jahre waren die Wurster Bauern über das arrogante Verhalten der Gesandten des Bischofs so erzürnt, daß sie sie erschlugen. Dann zogen sie zur Burg ,,Morgenstern", machten sie dem Erdboden gleich und plünderten anschließend, in ihrer Rage, noch etliche Geestdörfer. Die Rache des Erzbischofs ließ sechs Jahre auf sich warten, war aber um so fürchterlicher. Inzwischen, ab etwa 1520, breitete sich die Reformation allmählich im Elbe-Weser-Dreieck aus, und schon um 1560 wurde von allen Wurster Kanzeln im Sinne der neuen Lehre gepredigt. Hundert Jahre später fand die Bischöfliche Herrlichkeit im Dreißigjährigen Krieg ihr Ende mit Schrecken. Die Neuzeit war angebrochen. Weitere zweihundert Jahre später, nachdem auch die drükkende Zeit der französischen Besetzung überstanden war, verloren auch Fürsten und Adel ihre Besitz- und Machtprivilegien.

An der Stelle, wo einstmals die Burg ,,Morgenstern" ihr kurzes Dasein fristete, finden Sie heute noch, direkt am Weserdeich in Weddewarden, die historische Gaststätte ,,Schloß Morgenstern". Hier traf sich vor hundert Jahren der bedeutende Marschendichter Hermann Allmers mit seinen Wurster Freunden am Stammtisch und gründete mit ihnen den Heimatbund der ,,Männer vom Morgenstern", der sich heute noch sehr aktiv um die Geschichte des Elbe-Weser-Raumes kümmert. Der Gastraum ist aus jener Zeit unverändert erhalten geblieben.

Nach soviel Geschichte wollen wir Sie jetzt aber, wenigstens in aller Eile, durch die heutige, an Fläche verhältnismäßig kleine

Samtgemeinde Land Wursten führen. Dabei werden Sie natürlich immer wieder auf die Vergangenheit dieses Landes stoßen. Es gehörte z. B. zum Selbstbewußtsein der friesischen Bauern, daß jedes Dorf seine eigene Kirche haben mußte. Und so finden Sie alle paar Kilometer diese archaisch einfachen, alten Wehrkirchen auf einer Wurt in der Mitte der Dörfer stehen. Auf einer Gemeindefläche von 124,75 km^2 sind es im Abstand von maximal 5 km sieben Kirchen für rund 7800 Seelen. Sie lösten im 12./13. Jahrhundert die nach der Christianisierung im 8./9. Jahrhundert zunächst errichteten Holzkirchen und -kapellen ab.

Die aus Feldstein, Sand- oder Ziegelstein und sogar Rheinischem Tuffstein gebauten Gotteshäuser machen äußerlich einen bescheidenen und robusten Eindruck, ohne besonderen Zierrat und Schnörkel, was ihrer Aufgabe als Wehrkirchen im Mittelalter durchaus entsprach. Denn hinter diesen starken Mauern suchten die Menschen nicht nur die religiöse Besinnung, sondern auch Schutz vor den Sturmfluten und feindlichen Söldnerbanden. Gelegentlich finden Sie auch noch Eisenringe an den Mauern, zum Anbinden der Pferde und Kühe, denn nach dem Gottesdienst wurde Markt abgehalten.

Aber lassen Sie sich durch das schlichte Äußere nicht täuschen. Nicht umsonst werden die Kirchen in der Wurster und Hadelner Marsch auch Bauerndome genannt. Sie sollten unbedingt versuchen, in die Kirchen hineinzugehen. Fragen Sie den Küster oder Pastor oder besuchen Sie einen Gottesdienst, was sicherlich am eindrucksvollsten ist. Allerdings haben nicht alle Kirchen eine eigene Pfarre mehr. In Cappel bieten die häufiger stattfindenden Orgelkonzerte eine gute und erlebnisreiche Gelegenheit. Sie werden dann eine der am besten erhaltenen Arp-Schnittger-Orgeln mit ihrem unvergleichlichen Klang hören können.

Die Cappeler St.-Peter-und-Paul-Kirche war 1810 abgebrannt. Als man sie 1816 wieder aufgebaut hatte, fehlte das Geld für eine neue Orgel. Da ergab sich die günstige Gelegenheit, sozusagen second hand, für 600 Reichstaler die Arp-Schnittger-Orgel der Kirche des Hamburger St.-Johannis-Klosters zu kaufen, die Napoleon als Magazin zweckentfremdet hatte. Die Orgel des berühmten Orgelbaumeisters aus dem Alten Land ist ein echter Neubau aus dem Jahre 1680. Das ist insofern etwas Besonderes, weil viele noch erhaltene Arp-Schnittger-Orgeln nur vom Meister renovierte, umgebaute und modernisierte Instrumente sind. Glücklicherweise war die Cappeler Gemeinde in den folgenden 150 Jahren auch nicht reich genug, die kostbare Orgel dem Zeitgeschmack anzupassen, das heißt, zu verderben.

Die prächtigste Innenausstattung kann zweifellos die St.-Urbanus-Kirche in Dorum vorweisen, eine der drei ehemaligen Hauptkirchen neben Wremen und Imsum im Lande Wursten. Hauptkirche bedeutete, daß nur hier die Taufe abgehalten werden durfte. Ebenso fand bei den Hauptkirchen zweimal im Jahr das Sendgericht des Bischofs statt. Das Gewölbe dieser Kirche, ein dreischiffiger gotischer Hallenchor aus dem Jahre 1510, stellt in spätgotischer Malerei das Weltgericht dar. Und auf der etwa hundert Jahre jüngeren, reich geschnitzten Kanzel hat der bedeutende Otterndorfer Holzbildhauer Ringmaker die Lebensstationen Jesu eingeprägt. Der ebenso prächtige Schnitzaltar von 1671 stammt von dem Otterndorfer Jürgen Heydtmann. Beide Künstler haben noch mehrere Altäre und Kanzeln für die Wurster Gemeinden gestaltet.

In der Misselwardener Katharinenkirche sehen Sie das Beispiel einer besonders urigen Wurster Backsteinkirche. Dagegen ist die Marienkirche in Mulsum noch ein bodenständiger Feldsteinbau mit ursprünglich kleinen, spitzbogigen Fenstern, die teilweise später vergrößert worden sind — eine Verunstaltung, die leider

allen Wehrkirchen, aus verständlichen Gründen, zuteil wurde. Dieses kräftige Gemäuer hat jedoch 1524 die Wurster Bauern in der fürchterlichen Schlacht bei der Mulsumer Kirche auch nicht retten können. In seinem Innern birgt es noch eine gotische Kanzel, und der geschnitzte Altar stammt vermutlich ebenso aus dem 16. Jahrhundert.

Der größte der Bauerndome ist die Willehadi-Kirche in Wremen. Sie trägt den Namen des ersten Bremer Bischofs, der die Friesen missioniert hat und 789 in Blexen auf der anderen Seite der Weser gestorben ist. Die Wremer sind davon überzeugt, daß er die erste Kirche in Wremen, vermutlich aus Holz, persönlich geweiht hat. Die Mauern dieses stattlichen Gotteshauses sind schon Mitte des 12. Jahrhunderts aus rheinischem Tuffstein errichtet worden, was für die ausgedehnten Handelsbeziehungen und den wirtschaftlichen Wohlstand der Wurster Friesen im Mittelalter spricht. Schließlich mußten sie die Steine per Schiff aus dem Mündungsgebiet des Rheines holen. Bezahlt haben sie vermutlich mit einheimischen Landprodukten wie Vieh und Korn, das sie im Gegenzug dorthin verschifften. Leider ist der weiche Tuffstein für das rauhe, windige Nordseeklima nicht geeignet und darum schon stark verwittert. Den selbstgebrannten Ziegelstein kannte man um 1150 in unserer Gegend noch nicht.

An der Nordwand des Turmes sind, durch Eisenbolzen markiert, zwei alte Wremer Normalmaße festgelegt worden: Fuß = 28,7 cm und Rute = 20 Fuß. Die Markierung für ein drittes Maß wurde durch ein Lichtkabel entfernt: eine halbe Rute = 1 Stock. Die schweren Glocken hängen in einem niedrigen, separat stehenden Glockenhaus. Das hat man gemacht, um das Hauptgebäude durch die tonnenschweren Glocken nicht zu sehr zu belasten. Das Innere der Kirche ist wieder in gewohnter Wurster Art prächtig ausgestattet, mit geschnitztem Altar, Kanzel, Taufbecken und Gestühl, alles in den letzten Jahren sorgfältig restauriert.

Es gäbe noch soviel zu erzählen von diesen herrlichen Bauerndomen. Streichen Sie ein bißchen um die alten Gemäuer herum und schauen sich die alten Grabsteine an. Auch sie können Ihnen viel über die Geschichte der Wurstfriesen erzählen bis hin zu der Kleidung, die die feineren (!) Leute hier vor 200—300 Jahren trugen. Selber ansehen ist immer noch die beste Erfahrung. Schließlich befinden wir uns in einem modernen, bestens ausgestatteten Erholungs- und Feriengebiet; darum wird es Zeit, daß wir ans Meer kommen. Aber bevor wir Sie an den Strand schicken, möchten wir Sie wenigstens noch auf das 1985 neu

eröffnete Deichmuseum in Dorum, dem Verwaltungszentrum der Samtgemeinde, aufmerksam machen. Hier erfahren Sie sehr anschaulich alles über Deichbau, Watt und Landgewinnung in Vergangenheit und Gegenwart.
Und jetzt hinein ins Urlaubsvergnügen! So richtig gemütlich wohnen und sich verwöhnen lassen können Sie sich im ganzen Gemeindegebiet. Nirgendwo ist es weiter als höchstens sieben Kilometer bis zum Meer. Die beiden Badezentren liegen am Wremer und Dorumer Tief. Beide haben einen breiten, langen Grünstrand — da weht einem der Sand nicht so in die Augen — und hervorragend ausgestattete Campingplätze, die aber teilweise, wegen der Flutgefahr, nur von Frühjahr bis Herbst geöffnet sind. Natürlich finden Sie auch Strandhallen mit dem nötigen Serviceangebot. In Wremen steht noch ein Turm am Strand mit Café und einem fantastischen Blick über Wesermündung und Wattenmeer. Wremen liegt am westlichsten Punkt der Wurster Küste. Dafür können Sie am Dorumer Strand auf der 34 Meter langen Rutsche ins beheizte Schwefel-Sole-Wellenbad sausen. Da haben Sie immer Wasser, egal ob Ebbe oder Flut, und gesund ist es obendrein. Der Tiefbrunnen, aus dem dieses Freibad gespeist wird, ist als staatliche Heilquelle anerkannt. In der Dorumer Strandhalle

müssen Sie sich das Informationszentrum für den „Nationalpark Niedersächsisches Wattenmeer“ ansehen.
Apropo Ebbe und Flut! Etwa alle zwölf Stunden und 25 Minuten läuft Ihnen das Wasser weg — aber keine Angst, es kommt mit Sicherheit wieder. Und dann macht's besonders viel Spaß, sich in die anrollenden Wellen zu stürzen und an Land werfen zu lassen. Wenn das Wasser wegläuft, sollten Sie ihm ruhig ein Stückchen hinterherlaufen. Das Watt ist eine faszinierende Landschaft. Der Blick über die glitzernde Ebene bis ins Unendliche schenkt dem Körper und der Seele Weite und Freiheit. Das Laufen auf dem festen und doch nachgiebigen Wattboden tut Ihnen von der Fußsohle bis unter die Kopfhaut gut. Wir kommen ins Schwärmen. Wie gesagt: selber machen ist das beste.
Etwas ganz Wichtiges haben wir noch vergessen: die beiden Kutterhäfen im Wremer und Dorumer Tief, direkt beim Strand. Das mit dem Strand ist wichtig. Nicht nur wegen des malerischen Ambiente der bunten Krabbenkutter, wenn sie bei Ebbe hinterm Siel liegen, sondern wegen der köstlichen Krabben, die diese Kutter von ihren Fahrten heimbringen und die Sie dann fangfrisch vom Kutter kaufen können. Das Pulen dieser leckeren Schalentiere lassen Sie sich am besten von einem Einheimischen zeigen.

Sie werden sehen, nach ein paarmal Üben geht das ruck-zuck. Die professionellen Krabbenpulerinnen schaffen bis zu drei Pfund Krabbenfleisch pro Stunde. Die Krabbenfischer nehmen Sie gelegentlich auch mal mit auf Fangfahrt. Das ist ein uriges Erlebnis für den heimlichen Seebären.
Zwischen dem eingangs erwähnten prähistorischen Brandungswall mit den alten Dorfwurten und dem Geestrücken der ,,Hohen Lieth'' liegt das Sietland, eine Senke — siet = seicht, niedrig — die teilweise niedriger als der Meeresspiegel liegt. Das Sietland war ständig von Überschwemmungen bedroht, so daß die Wurster auch nach Osten ihr Land eindeichten, um sich gegen das von der Geest ablaufende Wasser zu schützen. Diese Deichlinie ist heute noch als ,,Grauer Wall'' vorhanden und hat als Ablaufkanal eine wichtige Funktion.
Midlum, wo wir noch einen kurzen Augenblick verweilen wollen, liegt schon jenseits dieses ,,Grauen Walles'', sozusagen eine Grenzstation zwischen Marsch und Geest. Hier können Sie richtig sehen, wie das Land vom Sand in den Klei abstürzt. Oben auf der Geestkante steht eine alte Holländer-Mühle und grüßt in die Marsch hinunter. Und auf einer Wurt ruht breit und behäbig die alte Feldsteinkirche aus dem 13. Jahrhundert. Midlum zählte erst ab Mitte des 14. Jahrhunderts zum Lande Wursten, und 1390 werden zum erstenmal Männer aus dem Kirchspiel Midlum als Mitglieder der 16 Ratgeber des Marschlandes namentlich genannt.
Wenn Sie mal des Sonnenbadens und Schwimmens am Meer überdrüssig sind, sollten Sie von Midlum aus einen Spaziergang durch die Midlumer Heide machen, vorbei an Stein- und Hügelgräbern nach Krempel, von da nach Kransburg, wo eine ähnliche, aber kleinere Burg wie die Pipinsburg bei Sievern gestanden hat, und zurück nach Midlum. Sie streifen hier durch uraltes Siedlungsland, das übersät war und auch noch ist, mit den Scherben und Ruinen einer viertausendjährigen Geschichte.
Aber bevor wir jetzt wieder in die Vergangenheit hinabtauchen, wollen wir lieber hurtig der Samtgemeinde Wursten entfliehen und dem nördlichen Nachbarn Nordholz unsere Aufwartung machen.

ⓘ Was es in der Samtgemeinde Land Wursten gibt

Auskünfte

Samtgemeinde Land Wursten
Westerbüttel 13, 2853 Dorum — Tel. 04742/870

Verkehrsbüro Wremen
Dorfplatz, 2851 Wremen — Tel. 04705/210

Kurverwaltung
Poststr. 16, 2853 Dorum — Tel. 04742/8750-53

Verkehrsverein Midlum, Wanhödener Weg 59
2853 Midlum — Tel. 04741/3129

Bäder

Beheiztes Schwefel-Sole-Wellenfreibad
Dorumer Tief, 2853 Dorum — Tel. 04741/1542

Freibad Midlum
An der Bundesstraße, 2853 Midlum — Tel. 04741/1707

Strandbad Dorum — Tel. 04741/1542

Strandbad Wremen — Tel. 04705/288

Campingplätze:

Campingplatz Dorumer Tief
Campingplatz Wremer Tief
Campingplatz Midlum
Camping Kransburger See — Tel. 04742/8160-8170
Fa. Fritz Grube GmbH + Co KG
2853 Midlum/Kransburg, ganzjährig geöffnet

Ferienhäuser:

Ferienpark Land Wursten
Opi — Huck — Stroot 1
2853 Dorum — Tel. 04741/2948

Hotels und Gaststätten

Café-Restaurant
„Wurster Stuben"
Am Markt 9, 2853 Dorum — Tel. 04742/1061

Gasthof „Zur Börse"
Hans Graulich, diätetisch
geschulter Küchenmeister
Langestr. 22, 2851 Wremen — Tel. 04705/424
Mittwoch Ruhetag; Mittagstisch

Polizei:

Polizeidienststelle Dorum
Westerbüttel 8 — Tel. 04742/2064

Postamt:

Postamt Dorum
Speckenstr. — Tel. 04742/420

Poststelle Wremen
Wurster Landstr. — Tel. 04705/320

Poststelle Misselwarden — Tel. 04742/340
Poststelle Padingbüttel — Tel. 04742/2055

Sehenswürdigkeiten:

Arp — Schnitger — Orgel, Cappel
Hügelgräber, Midlumer Forst
Wehrkirchen

Sportmöglichkeiten:

Trimm-Dich-Pfad, Midlumer Forst
Wattwandern
Strandgymnastik

Tennis:

Tennispark Land Wursten
Valger Landstr. 2
2853 Dorum — Tel. 04742/8155

Zimmervermittlung:

Kurverwaltung Dorum
Poststr. 16 — Tel. 04742/8750-53

Für Sie angeschaut

Anzeigen

Campingplätze Land Wursten

Drei Campingplätze stehen Ihnen im Land Wursten zur Verfügung. Das Dorumer Tief, das Wremer Tief und der Campingplatz Midlum. Letzterer ist ganzjährig geöffnet, während die beiden anderen vom 1. April bis zum 30. Oktober für Gäste offenstehen. Dies ist durch die direkte Lage am Wasser bedingt.
Alle drei Anlagen sind recht komfortabel ausgestattet. Kalt- und Warmwasserduschen, Stromleitungen, Waschmaschinen usw. sollen dazu beitragen, Ihnen den Urlaub so angenehm wie möglich zu machen. Und wenn Sie einmal keine Lust zum Kochen haben, ein Schnellimbiß gibt Ihnen die Möglichkeit, trotzdem etwas ,,Warmes'' in den Magen zu bekommen.
Der Campingplatz in Dorum wurde bei einem Wettbewerb 1976 sogar Landessieger. In seiner Nähe befindet sich ein Schwefelsole-Wellenfreibad.
Auch auf Ihr Haustier müssen Sie auf dem Dorumer Campingplatz nicht verzichten, und der angrenzende Hundestrand bietet auch Ihrem ,,Vierbeiner'' die Möglichkeit, ungehemmt herumzutollen.

Campingplatz „Kransburger See“

Umgeben von Wald, Wiesen und Heide, gelegen an einem ca. 6 ha großen See mit herrlichem kristallklaren Wasser, bietet der Campingplatz z. Zt. 150 Stellplätze für Wohnwagen und Zelte. Nach dem geplanten Ausbau werden auf 23 ha 550 Plätze zur Verfügung stehen. Die modernen sanitären Anlagen sind behindertengerecht eingerichtet. Ein Kinderspielplatz sowie Einkaufsmöglichkeiten sind vorhanden. Ob Dauer- oder Urlaubscamper, dieser DCC-Platz ist das ganze Jahr über empfehlenswert.

Gasthof ,,Zur Börse"
Wremen

Eine kleine Kostbarkeit historischer und kulinarischer Art erwartet uns in Wremen: der Gasthof ,,Zur Börse", eines der ältesten Gasthäuser Norddeutschlands!
Inhaber und Küchenmeister Hans Graulich verwöhnt Sie hier in gemütlicher Atmosphäre mit gelungenen Kompositionen aus alten Rezepten der Region. Aber auch auf Vollwertkost brauchen Sie hier nicht zu verzichten.

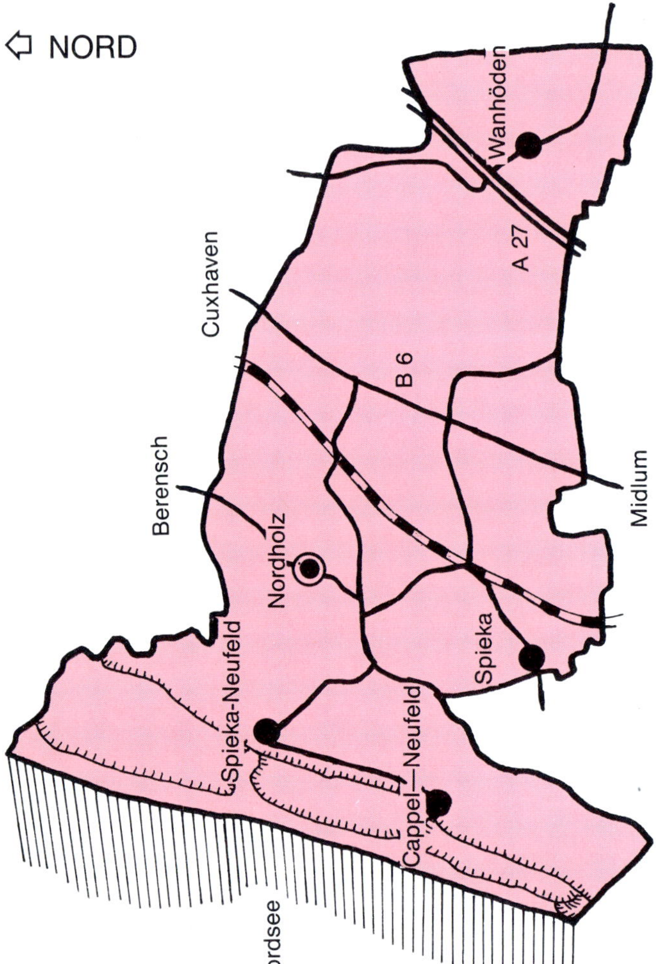

Einheitsgemeinde Nordholz

Einheitsgemeinde Nordholz

„Die drei ehemals selbständigen Gemeinden Deichsende, Nordholz und Wursterheide schlossen sich am 1. Juli 1967 freiwillig zur neuen Gemeinde Nordholz zusammen. Mit Wirkung vom 1. Januar gliederte sich die ehemalige Gemeinde Wanhöden der Gemeinde Nordholz an.
Ebenfalls freiwillig hatten sich am 1. Juli 1968 die ehemaligen Gemeinden Cappel-Neufeld, Spieka-Neufeld und Spieka zu einer Gemeinde Spieka zusammengeschlossen.
Am 1. Januar 1974 erfolgte kraft Gesetzes die Eingliederung der Gemeinde Spieka in die Gemeinde Nordholz."
So beginnt eine Selbstdarstellung dieser Einheitsgemeinde in dem jährlich erscheinenden Informationsheftchen „Käpt'n Krabbe" von 1983. Der, wenn auch nur feine, Unterschied zwischen „freiwillig" und „kraft Gesetz" ist nicht zu übersehen. Immerhin war Spieka mit dem Küstenstreifen des heutigen Neufeldes seit eh und je Wurster Land, während Nordholz jenseits des „Grauwalles" auf der Geest lag. Da die Nordholzer keine eigene Kirche hatten, mußten sie sogar nach Spieka zum Gottesdienst gehen, dessen Kirchspiel sie zugeteilt waren.
Das vor sechshundert Jahren noch weite Heide- und Moorgebiet zwischen Nordholz und Wanhöden bis hinauf nach Gudendorf und südlich bis Midlum gehörte zum Gemeindegebiet der Kirchspiele Cappeln, Midlum und Spieka. Diese „Wurster Heide", die heute zum großen Teil militärisches Sperrgebiet mit Marine-Nato-Flughafen ist, war im Mittelalter das Jagdrevier der Wurster Bauern. Wir sehen, daß der altehrwürdige und geschichtsschwangere Name Spieka „kraft Gesetzes" von der Landkarte gelöscht werden sollte. Aber was tiefe Wurzeln hat, ist nicht so leicht auszurotten, weshalb denn auch die Gemeinde im allgemeinen Sprachgebrauch Nordholz-Spieka heißt, worauf man auch kraft Gesetzes hätte kommen können.
Sozusagen als Tüpfelchen aufs i sei noch angemerkt, daß Wanhöden damals zur Grundherrschaft des Nonnenklosters Neuenwalde gehörte. Mit diesem Kloster haben die Wurstfriesen manchen Strauß ausgefochten, und keine Wursterin ist je in dieses fromme Refugium als Nonne eingetreten. Allerdings hatten wohl einige Bauern beim Kloster, das auch als Kreditanstalt fungierte, Geld geliehen. Ein Grund mehr zum Groll auf diese Institution. Außerdem besaß das Kloster Neuenwalde, das 1219 in Midlum gegründet worden und von 1282 bis 1334 in Altenwalde beheimatet war, Ländereien in Spieka, von denen es Naturalabgaben ein-

zog. Zur Lagerung dieser Abgaben hatte man auf einer Wurt einen Speicher errichtet, nach dem Spieka = Spieker = Speicher seinen Namen erhalten haben soll. Es gibt allerdings auch noch andere Ableitungen des Namens.
Die Äbtissin des Nonnenklosters hatte in Spieka und auch in Midlum, im Gegensatz zu den anderen Wurster Kirchen, das Recht, den Pfarrer zu bestimmen. Dorothea von der Heiden, Äbtissin von Altenwalde, hat denn auch 1319 die Kirche in Spieka gestiftet. Der Anlaß hierzu ist wieder typisch für das damalige Verhältnis zwischen Marsch und Geest. Da es ständig Streitigkeiten zwischen den Diepholzer, Elmloher und Bederkesaer Herren von der Geest und den Wurstfriesen gab und letztere sich wegen der häufigen Überfälle und Gewalttaten nicht mehr zur Kirche in Midlum trauten, hatten die Spikaer ihr eigenes Gotteshaus gefordert und auch erhalten. Der alte Klosterspeicher auf der Wurt wurde in eine Kirche umgebaut: Die heutige stattliche Gestalt erhielt sie erst 1702, als sie auf die doppelte Länge erweitert wurde. Damals bekam sie auch erst einen kleinen, hölzernen Glockenturm, der sich recht komisch neben dem mächtigen Kirchenschiff ausgenommen haben muß. 1914 endlich begann man mit dem Bau des massiven Turmes. Aber erst 1922, nach einer Unterbrechung

durch den Ersten Weltkrieg, wurde er fertiggestellt. Nun konnte sich die jüngste Wurster Kirche mit erhobenem Haupte in die Galerie der stolzen Bauerndome auf der Marsch einreihen.

Unter den vielen gerichtlichen und handgreiflichen Auseinandersetzungen und den daraus resultierenden Verträgen zwischen dem Land Wursten und seinen Nachbarn wollen wir wenigstens einen Fall herausgreifen, weil er den Spiekaer Raum berührt und für unser heutiges Verständnis besonders kurios erscheint. 1586 wurde im Buxtehuder Vertrag zwischen dem Hamburgischen Amte Ritzebüttel und dem Lande Wursten die sogenannte Strandungsgrenze festgelegt. Mit diesem Vertrag hat man das Recht auf Beute an den gestrandeten Schiffen geregelt. In der Nähe von Berensch finden Sie auf einer Düne noch einen verwitterten Stein, der diese Grenze markierte. Auf der nördlichen Seite ist das Hamburger Wappen und auf der südlichen das Bremer eingehauen. Diese Grenze, die am Oxstedter Bach bis zur Anhöhe des „Hohen Lieth" weiterführte, markierte zugleich das Gebiet des Spiekaer Kirchspiels.

Wir haben wiederholt, auch in den vorhergehenden Artikeln, vom Wohlstand der Wurster Bauern gesprochen. Es ist an der Zeit, auch einmal von der Armut dieser Menschen zu reden, denn die verheerenden Sturmfluten haben die Küstenbewohner oft an den Rand der Existenz gebracht. Häuser und Vieh wurden von den Gewalten der Wassermassen zerstört und hinweggespült, und der Ackerboden war durch das Meerwasser total versalzen. Von all den schweren Katastrophen zu erzählen, würde ein ganzes Buch füllen. Wenn man die Berichte hierüber liest, fragt man sich, warum die Menschen überhaupt hier oben an der Küste geblieben sind.

Kurz nach Vollendung des Neuen Deiches, Anfang des 17. Jahrhunderts, machten in den Jahren 1625 bis 1635 mehrere schwere Sturmfluten dieses Wunderwerk menschlicher Schaffenskraft zum großen Teil wieder zunichte. Die Wurstfriesen waren völlig verarmt und sahen keine Möglichkeit mehr, den Deich aus eigener Kraft wiederherzustellen. Daher beauftragten die Kirchspiele Cappel und Spieka drei Emdener Deichbauunternehmer mit dem Wiederaufbau des Deiches auf eine Höhe von 3,60 m und einer Sohlenbreite von 24 m. Als Zahlungssicherheit verpfändeten sie das neugewonnene Land den Emdener Unternehmern.

1643 war Zahltag, und die Wurster sahen sich gezwungen, einen Teil von Cappel- und Spieka-Neufeld an die Emdener abzutreten. Der Bauunternehmer Bulders hat dieses Land übernommen und sich darauf das große Gut Schönort errichtet, das Sie heute noch

Winterruhe

auf dem Weg von Nordholz nach Spieka-Neufeld antreffen. Bulders erhielt 1655 die Privilegien und Rechte eines Deichvoigtes für das Neufeld und wurde in den Adelsstand erhoben. Das Gut „Schönort" wurde 1672 Sitz eines adeligen Gerichtes, das dann später nach Nordholz verlegt wurde. Der Amtsbereich dieses Gerichtes umfaßte etwa das Gebiet der heutigen Einheitsgemeinde Nordholz. Spieka, Cappel- und Spieka-Neufeld waren also schon einmal vom Lande Wursten abgetrennt, konnten aber 1819, im Zuge der Hannoverschen Verwaltungsreform, wieder in den Schoß ihres Ursprunges heimkehren.
Heute spüren Sie als Besucher nichts mehr von diesen historischen Widersprüchen. Die einzelnen Gemeinden sind baulich zu einer großen Einheit von rund 7000 Einwohnern zusammengewachsen, Grenzen sind nur noch durch die Ortsschilder wahrnehmbar. Nachdem in den letzten Jahren der Fremdenverkehr, die sogenannte weiße Industrie, auch in Nordholz-Spieka einen rasanten Aufschwung genommen hat und den rein landwirtschaftlichen Charakter dieser Region allmählich auflockert, bekommt die Küstenlage mit grünem Strand und Deich und der Weite der Marsch, also das Wurster Element, wieder eine besondere Gewichtung für diese Kommune.

Die ganze Gemeinde ist als Gastgeber auf Ihren Besuch eingestellt. Bequemes, wohliges Wohnen und eine gesunde, kräftige Kost sind in diesem Ferienland eine Selbstverständlichkeit, wofür die einheimische Landwirtschaft eine Garantie bietet. Dabei bleibt alles im normalen und bezahlbaren Rahmen, sozusagen im gute Sinne ,,gut bürgerlich'', wie es für das ganze Land Wursten typisch ist. High-Life-Rummel und Super-Luxus-Herbergen finden Sie hier nicht. Dafür garantieren wir Ihnen schriftlich den hohen Erholungswert der urigen Wurster Küstenlandschaft.
Bevor wir Sie jetzt an den Strand schicken, möchten wir Ihnen noch dringend den einen oder anderen ausgedehnten Spaziergang durch die abwechslungsreiche Landschaft vom Moor über Heide und Wald bis zur saftigen Marsch anraten. Schließlich doch an den Gestaden des Meeres angelangt, haben Sie die Wahl zwischen zwei Badestränden mit bestens ausgerüsteten Campingplätzen. In Spieka-Neufeld können Sie sich direkt neben dem malerischen Kutterhafen auf den Grünstrand lagern. Vergessen Sie aber nicht, sich ein paar Mark in die Badetasche zu stecken, um den einen oder anderen Liter frische Krabben fürs Abendbrot zu kaufen, wenn die Kutter von der Fangfahrt an ihre Liegeplätze heimgekehrt sind.

Auf die Plätze fertig: Pulen

Der Kutterhafen in Spieka-Neufeld ist erst im Jahre 1953 entstanden. 1952 hatten die Engländer, als Ersatz für die zurückgegebene Insel Helgoland, die der Wurster Küste vorgelagerte Insel Knechtsand zum Bombenübungsfeld erklärt. Hierdurch gingen den Wurster Fischern wichtige Fanggründe verloren. Von dem neuen Kutterhafen in Spieka-Neufeld konnten sie neue Fanggründe erschließen. 1958 stellten die Engländer das Bombardement wieder ein, aber der Kutterhafen ist zu Ihrer und unser aller Freude geblieben.

Gleich neben dem Kutterhafen liegt der Yachthafen. Sie können also nicht nur per Bahn oder Auto, sondern auch übers Wasser anreisen. Sollten Sie zufällig keine schnittige Segelyacht besitzen und trotzdem Lust auf einen Törn haben, so bietet sich hier die Gelegenheit, mitzusegeln. Ja, sogar durch die Luft steht Ihnen der Weg offen, denn am Rande des Militär-Flugplatzes gibt es auch einen zivilen Segel- und Motorflughafen. Wenn Sie noch nicht fliegen können, lernen Sie es hier eben schnell. So einfach ist das.

Der Badestrand von Cappel-Neufeld, der genauso grün wie alle Strände im Wurster Land ist, kann mit einer Attraktion ganz anderer Art aufwarten: Für die Freunde des Baden-pur ist hier ein 40 000 m^2 großes FKK-Gelände eingerichtet worden, wo Sie sich tummeln können, wie Gott Sie geschaffen hat. Nackt durchs flimmernde Watt wandern kann wie eine Droge wirken und einem ein Gefühl von Freiheit vermitteln, als ob man gleich abheben würde. Bei maßvoller Anwendung ist diese Droge erlaubt und als Mittel gegen den Alltagsstreß durchaus zu empfehlen.

Wenn wir so bedenkenlos vom Wattwandern reden, dann ist das nicht ganz korrekt. Das Watt ist nicht ungefährlich. Sie sollten sich deshalb im Tidenkalender genau über die Termine von Ebbe und Flut informieren und nie ohne Uhr losgehen, selbst wenn sie Ihr einziges Kleidungsstück sein sollte. Das Watt ist keine gleichmäßig ebene Fläche, sondern eine von Prielen und tiefen Gräben durchzogene Landschaft. Wenn Sie nicht rechtzeitig zurückkehren oder sich nicht an die markierten Wege halten, kann es passieren, daß das auflaufende Wasser der Flut Sie in den Rinnen überholt und Ihnen den Rückweg versperrt. Die Zahl derer, die nie wieder zurückkamen, ist Legion.

Es heißt, der Wattengeist hat sie geholt. So sind einst ein alter und ein junger Mann aus Padingbüttel zum Fischfang rausgegangen, als ihnen aus weiter Ferne eine helle Erscheinung übers Watt zuwinkte. Sie hielt einen großen Butt (Scholle) in der Hand, so

groß wie sie selber. Der junge Fischer lief, trotz der Warnungen des älteren Mannes, hinaus ins Watt, begierig, auch so einen kapitalen Fang zu machen. Dem alten Fischer war die Sache nicht geheuer. Er dachte an die vielen Menschen, die nie wieder aus dem Watt zurückgekehrt waren. Deshalb widerstand er der Verlockung und eilte nach Hause. Der junge Fischer ist auch nie wieder heimgekehrt, denn es war der Wattengeist, der ihn in die unendliche Weite des Wattes hinausgelockt hatte.
Ferner müssen Sie wissen, daß Sie sich im ,,Nationalpark Niedersächsisches Wattenmeer" befinden, d. h. in einem Naturschutzgebiet, das strengen Regelungen unterworfen ist. Der Nationalpark erstreckt sich von der Westkante Borkums bis nach Cuxhaven, also entlang der ganzen niedersächsischen Nordseeküste. Das Wattenmeer ist neben dem Hochgebirge die einzige Naturlandschaft Mitteleuropas. Es ist ein wichtiger Regulator für den Wasserhaushalt sowohl der Küstenlandschaft wie auch der Nordsee. Als Brut-, Rast-, Mauser- und Nahrungsgebiet zahlloser Vogelarten, die vielfach vom Aussterben bedroht sind, und als Laichplatz für viele Fischarten sowie als Lebensraum für Seehunde ist das Wattenmeer von absoluter Lebensnotwendigkeit und unersetzbar.

Flutsichere Wohnung des Vogelwarts

Man ahnt nicht, welch ein Reichtum an Nahrung für die Vögel in dem scheinbar öden Schlickboden verborgen ist, z. B. Würmer, Schnecken, Muscheln und andere Kleintiere, die sich in den Wattboden eingraben, wenn das Wasser bei Ebbe abgelaufen ist. Absolutes Sperrgebiet ist die Insel Knechtsand, die ca. 7 km vor dem Spieka-Neufeld im Wattenmeer liegt. Bis zu 40 000 Tiere halten sich zeitweilig auf diesem Vogelparadies auf, das von Menschen nicht betreten werden darf. Eine Ausnahme macht der Vogelwart, der in einem flutsicheren Turm auf der Insel wohnt. Auch Wissenschaftler dürfen sich hier mit einer entsprechenden Sondererlaubnis zu Forschungszwecken einnisten. Von 1952 bis 1958 diente diese Insel den Engländern als Übungsziel für ihre Bombenflugzeuge.

Aber nicht nur das Wattenmeer, sondern auch die Küste gehört zum Nationalpark. Der Strand ist ebenfalls für viele Vögel Nist- und Nahrungsplatz. Darum sollten Sie bei Ihren Strandspaziergängen besonders achtsam sein und sich streng an die vorgegebenen Wege halten. Einen wichtigen Erfolg kann der Naturschutz bei der Erhaltung der Seehunde verbuchen. Vor zwanzig Jahren lebten noch über 1000 dieser possierlichen Tiere im Wurster Watt. 1975 waren es nur noch ca. 500. Seitdem die Seehundjagd

verboten wurde und ein Seehundwart, Herr Harrs aus Cappel-Niederstrich, sich um den Bestand der Seehunde kümmert, weist dieser wieder eine leicht steigende Tendenz auf. Die Seehunde sind besonders für die Geburt und Aufzucht der Nachkommenschaft auf Leben und Tod auf das Wattenmeer angewiesen. In der Strandhalle am Dorumer Tief ist ein Nationalpark-Informationszentrum, dessen aufmerksamen Besuch wir Ihnen dringend empfehlen möchten.
Bei Schmuddelwetter, das auch in diesem Ferienparadies am grünen Strand gelegentlich vorkommen soll, gäbe es auch noch ein paar andere Dinge zu besichtigen. Alwin Kocken aus Spieka-Neufeld hat 1979 die erste funktionsfähige Krabbenpulmaschine erfunden und in seiner Krabbenhandlung in Betrieb gesetzt. Er wird sie Ihnen sicherlich, mit berechtigtem Stolz, einmal vorführen. Natürlich sollten Sie sich auch die St.-Georgs-Kirche nicht nur von außen ansehen. Die prachtvoll-schöne Innenausstattung stammt, wie bei den meisten Wurster Kirchen, aus dem 17. und 18. Jahrhundert und weist unter seinen Schöpfern so bedeutende Namen auf wie die Bildhauer David Benjamin Opitz und Jürgen Heydtmann.

Laßt mich in Ruhe

Der Initiative eines Privatmannes ist es zu danken, daß das Wahrzeichen von Nordholz, die Galerie Holländer-Mühle von 1766, vor dem Abriß bewahrt wurde. Dr. Hübotter aus Bremen hat 1969, zur Freude und Beruhigung der Nordholzer Bürger, diese historische Kostbarkeit gekauft, total renoviert und mit Ferienwohnungen ausgestattet. Auch wenn Sie, bedauerlicherweise, nicht in der Mühle Ihr Feriendomizil bekommen haben, können Sie sie besichtigen. In Höhe der Galerie ist ein wie ein Museum ausgestatteter Gastraum, und von der Galerie haben Sie einen herrlichen Ausblick auf das weite, grüne Land.
Dabei gleitet Ihr Blick in Richtung Osten auch über den Marine-Flugplatz, der direkt hinter der Ortschaft liegt.
Der Flugplatz Nordholz nimmt unter den Militär-Flugplätzen wegen seiner langen Tradition eine Sonderstellung ein. 1913 ist hier einer der größten militärischen Zeppelinflughäfen gebaut worden, mit einer drehbaren Doppelhalle für Luftschiffe. Die Halle war 183 m lang, 75 m breit und ca. 35 m hoch. Am 14. August 1914 landete das erste Luftschiff auf dem Gelände, und am 2. September konnte es in die Halle einziehen. Im Laufe des Ersten Weltkrieges waren hier rund 40 dieser fliegenden Riesenzigarren stationiert, die im Kriege als Aufklärer und Bombenwerfer eingesetzt wurden. Nach dem Kriege wurde der Flugplatz liquidiert und weitgehendst demontiert. Besonders durch die Einrichtung von Wohnlagern entstand in diesem Gebiet 1924 die Gemeinde Wursterheide. Entsprechend dem Lebenslauf all dieser Militäranlagen kam auch für den Nordholzer Marine-Flieger-Stützpunkt 1939 der Wiederaufbau, dann 1945 die erneute Liquidierung und nach dem Aufbau der Bundeswehr die erneute Rehabilitierung.
Aber genug davon. Wir wollen uns lieber wieder den heiteren Dingen des Lebens zuwenden und uns nach kurzem, besinnlichen Verweilen am Spiekaer Kutterhafen und einem Blick über das Watt von der Gemeinde Nordholz-Spieka verabschieden und an der Küste entlang zur Metropole des Badelebens und der Hauptstadt des Landkreises wandern.

ⓘ Was es in Nordholz gibt

Auskunft:
Gemeindeverwaltung Nordholz — Tel. 0 47 41 / 6 90
Verkehrsverein Nordholz-Spieka e. V.
Wurster Str. 12 — Tel. 0 47 41 / 10 48
2859 Nordholz-Spieka

Bäder:
Freibad Kurzentrum Nordholz
Nordholz-Süd
Bademöglichkeit am Strand in Cappel-Neufeld u. Spieka-Neufeld

Bücherei:
Wurster Str. 12 (Verkehrsverein) — Tel. 0 47 41 / 10 48
2859 Nordholz-Spieka

Fundbüro:
Rathaus (s. Gemeindeverwaltung Nordholz)

Gaststätten u. Hotels:
„Zum Grünen Walde"
Horst Pickert
Mühlenstr. 78, 2859 Nordholz — Tel. 0 47 41 / 31 52

Kinderspielplätze:
An den Stränden in Cappel-Neufeld u. Spieka-Neufeld

Polizei:
Elbestraße, 2859 Nordholz — Tel. 0 47 41 / 80 30

Post:
Elbestr. 4, 2859 Nordholz — Tel. 0 47 41 / 78 00
Wurster Str. 4 — Tel. 0 47 41 / 13 88
2859 Nordholz-Spieka
Deichweg 10 (Günter Maue) — Tel. 0 47 41 / 25 00
2859 Spieka-Neufeld

Sehenswürdigkeiten:
Ferienmühle, Kutterhafen, Kirche Spieka,
erste funktionsfähige Krabbenpulmaschine der Welt
bei Alwin Kocken, Zum Kutterhafen 20

Zimmervermittlung:
Verkehrsbüro — Tel. 0 47 41 / 10 38
s. Verkehrsverein Nordholz-Spieka e. V.

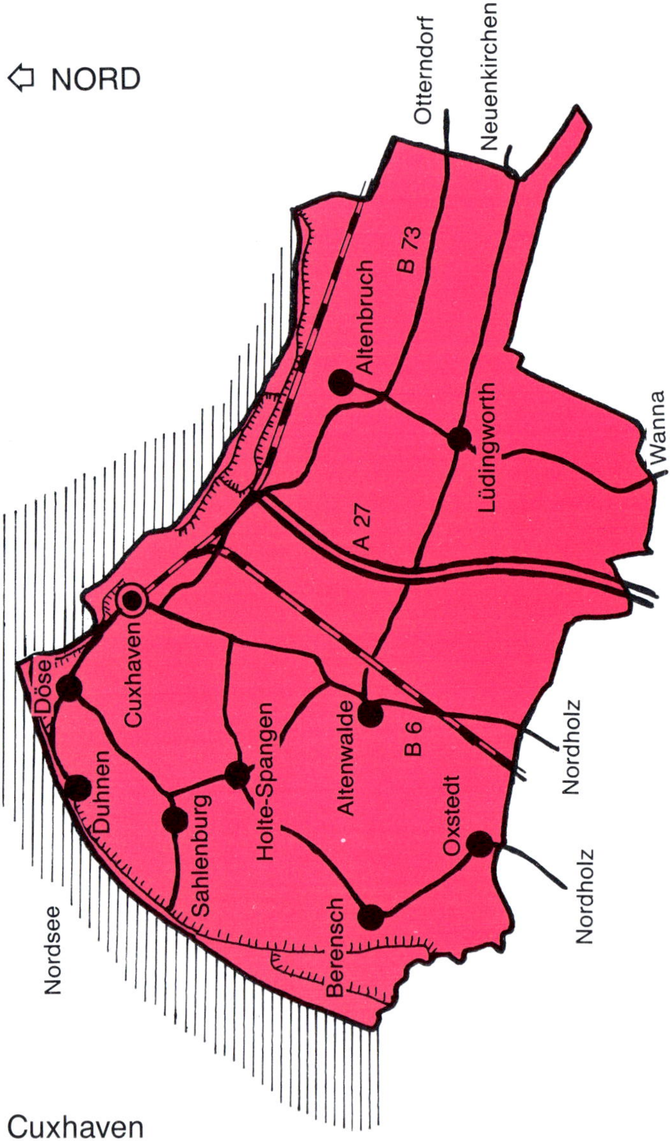
NORD
Otterndorf
Neuenkirchen
B 73
Altenbruch
Lüdingworth
Wanna
A 27
Cuxhaven
Döse
Duhnen
Sahlenburg
Holte-Spangen
Altenwalde
B 6
Nordholz
Oxstedt
Nordholz
Berensch
Nordsee

Cuxhaven

Cuxhaven

Wenn Sie, von Spieka-Neufeld kommend, über den Neufelder Deich an der Küste entlang nach Cuxhaven wandern, überschreiten Sie am Oxstedter (früher Oxter) Bach die Stadtgrenze, obwohl von Stadt weit und breit nichts zu sehen ist. Sie müssen auch noch eine gute Stunde stramm gehen, bis Sie eine Ahnung von der Stadt bekommen. Während unsere Großstädte mühsam versuchen, kleine Grünanlagen und Parks in ihren Betonwüsten zu pflegen und zu erhalten, damit der Bürger hin und wieder mal einen Zug frische Luft bekommt, ist das Stadtgebiet von Cuxhaven zu seinem überwiegenden Teil herrliches Wald-, Heide-, Moor-, Marsch- und Küstenland, wobei letzteres den größeren Flächenanteil ausmacht. Diese, für den Feriengast äußerst angenehme, unstädtische Stadtlandschaft ist die typische Folge davon, daß Cuxhaven in seiner heutigen Ausdehnung von 177,5 km^2 erst im Laufe der letzten fünfzig Jahre schrittweise per Verwaltungsakte entstanden und nicht in einem historischen Prozeß von innen heraus gewachsen ist. Die ,,Stadt" ist auch erst knackige achtzig Jahre jung.

Und damit sind wir schon mitten drin in den historischen Prozessen. Wir stehen hier nämlich auf geschichtsträchtigem Boden. Der Oxter Bach war von alters her ein, oft umstrittenes, Grenzgewässer. Hier berührten sich die alten Marschenrepubliken Land Wursten und Land Hadeln. 1399 wird der Bach als Grenze zwischen Spieka und Oxstedt vertraglich festgesetzt. Kurz hinter der Stadtgrenze steht noch ein alter Grenzstein an der Geestkante. Diesen sogenannten ,,Schedelstein" hatte man aufgestellt, nachdem im ,,Buxtehuder Recess" vom 25. 10. 1568 die Grenzstreitigkeiten zwischen dem Land Wursten, bzw. dem Erzbistum Bremen und der Stadt Hamburg, die sich inzwischen in diesem nördlichen Landzipfel an der Elbe breitgemacht hatte, vertraglich geregelt worden waren. Der Stein war nötig, weil der Bach die, je nach Blickrichtung, angenehme oder unangenehme Eigenschaft hatte, sich allmählich nach Norden zu verlagern.

Nördlich des Baches begann im frühen Mittelalter der Machtbereich der Herren von Lappe, einem alten Rittergeschlecht, das seine Stammburg auf dem Galgenberg bei Sahlenburg hatte. Der Galgenberg war ursprünglich ein prähistorischer Grabhügel. Auf diesen mächtigen Totenhügel haben die Ritter dann einfach einen klotzigen Wehrturm gesetzt und einen Graben drum herumgezogen. Als später die Burg wieder verschwunden war, zierte

man den Berg mit einem Galgen und machte ihn zur Richtstätte, was er bis ins 19. Jahrhundert blieb.
Anfang des 13. Jahrhunderts bauten die Lappes sich an die Elbmündung eine neue Burg, Schloß Ritzebüttel. Es ist ein vierstökkiger Wohnturm im normannischen Stil auf einem Kreuzgewölbe, wie man sie auch in Frankreich und England findet. Der 30 Meter hohe Burgturm mit seinen drei Meter dicken Mauern gehört zu den ältesten noch erhaltenen Backsteinbauten Norddeutschlands; denn der Backstein ist erst Ende des 12. Jahrhunderts mit dem Verdener Dom als Baustoff in unserer Region eingeführt worden. Das Schloß wird z. Zt. gerade wieder renoviert, so daß bald kein Original-Ziegelstein von 1200 mehr zu sehen sein wird.
Mit der Burg an der Elbmündung wollten sich die Lappes die Kontrolle über den schon im Mittelalter hochwichtigen Handelsweg der Elbe verschaffen. Man munkelte damals, daß diese edle Ritterschaft einen nicht unbeträchtlichen Teil ihres Vermögens, und damit ihrer Macht, aus der Seeräuberei und Strandgutfledderei bezogen habe. 1324 übernehmen sie immerhin die Kirchspiele Groden und Altenwalde als Pfand von den Herzögen von Sachsen-Lauenburg, die die Grundherrschaft über das Land Hadeln besaßen.

Erinnerung an bewegte Zeiten von Schloß Ritzebüttel

Genauso interessiert war natürlich die Hansestadt Hamburg an der Kontrolle dieses, für sie lebenswichtigen, Stromes. Darum bauten sie sich einen ähnlichen, allerdings schmuckloseren, Turm auf die Insel Neuwerk. Der Erzbischof von Bremen und der Herzog von Sachsen-Lauenburg, zu deren Grundherrschaft die Insel gehörte, hatten den Hamburgern ihre Zustimmung gegeben, weil der Turm ein wichtiges Seezeichen für die Schiffahrt sein sollte und weil die Wurster wie die Hadler einen regen Handelsverkehr mit den Hamburgern betrieben. Die Bauzeit dauerte von 1300 bis 1310, was man für die damalige Zeit und die schwierigen Umstände als durchaus schnell bezeichnen kann.

Mag sein, daß sich die Lappes mit dem Bau ihrer Burg leicht übernommen hatten, jedenfalls ging es mit diesem alten Rittergeschlecht wirtschaftlich, und somit auch politisch, allmählich bergab. Sie gerieten dabei durch Schulden immer stärker in finanzielle Abhängigkeit zu den Hamburgern, die das noch großzügig förderten. 1394 war es dann soweit: Nachdem unser Rittervölkchen, in einem letzten Verzweiflungsakt, den Neuwerker Turm gestürmt und angezündet hatte, eroberten die Hamburger die Burg Ritzebüttel. Dabei haben ihnen die Wurster wacker mitgeholfen, die eine tiefsitzende Abneigung gegen alle weltliche und geistliche Fürstlichkeit hegten. Als korrekte Kaufleute haben die Hamburger anschließend den Lappes die Burg nebst ihrem Landbesitz von Sahlenburg bis Groden sogar ganz offiziell für 2300 Mark lübisch abgekauft, obwohl sie das Recht des Siegers auf ihrer Seite hatten.

Die Cuxhavener betrachten den Vertragstermin des 31. Juli 1394, als das Amt Ritzebüttel als Teil der Stadt Hamburg eingerichtet wurde, als das Geburtsdatum ihrer Stadt. 1994 stünde somit die 600-Jahr-Feier an, die sich die Cuxhavener mit Sicherheit nicht entgehen lassen werden. Das 500jährige Jubiläum ist jedenfalls mit großem Pomp begangen worden.

Im Laufe unserer Wanderung durch die Geschichte sind wir wieder beim Schedelstein von 1589 angelangt, der ein beredtes Zeugnis alt-hamburgisch-kaufmännischer Territorialpolitik ist. Die Hamburger haben während ihrer 500jährigen Ritzebüttler Zeit eine Unmenge von Verträgen mit den Nachbarn abgeschlossen, wodurch sie ihren Besitz immer mehr stabilisierten. Man kann hierin auch das Heraufkommen einer neuen Epoche sehen, die Ablösung des Adels durch das Großbürgertum, oder den Übergang von der Geschichte der Faust und der gottgegebenen Privilegien zur Geschichte des Kopfes und des Geldes. Obgleich

die Hamburger mit dem Gebrauch der Waffe gegebenenfalls keineswegs zimperlich waren.
Aber wir wollen jetzt die Geschichte hinter uns lassen und unsere Füße fest in die Gegenwart stellen. Wir stehen hier bei unserem alten Grenzstein an der Kante des Geestrückens der Hohen Lieth, der bei Sahlenburg und Duhnen bis ans Meer stößt. Darum gibt es dort auch wieder den weißen Sandstrand. Der ,,Schedelstein" ist übrigens gar nicht so einfach zu finden. Wenn Sie von Spieka-Neufeld aus auf dem Deich gen Norden wandern und kurz hinter einer Rechtsbiegung den Oxstedter Bach überquert haben, müssen Sie an der nächsten Gabelung links weiter, wie Ihnen ein Weghinweis auf einem großen Betonbrockenhaufen verrät. Der Deich wird zur steilen Geestkante, und etwa hundert Meter weiter beginnt ein Krüppeleichenbusch. Und nach weiteren hundert Metern steht der Stein an der Kante zum Meer.
Eine Bank lädt Sie zu einer Ruhepause ein. Genießen Sie von hier den freien Blick über das Berenscher Außendeichsgelände mit dem Neuanlandungsufer und dem unendlichen Wattenmeer dahinter. Lassen Sie Ihre Gedanken einmal kurz die vierhundert Jahre zurückschweifen, die der Stein mit dem Hamburger und Bremer Wappen hier schon steht. Mag sich auch vieles geändert

Dem Meere abgerungen

haben in dieser Zeit, der Kampf mit dem Wasser ist geblieben. Von hier oben schauen Sie auf ein besonders markantes Beispiel modernen Küstenschutzes und Landgewinnung. Dabei hat sich das Grundprinzip der Technik gar nicht so sehr geändert.

Nach der wohlverdienten und besinnlichen Pause geht's dann weiter nach Berensch und Arensch, zwei noch ländlichen Dörfern — von Stadt noch nichts zu sehen. Wer dieses dörfliche Milieu mag, kann sich hier für die Ferien einmieten. Beide Dörfer haben auch einen Campingplatz. Bis zum nächsten Badestrand in Sahlenburg sind es 4 bis 5 km und rundherum eine fantastische und abwechslungsreiche Landschaft. Leider ist das große Wald- und Heidegebiet zwischen Berensch und Altenwalde für den Wanderer nicht ungetrübt genießbar. Von Oxstedt bis Holte hinauf dehnt sich hier ein riesiges Bundeswehr-Truppenübungsgelände aus, das nur auf bestimmten Wegen oder an Wochenenden betretbar ist. Außerdem stehen überall so scheußliche Schilder, die einen auf alle möglichen Gefahren, wie Blindgänger o. ä., hinweisen.

Wie weit einen solche Dinge stören, ist eine Frage der individuellen Sensibilität. Natürlich können Sie in diesem herrlichen Stück Natur spazierengehen. Sogar einen zivilen Sportflugplatz gibt es hier, wo Sie an Sonntagen auch mitfliegen können. Wir möchten Sie aber lieber einmal um dieses große Gebiet herumführen. Und zwar gegen den Uhrzeigersinn; denn auch das städtische Zentrum von Cuxhaven wollen wir uns noch ein wenig aufsparen. Also führt unser Weg von Berensch Richtung Oxstedt. Den Golfplatz, der am Wegesrand liegt, passieren Sie, wie das Militärgelände, auf eigene Gefahr, denn nicht jeder Golfer ist ein Bernhard Langer.

Oxstedt hat seinen ländlichen Charakter weitgehendst verloren und ist ein typischer „Wohnort" geworden, was vermutlich an den benachbarten Militäranlagen liegt. Dabei sollten Sie immer daran denken, daß Sie sich auf uraltem Siedlungsgebiet bewegen. Der ganze Geeststreifen der Hohen Lieth von Sahlenburg bis Debstedt war übersät mit vorgeschichtlichen Gräberfeldern, von denen auch heute noch unzählige unter der Erde und den kleinen Hügeln in der Landschaft ungeöffnet ruhen. Zu Beginn dieses Jahrhunderts veranstaltete man als besondere Attraktion für die Feriengäste von Duhnen aus Exkursionen zum Urnenbuddeln in die Gegend von Altenwalde. Am östlichen Ausgang des alten Dorfes Oxstedt (erste Erwähnung 1139) kommen Sie rechter Hand an solch einem hügeligen Gräberfeld vorbei, wo man kostbare Funde aus dem 1. Jahrhundert nach Chr. freigelegt hat.

Unser Weg führt weiter am Fuße der 30 Meter hohen Anhöhe des „Hohen Lieth" entlang, die dem ganzen Geestrücken, der eigentlich „Wurster Heide" heißt, seinen Namen gegeben hat. Die Bundesstraße B 6 führt uns dann Richtung Norden nach Gudendorf—Franzenburg—Altenwalde. Wir stehen jetzt an der Ostkante der Geest zur Hadelner Marsch hin. Nach Osten dehnt sich das weite Feuchtgebiet des Hadelner Sietlandes aus.

Altenwalde, seit 1972 ein schon fast kleinstädtischer Stadtteil Cuxhavens, läßt nicht mehr viel von seiner einstmaligen geschichtlichen Bedeutung ahnen. Nach dem Ende der Sachsenkriege hatte Karl der Große hier eine sogenannte Königsburg angelegt, von der aus er den nördlichsten Zipfel seines neu eroberten Landes beherrschen konnte. Gleichzeitig diente sie als Sicherung gegen die Wikingerüberfälle im 8.—10. Jahrhundert. Die Erdwälle findet man heute noch am Nord-West-Rande des Ortes auf der Altenwalder Höhe, von wo man einen Blick bis in die Marsch hinunter hat. Im Altenwalder Forst sind noch ca. 1,5 km eines alten Burgwalles zu erkennen, der wahrscheinlich mal ein Zufahrtsweg gewesen sein muß. Im 11. Jahrhundert wurde der Königshof erzbischöfliche Domäne.

Südlich der Burg hat eine Wallfahrtskirche gestanden, die Kapelle des Heiligen Kreuzes und des Willehad, dem Missionar der Friesen und Sachsen. In der Kapelle wurde die seltene Reliquie eines Splitters aus dem Kreuze Jesu aufbewahrt und ausgestellt, der man besondere Heilkräfte nachsagte. Solche Wallfahrtskapellen waren eine wichtige Einnahmequelle der Kirche, denn die frommen Pilger und Genesungssuchenden brachten reichliche Gaben mit. Heute sind alle Spuren dieser Wallfahrtskapelle verschwunden, und über jahrhundertelang haben die Bewohner nichts mehr von dieser ehemals Heiligen Stätte gewußt. Vermutlich im 14. Jahrhundert wurde an der Stelle, wo auch die heutige Kirche von 1790 steht, eine neue Kirche erbaut, aus der noch einige Gegenstände vorhanden sind.

Im Jahre 1282 wurde das von den Diepholzer Grafen gestiftete Nonnenkloster von Midlum nach Altenwalde, das damals noch schlicht Wolde hieß, zur Heiligen-Kreuz-Kapelle verlegt. Aber schon 1334 zog das Kloster mit Frau und Maus weiter nach dem neugegründeten Neuenwalde. Wolde hieß seitdem Altenwalde. Das Leben auf dem Berge war den frommen Damen zu beschwerlich geworden, da sie z. B. täglich das Wasser auf den

Hügel hinaufschleppen mußten. Außerdem waren die Gebäude baufällig, und es war kalt und windig auf dem Berge.

Daß auch hier massenweise vorgeschichtliche Gräber aus vielen Jahrtausenden gefunden worden sind, braucht kaum noch einmal erwähnt zu werden. Auch unter der Königsburg hat man Reste einer noch älteren Befestigungsanlage, vermutlich Chaukischen Ursprungs, freigelegt. Da es immer wieder Streit um die Grenzen zwischen dem Amte Ritzebüttel (Hamburg) und dem Land Hadeln (Sachsen-Lauenburg) und dem Land Wursten gab, baute sich der Lauenburger Herzog Franz II. um 1590 südlich von Altenwalde eine Burg mit einer rechteckigen Wallanlage von 100 x 100 m Länge, die heute noch zu erkennen ist. Die Burg, die schon nach 50 Jahren, im Dreißigjährigen Krieg, geschliffen wurde, ist der Ursprung des heutigen Dorfes Franzenburg.

Am Ortsausgang Altenwalder Heideweg liegt die Höltjer Höhe, die mit ihren 29 m immerhin hoch genug ist, um der Funkstation „Elbe-Weser-Radio" für die Schiffahrt einen geeigneten Standort zu bieten. Dieser Sender ist für den Funkverkehr auf Weser und Elbe und bis nach Helgoland hinauf zuständig. Einen Kilometer weiter kommen wir nach Holte-Spangen, zwei recht urigen Dörfern, wo Ihnen vor allen Dingen reichlich Gelegenheit zum Reiten geboten wird. Wenige Schritte weiter ist es mit der Dorfherrlichkeit vorbei. Darum machen wir einen Schwenk nach Osten und umkreisen das Cuxhavener Kerngebiet in Richtung Hadeln. Am Stadtrand von Süderwisch vorbei über die Abschnede nach Groden. Beide Orte sind schon 1935 eingemeindet worden. Von der Abschnede, einem alten Marschenweg, aus kann man schon in der Ferne die Hafenanlagen sehen.

In Groden gibt's einen Aufenthalt zur Besichtigung der Kirche. Der Feldsteinteil stammt aus dem 12./13. Jahrhundert. Er ist später, wie man unschwer erkennen kann, sowohl in der Höhe wie in der Länge erweitert worden. Versuchen Sie einmal hineinzukommen, um sich den über 300 Jahre alten Barockaltar anzusehen. Um die Kirche herum finden Sie etliche alte Grabplatten aus dem 17. bis 19. Jahrhundert. Groden hat sogar an der Baumrönne einen eigenen kleinen Hafen. Sie sollten jetzt unbedingt auf der Straße „Alte Marsch" nach Altenbruch weiterfahren oder gehen. Kaum zu glauben, daß diese stimmungsvolle, kurvenreiche Straße noch vor 40 Jahren eine ganz normale Landstraße gewesen ist.

In Altenbruch sollten Sie vielleicht erst einmal die Bahnhofstraße links rum zum Strand fahren und ein Badepäuschen mit anschlie-

ßendem Kaffeetrinken in der Strandhalle einlegen. Sie erleben die ersten 300 m der ca. 800 m Cuxhavener Strand. Aber eigentlich, in seinem Innersten, hat Altenbruch mit der Hafenstadt nicht viel zu tun, sondern ist waschechtes altes Hadeln. Das merken Sie spätestens, wenn Sie vor der doppeltürmigen Kirche stehen, einem, im wahrsten Sinne des Wortes, Bauerndom, wie wir sie schon im Land Wursten bewundern durften. Hier in Hadeln sind sie vielleicht noch um einiges größer und prachtvoller, denn der Hadler war, wie Herrmann Allmers schreibt, der reichste und vornehmste unter den Marschenbauern an Elbe und Weser. Das bekunden auch die vielen Bauernwappen und Stiftungsvermerke in den Kirchen.
Die St.-Nicolai-Kirche von Altenbruch ist mit ihren zwei Türmen und dem separaten hölzernen Glockenturm die auffälligste unter ihnen. Wir können nur in Stichworten andeuten, was dieser romanische Feldsteinbau vom Beginn des 13. Jahrhunderts, der nach 1700 in Backsteingotik wesentlich erweitert worden ist, in seinem Innern birgt. Eine große Klapmeyer-Barockorgel von 1730 mit reichem Schnitzwerk, deren ursprüngliche Bemalung noch gut erhalten ist. Eine mit vielen Bildern von Aposteln und heiligen Gestalten bemalte Empore. Ein Flügelaltar von etwa 1500 mit

Altenbruchs Tor zur Elbe

Bauerndom mit drei Türmen — Altenbruch

einem besonders kostbaren Altarschrein. Ein Holzsäulengitter schließt den Altarraum ab und gibt ihm einen harmonischen Gesamteindruck. Wie auch in anderen Hadler Kirchen, finden wir im Chorraum die sogenannten Priechen. Das sind reichverzierte Plätze für Geistliche und hochstehende Persönlichkeiten in der Art der Fürstenlogen im Theater. Eine ausgefallene Lösung hatte man auch für den Standort der Kanzel vom Anfang des 18. Jahrhunderts gefunden, die wie die Kommandobrücke eines Schiffes den Mittelgang vor dem Altarraum überbrückt. Der Taufkessel ist aus dem 14. Jahrhundert.
Wie gesagt, die selbstbewußte Schönheit dieser dörflichen Gotteshäuser läßt sich auf unseren engbemessenen Seiten nicht beschreiben, Sie müssen sich die Kirchen selber ansehen, die einen in dieser sonst einfachen ländlichen Gegend überraschen, und von denen wir noch mehreren auf unserer Reise durch den Landkreis begegnen werden.
Aber bevor wir nur wenige Kilometer weiter vor dem nächsten Prachtstück stehen, wollen wir Sie noch schnell auf eine ausgefallene Attraktion in Altenbruch hinweisen. Vielleicht haben Sie sie sogar schon gesehen. Es ist eine große, schöne, frisch reno-

vierte Jugendstilvilla gleich gegenüber der Kirche. 1857 war der 15jährige Ernst-Julius Gehben aus Altenbruch nach Amerika ausgewandert und hatte dort die Bilderbuchkarriere vom Tellerwäscher zum Millionär gemacht. Mit 60 Jahren heiratete er eine 40 Jahre jüngere Frau aus seinem Heimatort Altenbruch — es sollte unbedingt eine deutsche Frau sein.
Nach kurzer Zeit bekam die junge Frau Heimweh. Darum ließ er in Altenwalde ein Haus bauen, eben diese stattliche Villa „Gehben", und kehrte 1908 wieder in die Heimat zurück. Gehben hat seinen schönen Alterssitz nur acht Jahre, bis zu seinem Tod, genießen können. Seine Frau war schon früher gestorben. Die Villa ist sowohl architektonisch wie in ihrer Innenausstattung ein hervorragendes Beispiel des Norddeutschen Jugendstils. Seine besonders stattliche Erscheinung verdankt das Haus einem kuriosen Irrtum: Als bei Tiffany in New York zwei wunderschöne Glasfenster für die Villa geschaffen wurden, änderten die Amerikaner die im deutschen Meter-Maß entworfenen Bauzeichnungen in amerikanische Fuß um. So wurden aus einem Meter 132 cm. Das Haus gehört heute der Stadt und beherbergt verschiedene Behörden und die Stadtbibliothek. Sie können also ruhig mal hineingehen.

Etwas zu groß geraten

Inzwischen kommen wir auf unserem Gang durch die Cuxhaven-Hadelner Marsch in südlicher Richtung zum nächsten, bereits angekündigten, Bauerndom. Die St.-Jacobi-Kirche in Lüdingworth ist in ihrem Inneren mit der vertäfelten und mit Bauernwappen bemalten Decke und den geschlossenen, besonders prächtig geschnitzten Priechen vielleicht noch eindrucksvoller als St. Nicolai von Altenbruch. Aber darüber wollen wir uns nicht streiten. Von den vielen alten Kostbarkeiten wollen wir nur die hervorragend renovierte Antonius-Wilde-Orgel von 1598 erwähnen, die 1682 von Arp Schnittger erweitert und renoviert worden ist. Gerade haben die stolzen Lüdingworther diesem hervorragenden Instrument mit der stattlichen Summe von 400 000 Mark ihr schönes Äußeres und ihr wohlklingendes Innenleben wiedergegeben. Ein Fries mit 36 Bauernwappen außen an der Chorwand läßt die Frage aufkommen, zu wessen Ruhm und Preis dieses Gotteshaus letztendlich gebaut worden ist.

Lüdingworth darf einen bedeutenden Mann zu seinen Söhnen zählen: den bekannten Geographen und Arabienforscher Carsten Niebuhr. Er wurde 1733 in Lüdingworth-Westerende geboren. In seinem sechzehnten Lebensjahr, nach dem Tode seines Vaters, mußte er das Gymnasium in Otterndorf verlassen. Die weitere Ausbildung seiner musikalischen und geistigen Fähigkeiten hat er gegen den Widerstand seines Vormundes durchsetzen müssen. Wobei zur Ehrenrettung der Lüdingworther gesagt werden muß, daß er zu der Zeit schon in Altenwalde lebte. Ganz aus eigener Kraft studierte er Landvermessung und schließlich Mathematik in Göttingen. 1761 stach er mit einer Gruppe von Wissenschaftlern im Auftrage des Dänischen Königs Friedrich V. in See, um die Länder des Alten Testamentes zu erforschen und zu vermessen.

Hier die Stationen seiner siebenjährigen Forschungsreise vor über 200 Jahren, die er als einziger der Gruppe lebend überstand: Marseille, Rhodos, Alexandria, Rosette, Kairo, Berg Sinai, Mochba, Rotes Meer, Thaäs, Sana, Bombay, Persien, Mesopotamien, Euphrat und Tigris und zurück über Konstantinopel, Warschau und Göttingen. Von all diesen Ländern und Städten hat er genaue Beschreibungen der Sitten und Gebräuche, Bewohner, Religionen und Kleidung angefertigt. Er hat exakt vermessene Stadtpläne und Landkarten gezeichnet. An Hand seiner Karte vom Roten Meer wurde der Suezkanal gebaut. Durch das Arbeiten im grellen Sonnenlicht hatte sich Niebuhr ein Augenleiden zugezogen, das im Alter zur Blindheit führte. 1815,

mit 82 Jahren, ist er nach langer Tätigkeit in Meldorf in Schleswig-Holstein gestorben. Er hatte schon zu Lebzeiten viele Ehrungen und Würdigungen erfahren. An der Nordseite der Lüdingworther Kirche ist eine Gedenktafel für diesen bedeutenden Sohn des Dorfes angebracht.
Um Lüdingworth herum liegt das weite, flache, grüne Sietland. Ein ideales Land für Radtouren durch die langen, locker aneinandergereihten Straßendörfer, wo Sie immer wieder hübsche alte Häuschen und stattliche Höfe entdecken. Nach so einer Tour über Lüdingworth-Ostende — Assel — Wehldorf — Altenbruch wird es Zeit, endlich in den Stadtkern von Cuxhaven vorzustoßen.
Am besten, Sie lassen sich von Ihrer Nase führen, dann gelangen Sie in eines der Hauptkraftzentren, von denen diese Stadt lebt. Wir meinen den Fischereihafen mit den langen Fischhallen, Kühlhäusern und Fischverarbeitungsbetrieben, der zu den größten Fischmärkten Europas zählt. Der Fischereihafen ist noch keine hundert Jahre alt. Er wurde 1891/92 als Schutzhafen für Segelfischer erbaut. Die Fischerei spielte bis dahin keine besondere Rolle und diente nur dem Eigenbedarf der Cuxhavener.

Hochseekutter bei schwerer See

Hieven

Erst mit der Gründung der ,,Cuxhavener Hochseefischerei-Aktiengesellschaft" im Jahre 1907 erlangte die Stadt sehr rasch überregionale Bedeutung. 1908 wurde der Cuxhavener Fischmarkt mit zwei großen, neuen Auktionshallen eröffnet. Wurden 1908 noch 8 Millionen Pfund Fisch versteigert, so waren es 1913 schon 26 Millionen Pfund. 1919—22 wird das Hafenbecken auf 1 km Länge erweitert. In den sechziger Jahren wird dann der Neue Fischereihafen parallel zur Elbe gebaut, der Mitte der siebziger Jahre seine Spitzenleistungen erreicht. Danach ist die Tendenz, der allgemeinen Entwicklung entsprechend, leider rückläufig. Bei einem Bummel durch die Hafenanlagen und an den Kais entlang umfing uns eine ganz spezielle Stimmung, zu der unbedingt auch der Geruch nach Fisch und Seewasser gehört.

Dem Neuen Fischereihafen vorgelagert ist das große Becken des Amerika-Hafens mit dem Übersee-Anleger Steubenhöft. Am 15. Juni 1816 passierte das erste dampfgetriebene Schiff, die englische ,,The Lady of the Lake", unter den staunenden Blicken

einer großen Menschenmenge die ,,Alte Liebe". Der Dampfer ,,Hammonia" der HAPAG-Hamburg eröffnete am 6. Mai 1889 die Route New York — Cuxhaven. Er mußte noch auf Reede abgefertigt werden, d. h. das Schiff ankerte draußen vor dem Hafen, und die Passagiere wurden mit kleineren Booten, sog. Tendern, aus- und eingeschifft. Der Überseeverkehr nahm in den folgenden Jahren einen rapiden Aufschwung. 1895—96 wurde der Neue Hafen gebaut und 1900—02 zum Amerika-Hafen erweitert. 1912—13 erhielt er seinen heutigen Umfang mit dem davor liegenden Steubenhöft für die 50 000-BRT-Dampfer der sogenannten Imperator-Klasse. Nach dem Kriege haben hier so schmucke Luxus-Liner wie die ,,Italia", die ,,Ariadne" und die ,,Hanseatic" festgemacht. Doch die Zeit der großen Passagierschiffe ist vorbei. Nur die HAPAG-Hallen im typischen Gründerjahre-Stil und gelegentlich anlegende Kreuzfahrt-Liner erinnern noch an diese große Zeit.
Für den Fährverkehr nach England, Helgoland, Norwegen und Hamburg ist westlich der ,,Alten Liebe" eine Neue Seebäder-

Die Hanseatic 1963
Foto: Hans Wohlmuth, Aichach

brücke errichtet worden. Dabei entstanden gleichzeitig ein RO-RO-Anleger und ein großer Yachthafen für die Sport- und Freizeitschipper. Daran anschließend ist noch ein Fährhafen hinzugekommen, in dem der Seenotrettungskreuzer ,,Arwed Emminghaus" seinen Liegeplatz hat.

Der älteste Teil des Hafens ist der ,,Alte Hafen" mit der ,,Alten Liebe". Das Hafenbecken ist ursprünglich die Mündungsbucht der Altenwalder Wettern gewesen, die am Ritzebüttler Schloß vorbeilief. Im Mittelalter dürften die Schiffe bis zum Schloß gefahren sein. Diese Bucht war Flucht- und Schutzliegeplatz für die Schiffe der Händler und Fischer, die in und aus der Elbe fuhren. Das ist auch bis ins neunzehnte Jahrhundert so geblieben. Einen größeren Handels- und Umschlaghafen hat es hier bis ins neunzehnte Jahrhundert nicht gegeben.

Nach der verheerenden Weihnachtsflut 1717 wurden die Uferkanten des natürlichen Hafenbeckens bis zur Schleuse kurz vor dem Schloß durch starke Stakbauten befestigt. An der Mündung des Priels, damals noch ,,Haupt" genannt, wurde ein besonderes Bollwerk als Wellenbrecher angelegt, die spätere ,,Alte Liebe". Zur Gründung der Uferbefestigung hatte man drei alte Schiffe in Dreiecksformation vor der Kante versenkt. Das größte dieser drei Schiffe, die Galiot ,,Die Liebe", gab dem ,,Haupt" seinen späteren Namen. Die Legende von der Namensentstehung aus ,,Olivia" über ,,Ole Leev" zu ,,Alte Liebe" hat Gorch Fock in die Welt gesetzt. An der Spitze des ,,Hauptes" führte eine Treppe ins Wasser, wo man mit dem Boot anlegen konnte. Ab 1829 legten an der ,,Alten Liebe", die noch mehrmals umgebaut worden war, die ersten Seebäderdampfer der Route Hamburg — Cuxhaven — Helgoland, das seit 1826 Seebad war, an.

Obwohl wir so viele interessante Dinge übergehen müssen, wollen wir wenigstens einen flüchtigen Blick auf das komische Gestell mit den Zeigern und Signalalarmen an der Spitze der ,,Alten Liebe" werfen. Es ist ein Semaphor, der vor Zeiten, als es noch keinen Funk und Radio gab, den auslaufenden Schiffen die Windverhältnisse vor der Nordseeküste anzeigte. B und H bedeuten Borkum und Helgoland, die Uhren mit den Zeigern sind Windrosetten, die die Windrichtung bei den Inseln angeben. Dazu signalisieren die Arme darüber die jeweiligen Windstärken. Jeder Arm bedeutet zwei Stärken. Heute hat der Semaphor nur noch museale Bedeutung. Er zeugt von der nautischen Bedeutung, die dieses Bollwerk seit alters her hat.

GROSSHERZOGIN ELISABETH
KOMET

Treffpunkt — Kugelbake

Da wir gerade von Seezeichen reden, wollen wir auch gleich ein paar Informationen über eines der berühmtesten Seezeichen notieren, über die Kugelbake vor dem Döser Winkel. Sie markiert auch heute noch die offizielle Grenze zwischen Elbe und Nordsee und war über zweihundert Jahre eine wichtige Navigationshilfe für die Schiffe, die in der Elbe einfahren wollten. Der 250 m lange Felsendamm, auf der die Bake steht, dient als Wellenbrecher zum Schutz der Landzunge. 1703 wird schon über eine Bake an dieser Stelle berichtet, die 1743 von einer Sturmflut vernichtet worden sein soll. Auch in der Folgezeit müssen hier Baken gestanden haben, die wahrscheinlich alle schon etwa die gleiche Gestalt wie die heutige hatten. Belegt ist der Bau einer 28,65 Meter hohen Kugelbake im Jahre 1836 — Kugelbake wegen der zwei Kugeln als Topzeichen. 1867 wurde eine neue Bake von 26 m Höhe gebaut. Das noch heute den Gezeiten trotzende Wahrzeichen auf dem Damm vorm Döser Fort stammt aus dem Jahre 1898 und mißt 29,63 m.
Ein bedeutendes Jahr für die Entstehungsgeschichte Cuxhavens ist 1816. Dazu muß man wissen, daß der Name „Cuxhaven" noch gar nicht so alt ist. Die älteste geschlossene Siedlung des städti-

schen Kerngebietes dürfte Döse sein, das auf dem Geestrücken liegt. Der Ortskern um die Kirche herum hieß Steinmarne, woran die Steinmarner Straße noch erinnert. Die Döser, oder Steinmarner, waren schon am Bau des grandiosen Seebanddeiches um 1100 n. Chr. beteiligt, der durchgehend von Duhnen bis nach Belum, an der Ostemündung, verlief. Ob Ritzebüttel schon vor dem Bau der Burg um 1200 als Ortschaft existierte, ist nicht eindeutig geklärt. Aber nach dem Bau muß es sich sehr schnell dazu entwickelt haben und wurde nach der Übernahme durch die Stadt Hamburg zum Mittelpunkt des Amtes gemacht.
Der Name „Kuckshaven" taucht erst sehr spät auf den Karten des 16. und 17. Jahrhunderts auf und bezeichnet nur die Hafenmündung des Ritzebüttler Priels. 1570 wird er in dieser Schreibweise zum erstenmal schriftlich erwähnt. Andere Namensvarianten im Laufe der nächsten zweihundert Jahre lauten Kuckeshaven, Kuckeshauen, Kuckeshags, Kockshafen und Cux Haven. Dabei hat die Entstehung des Namens verschiedene Deutungen erfahren. Er soll sich von einem Kook oder einer Kogge oder dem Familiennamen Kock herleiten. Ebenso wird vermutet, daß er durch die Ölkocken oder -kucken entstanden ist, die in der Ritzebüttler Ölmühle produziert und im Kocks-Hafen nach Hamburg verschifft wurden.

Zur Entwicklung des Ortes „Cuxhaven" dürften die Lotsen wesentlich beigetragen haben. In Cuxhaven arbeiteten die ersten Lotsen an der Elbe. Der erste bekannte Lotse, damals noch „Pilote" genannt, um 1607 im Amte Ritzebüttel hieß Hinrich Breckwoldt. Und schon aus dem Jahre 1610 ist die Formel eines Piloteneides bekannt. Der Pilote war noch ein Privatunternehmen, das sich vom Lotsgeld finanzieren mußte, das heißt, ein Schiff, eine sogenannte Galiote, unterhalten und eine ausreichende Anzahl von Lotsen einstellen mußte, die sich hauptsächlich aus Fischern rekrutierten. Zu den Aufgaben der Piloten gehörte auch das Tonnenlegen. Die Elbe galt damals als die bestmarkierte Schiffahrtsstraße. Der Tonnenhof am Alten Hafen hat eine jahrhundertealte Tradition.

Bereits 1638 sah sich die Stadt Hamburg durch das große Verkehrsaufkommen auf der Elbe gezwungen, das Lotswesen in eigene Hände zu übernehmen und eine Lotsordnung zu erlassen. Ab 1639 bestand für alle Schiffe Lotsenzwang. Man kann sich vorstellen, daß es für diese Lotsen, die immer in Bereitschaft stehen mußten, sinnvoll war, in der Nähe ihres Einsatzortes zu wohnen, eben in Cuxhaven am Hafen. Im 19. Jahrhundert nimmt das Cuxhavener Lotsenwesen einen rapiden Aufschwung. Von 12 Lotsen im Jahre 1814 steigt ihre Zahl auf 66 im Jahre 1866. 1900 gründeten die Lotsen zur Wahrung ihrer Standesinteressen die „Cuxhavener Lotsenschaft". Aus ein paar Häusern und dem Leuchtturm von 1802, der heute noch an der Alten Liebe steht, wurde eine selbständige Ortschaft.

Im Jahre 1816, kurz nach der bedrückenden Franzosenzeit (1803—1813), gründete einer der bedeutendsten Amtmänner des Amtes Ritzebüttel, der Hamburger Senator J. U. Dr. Amandus Augustus Abendroth, die ersten öffentlichen Badeanlagen Cuxhavens. Er verwirklichte damit Anregungen des Göttinger Philosophen Georg Christoph Lichtenberg und legte den Grundstein für das heutige Nordseeheilbad Cuxhaven, der wichtigsten Existenzquelle der Stadt.

Die Anlagen bestanden aus einem Badehaus beim Leuchtturm mit vier Wannenbädern und ärztlicher Betreuung, umgeben mit einer Englischen Parkanlage: aus fünf Becken für Kaltbäder am Alten Hafen und aus einem Strandbad am Döser Strand mit sogenannten Badewagen. Diese kuriosen Wagen wurden von Pferden ins Wasser gezogen. Es waren fahrbare Umkleidekabinen mit einem Klappverdeck, hinter dem man ungesehen auf einem Treppchen ins Wasser tauchen konnte. G. C. Lichtenberg be-

Aus alten und neuen Zeiten
Krabbenfischer vor Kugelbakehalle

schreibt dieses Badevergnügen wie folgt: ,,Man faßt mit beiden Händen das Seil und steigt hinab. Wer untertauchen will, hält den Strick fest und fällt auf die Knie, wie die Soldaten beim Feuern im ersten Gliede, steigt alsdann wieder herauf, kleidet sich bei der Rückreise wieder an usw. Es gehört für den Arzt zu bestimmen, wie lange man diesem Vergnügen nachhängen darf. Nach meinem Gefühl war es vollkommen hinreichend, drei- bis viermal kurz hintereinander im ersten Gliede zu feuern und dann an die Rückreise zu denken.'' Geschrieben hat dies der Autor der berühmten ,,Aphorismen zur Lebensweisheit'' im Jahre 1793.
Das Bad wurde ein voller Erfolg, was wir mit ein paar Kurgastzahlen belegen wollen, und wovon Sie sich ja auch, sozusagen, am eigenen Leibe überzeugen können. Im Jahre 1816 wurden 612 Gäste registriert. 1890 waren es bereits 5889, zehn Jahre

später 10 000, 1913 = 28 255. Dreizehn Jahre brauchte es nach dem Ersten Weltkrieg, um diese Zahl wieder zu erreichen, die sich dann bis 1939 auf 48 656 mehr als verdoppelte. Nach dem Zweiten Weltkrieg wurde diese Zahl schon 1953 mit 50 074 überschritten, um sich bis 1982 mit über 200 000 Kurgästen zu vervierfachen.

Durch den Bau von Hotels und Pensionshäusern nahm das Örtchen Cuxhaven im neunzehnten Jahrhundert parallel zu den steigenden Kurgastzahlen einen raschen Aufschwung. Schon 1871 überflügelte es mit 1889 Einwohnern die 1813 Seelen des bisherigen Zentrums Ritzebüttel. Am 6. 12. 1872 werden die beiden Orte zu der Landgemeinde Cuxhaven zusammengeschlossen. Nachdem im Jahre 1905 das aufstrebende Nordseebad Döse eingemeindet worden ist, bekommt Cuxhaven, mit 12 151 Einwohnern, am 15. 3. 1907 vom Hamburger Senat das Stadtrecht zuerkannt. Die Gemeinden Groden, Wester- und Süderwisch, Stickenbüttel, Duhnen, Neuwerk/Scharhörn und ein Teil von Sahlenburg kommen am 1. 2. 1935 hinzu.

Am 1. 4. 1937 tauscht Hamburg mit dem Lande Preußen seinen Cuxhavener Besitz gegen die Orte Altona, Harburg und Wandsbek, um seinen Hafen erweitern zu können. Cuxhaven wird, mit knapp 30 000 Einwohnern, eine selbständige Stadt. Im Jahre 1969 tauscht Hamburg gegen noch bestehende Besitzanteile am Cuxhavener Hafen Neuwerk/Scharhörn zurück, das seitdem zum Ortsamt Hamburg-Mitte gehört. Die Hansestadt bleibt allerdings im Besitz des Amerika-Hafens, um dessen Rückgabe sich das Land Niedersachsen bis heute vergeblich bemüht. 1970 werden der Rest von Sahlenburg und Holte-Spangen eingemeindet, 1971 Berensch-Arensch und 1972 Altenwalde, Altenbruch und Lüdingworth. Damit hat Cuxhaven seine heutige Ausdehnung mit rund 60 000 Einwohnern erreicht.

Wir sind mit Siebenmeilenschritten durch die Geschichte Cuxhavens geeilt, um Ihnen wenigstens ein Gefühl für die Lebendigkeit und ein Verständnis für die geografische Struktur dieses Weltbades, ohne das übliche Stadtzentrum und mit dem weiten ländlichen Hinterland, zu vermitteln. Natürlich ist die rund 600jährige Geschichte viel, viel spannender und ereignisreicher und würde unser Büchlein aus den Nähten platzen lassen.

Wir müßten von einem weiteren bedeutenden Amtmann von 1735 bis 1741 auf Schloß Ritzebüttel berichten, dem Dichter und Senator Dr. Barthold Hinrich Brockes, an den der von ihm angelegte Brockeswald bei Stickenbüttel noch erinnert. Ebenso wäre über

das abwechslungsreiche Geschehen an diesem strategisch exponierten Standort als Militärbasis zu erzählen, wovon noch die Reste der von den Franzosen angelegten Forts an der Kugelbake und bei Duhnen zeugen. Oder aber die Geschichte der Barken und Seezeichen, die Entwicklung des Schlosses und des Amtes Ritzebüttel, usw. usw. Zu Beginn des 17. Jahrhunderts gab es durch Verlagerung der Elbströmung große Landgewinne, so daß die heutige „Alte Liebe" weit im Landesinneren lag. Aber am Ende des Jahrhunderts war alles schon wieder verloren. Lauter Romane voller dramatischer Siege und Niederlagen, an deren Ende Sie braungebrannt am weißen Strand faul in der Sonne liegen und sich von ihren Siegen und Niederlagen des Jahres erholen.

Wenn Sie sich für die bewegte Geschichte dieses Winkels zwischen den zwei Strömen genauso interessieren wie wir, empfehlen wir Ihnen dringend einen Besuch im Heimatmuseum auf Schloß Ritzebüttel oder gegenüber im Reye-Haus. Außerdem sollten Sie unbedingt ins Wrackmuseum in Stickenbüttel gehen, wo Sie die schauerlich-stummen Zeugen eines seit Jahrtausenden tobenden Ringens des Menschen mit dem dreizackbewehrten Meeresgott Neptun besichtigen können. Für weniger sonnige Tage finden Sie in der Stadtbibliothek und ihren Zweigstellen

viel interessante Literatur über diese angedeuteten Geschehen. Für alle Planschbecken-Kapitäne müssen wir noch einen wichtigen Hinweis bringen: Auf der „Alten Liebe" gibt es ein großes Modellschiff-Becken, auf dem spannende Wettkämpfe für die großen und kleinen Möchtegernschipper veranstaltet werden! Der alljährliche Höhepunkt der Saison aber ist das Duhner Wattrennen, das je nach Tide um den Juli herum stattfindet. Neben dem feucht-matschigen Spaß sind diese Galopp- und Trabrennen eine hochsportliche Veranstaltung für den Pferdekenner und -liebhaber.
Vielleicht hat Sie die gewaltige Zahl der jährlichen Kurgäste leicht geschockt. Lassen Sie sich dadurch nicht von einem Ferienaufenthalt in diesem modernen Nordseebad zurückhalten. An den kilometerweiten Stränden vom Grünstrand am Grimmershörn, dem Sandstrand von Döse um die Kugelbake herum und Duhnen mit FKK-Bereich bis nach Sahlenburg mit dem herrlichen schattigen Waldgebiet des Wernerwaldes ist so viel Platz, daß Sie immer ein ruhiges Plätzchen für sich finden werden. Dazu kommt das sich mit zuverlässiger Regelmäßigkeit der Tiden immer wieder vor Ihnen unendlich weit ausbreitende Watt. Es lädt Sie zu faszinierenden Wanderungen oder Pferdewagenfahrten bis nach Neuwerk ein. Und dorthin möchten wir Sie jetzt zu einem kurzen Besuch entführen.

ⓘ Was es in Cuxhaven gibt

Auskünfte/Zimmervermietung

Stadt Cuxhaven, Rathaus Grüner Weg 42, 2190 Cuxhaven	Tel. 0 47 21 / 120 Infos 1 24 90
Kurverwaltung Cuxhaven Cuxhavener Str. 92, 2190 Cuxhaven	Tel. 0 47 21 / 40 40
VV Altenbruch, Alter Weg 18 2190 Cuxhaven-Altenbruch	Tel. 0 47 22 / 4 01
VV Altenwalde, Hauptstr. 2190 Cuxhaven-Altenwalde	Tel. 0 47 23 / 24 44
VV Berensch-Arensch, Dorfstr. 18 2190 Cuxhaven-Berensch	Tel. 0 47 23 / 43 11
VV Döse, Strichweg 197 a 2190 Cuxhaven	Tel. 0 47 21 / 4 70 81-82
VV Duhnen, Cuxhavener Str. 92 2190 Cuxhaven	Tel. 0 47 1 / 4 81 05
VV Grimmershörn, Lichtenbergplatz	Tel. 0 47 21 / 3 60 46-47
VV Holte-Spangen, Spanger Damm 1 2190 Cuxhaven-Holte-Spangen	Tel. 0 47 21 / 2 90 90
VV Lüdingworth, Lächlerstraße 26 2190 Cuxhaven-Lüdingworth	Tel. 0 47 24 / 3 61
VV Oxstedt, Am Weddel 12 2190 Cuxhaven-Oxstedt	Tel. 0 47 23 / 44 55
VV Sahlenburg, Nordheimstr. 19	Tel. 0 47 21 / 2 91 85
VV Stickenbüttel, Windeichenweg	Tel. 0 47 21 / 2 51 11

Angeln:

siehe unter Seefahrten

Bäder:

Schwimmhalle Altenwalde	Tel. 0 47 23 / 31 40
Seewasserfreibad Steinmarne	Tel. 0 47 21 / 4 70 77
Meerwasserbrandungshallenbad, Duhnen, Wehrbergsweg 48	Tel. 0 47 21 / 4 70 25
Städtisches Hallenbad, Beethovenallee 11	Tel. 0 47 21 / 2 35 55
Freibad Oxstedt	Tel. 0 47 23 / 36 33
Waldfreibad Sahlenburg, Wernerwaldstr.	Tel. 0 47 21 / 2 92 00

Buchhandlung:

Hans Neubauer KG, Schillerstr. 33 2190 Cuxhaven	Tel. 0 47 21 / 3 88 88

Camping:

Campingplatz Am Bäderring, Duhner Allee 5
Ernst Brütt, 2190 Cuxhaven-Duhnen Tel. 0 47 21 / 4 79 57

Campingplatz Finck, Am Sahlenburger Strand
2190 Cuxhaven-Sahlenburg Tel. 0 47 21 / 2 91 52

weitere Campingplätze bitte über die Verkehrsvereine erfragen (Adressen unter Auskünfte)

Fahrradverleih:

Velo-Tech, Cuxhavener Str. 69
2190 Cuxhaven-Duhnen Tel. 0 47 21 / 6 16 04

weitere Möglichkeiten bitte über die Verkehrsvereine erfragen (Adressen unter Auskünfte)

Ferienwohnungen/-zimmer:

Haus Strandnixe, auch Hotel Garni
Vogelsand 167, 2190 Cuxhaven-Döse Tel. 0 47 21 / 40 09-02

Fundbüro:

Ordnungsamt, Deichstr. 13 a
2190 Cuxhaven Tel. 0 47 21 / 1 23 79

Friseur:

Ihr Friseur im Urlaub „Salon Franke“
Inh. Renate Reber
Strichweg 196, 2190 Cuxhaven-Döse Tel. 0 47 21 / 4 66 44

Hotels, Gaststätten, Café, Restaurants

Altenbruch

Hotel „Deutsches Haus“, E. Holthusen
Altenbrucher Bahnhofstr. 2
2190 Cuxhaven-Altenbruch Tel. 0 47 22 / 3 11

Döse

Café — Bäckerei — Konditorei J. C. Martens
Inh. Claus Martens
Steinmarnerstr. 65, 2190 Cuxhaven-Döse Tel. 0 47 21 / 4 84 36

Haus Strandnixe, Hotel Garni
Vogelsand 167, 2190 Cuxhaven-Döse Tel. 0 47 21 / 40 09-02

Hotel Astrid — Garni —
Hinter der Kirche 26, 2190 Cuxhaven Tel. 0 47 21 / 4 89 03

Restaurant — Café „Zur Sonne“
im Kegelzentrum Strichweg 145
2190 Cuxhaven-Döse Tel. 0 47 21 / 4 66 66

Restaurant ,,Zur Schlemmerpfanne"
Steinmarner Str. 10, 2190 Cuxhaven-Döse Tel. 0 47 21 / 4 66 56

Duhnen

Badhotel Sternhagen, ,,Das Haus am Strand"
Helga Sternhagen, Küchenmeisterin
Cuxhavener Str. 86,
2190 Cuxhaven-Duhnen Tel. 0 47 21 / 4 70 04

Duhnen

Golf-Hotel ,,Strand-Hotel Duhnen"
Inh. Klaus Kamp, Duhner Stranstr. 7
2190 Cuxhaven-Duhnen Tel. 0 47 21 / 40 30

Hotel Erholung
Mocca-Stuben, Schnellrestaurant, Krombacher Keller
Inh. P. Christiansen, Cuxhavener Str. 102
2190 Cuxhaven-Duhnen Tel. 0 47 21 / 4 82 65

Hotel Wehrburg, G. u. M. Raulff
Wehrbergsweg 53, 2190 Cuxhaven-Duhnen Tel. 0 47 21 / 4 88 95

Sahlenburg

,,Kupfer-Kessel" Restaurant m. Pension
Bernd Höft
Nordheimstr. 182, 2190 Cuxhaven-Sahlenburg
Halb- o. Vollpension möglich,
ganzjährig geöffnet Tel. 0 47 21 / 2 91 15

Stadtmitte

Hallenbadgaststätte, Beethovenallee 11
2190 Cuxhaven Tel. 0 47 21 / 2 68 11

Donner's Hotel, Am Seedeich 2
Hallenbad, Sauna, Solarium
2190 Cuxhaven Tel. 0 47 21 / 50 90

,,Seepavillon" Ringhotel Cuxhaven
Restaurant und Café
Bei der Alten Liebe 5, 2190 Cuxhaven Tel. 0 47 21 / 3 80 64

,,Schillerstube", Schillerstr. 59
Gemütliches Beisammensein bei gezapftem Bier
und leckeren Gerichten
2190 Cuxhaven Tel. 0 47 21 / 3 41 66

Kegeln:

Kegelzentrum Cuxhaven, Strichweg 145 Tel. 0 47 21 / 4 61 16
2190 Cuxhaven-Döse Restaurant 4 66 66

Kunsthandwerk:

Kleine Töpfergalerie Bücking-Börnsen
Weidenstieg 4, 2190 Cuxhaven-Döse Tel. 0 47 21 / 3 63 28

Krankenhaus:

Stadtkrankenhaus, Altenwalder Chaussee 10/12
2190 Cuxhaven Tel. 0 47 21 / 1 81

Museen:

'Puppenmuseum, Wehrbergsweg 28
2190 Cuxhaven-Duhnen, Führungen Do. u. Sa. 11 Uhr

„Uns Lütt Schiffsmuseum", Wehrbergsweg 7
2190 Cuxhaven-Duhnen

Wrackmuseum, Dorfstr. 80
2190 Cuxhaven-Stickenbüttel Tel. 0 47 21 / 2 33 41

Stadtmuseum im Reyeschen Haus
Södersteinstr. 38, 2190 Cuxhaven
geöffnet tägl. 10.30—12.30 Uhr Tel. 0 47 21 / 6 28 22

Heimatmuseum (Stadtgeschichtliche Sammlung)
Schloß Ritzebüttel, 2190 Cuxhaven
geöffnet werktags 9.30—13.00 Uhr

Pensionen:

Pension Deichkrone, H. Mertins
Grimmershörnbucht, Emmastr. 25—27
2190 Cuxhaven-Döse Tel. 0 47 21 / 4 93 91
ganzjährig geöffnet; auch für Gruppen

„Haus zur Heimat", gut bürgerliche Pension
Inh. E. u. M. Runschke
Am Dorfacker 15,
2190 Cuxhaven-Duhnen Tel. 0 47 21 / 4 86 49 u. 4 61 61

Polizei:

Am Bauhof 8, 2190 Cuxhaven Tel. 0 47 21 / 3 70 81

Post:

Hauptstr. 73, 2190 Cuxhaven-Altenwalde Tel. 0 47 21 / 32 25
Lange Str. 23, 2190 Cuxhaven-Altenbruch Tel. 0 47 22 / 25 18
Berenscher Dorfstr. 33,
2190 Cuxhaven-Berensch Tel. 0 47 23 / 32 59
Strichweg 179, 2190 Cuxhaven-Döse Tel. 0 47 21 / 1 00-3 53
Cuxhavener Str. 96,
2190 Cuxhaven-Duhnen Tel. 0 47 21 / 1 00-3 54

Hauptpostamt, Rhodesstr. 2, 2190 Cuxhaven Tel. 0 47 21 / 10 01
Im Heidfeld 4, 2190 Cuxhaven-Oxstedt Tel. 0 47 23 / 32 35
Nordheimstr. 66,
2190 Cuxhaven-Sahlenburg Tel. 0 47 21 / 1 00-3 50

Rathaus:

s. Auskünfte

Seefahrten:

Reederei Nordsee-Angel u. Rundfahrten GmbH
Kapitän-Alexander-Str. 19, 2190 Cuxhaven Tel. 0 47 21 / 2 24 13

Sehenswürdigkeiten:

Burganlagen, Altenwalde, Sahlenburg; Burganlage ,,Galgenberg", Waldlehrpfad, Schloß Ritzebüttel, Steubenhöft, Alte Liebe, Seglerhafen, Seefischmarkt, Kurpark mit Brunnenhof, Seehundsbecken und Seevogelwiese, Tiergehege

Sportmöglichkeiten:

Wernerwald (Trimm-Dich-Pfad)

Sportschifferschule:

Sportschifferschule Cuxhaven, Kapitän Dietzler
Wehrbergsweg 30 b, 2190 Cuxhaven-Duhnen
Tel. 0 47 21 / 4 62 69

Stadtbibliotheken:

Hauptstelle, Holstenstr. 1 Tel. 0 47 21 / 3 74 75

Theater:

Stadttheater Cuxhaven, Rathausstr. 21
2190 Cuxhaven Tel. 0 47 21 / 3 56 56

Wattwagenfahrten:

Wattwagenfahrten Ernst Brütt
Duhner Stranstr. 3 (bei der Stadtsparkasse)
2190 Cuxhaven-Duhnen Tel. 0 47 21 / 4 83 41

Wer früh aufsteht, kommt weit im Watt

Für Sie angeschaut

Anzeigen

Wattwagenfahrten Ernst Brütt

Wir hatten doppelt Glück, als wir mit dem hohen Pferdewagen übers Watt nach Neuwerk fuhren. Erstens war es der frühe Morgen eines wunderschönen Tages, wo sich der Morgendunst langsam auflöste und den weiten Blick über das endlose Watt freigab. Eine tolle Stimmung, die Sie auch einmal erleben sollten! Zweitens kutschierte uns Ernst Brütt aus Duhnen. Ein sehr erfahrener Wattfahrer, der uns von den Einheimischen empfohlen worden war. Während der gemütlichen 1½-stündigen Fahrt hat er uns viel Interessantes und Aufregendes über das Watt mit seinen vielen Tieren und unberechenbaren Prielen erzählt. Die Rückfahrt war ebenso kurzweilig wie die Hinfahrt, weil wir viele Fragen an Ernst Brütt von dem 1-stündigen Aufenthalt auf der Insel mitnahmen. Übrigens kann Familie Ernst Brütt Ihnen auch noch Ferienwohnungen und Campingplatz am Bäderring bieten. Rufen Sie doch einfach an: 0 47 21 / 4 83 41 !

Urlaub für Anspruchsvolle
direkt am Meer,
wo die Nordsee direkt
ins Hotel mündet

AMBIENTE-HOTEL BADHOTEL STERNHAGEN

„Das Haus am Strand“

Das 80 Bettenhotel ist eine erste gastronomische Adresse mit viel Atmosphäre. Verantwortlich für das Restaurant zeichnet, in Zusammenarbeit mit der Chefin, der Küchenmeisterin Helga Sternhagen, die in Paris schon mit einem wichtigen Preis der Haute Cuisine ausgezeichnet wurde, Küchenmeister Hans-Dietmar Auweiler. Ihre Grundsätze sind einfach, wie bei allen großen Köchen, nur frische Zutaten wandern in den Kochtopf.
Zweiter Trumpf: die 350 qm große Badelandschaft mit den vier 28° bis 37° C warmen Meerwasser-Thermalbädern, an die sich Sauna und Dampfbad anschließen.
Das Badhotel Sternhagen gehört in Ausstattung und Leistung zu den bemerkenswerten Ferienhotels in Deutschland.

Hotel Wehrburg

Zu Recht bezeichnen Gerd und Marlis Raulff ihr Hotel als eine ‚Oase der Ruhe', die sie 1980 erwarben und nach ihren Vorstellungen ausbauen ließen. Durch die besondere Art der Einrichtung hat das Ehepaar Raulff eine gemütliche und sehr persönliche Atmosphäre geschaffen. Besonders gut gefiel uns der Wintergarten, wo Sie bei kühlem Wetter den Ausblick auf den angrenzenden Naturpark genießen können. Bei schönem Wetter lädt die Dachterrasse zum Sonnenbad mit Blick ins Grüne ein. Trotz seiner Nähe zur Natur liegt dieses Haus dennoch zentral genug, um bequem einen Bummel durch Duhnen's „City" machen zu können. Auch der Strand, das Brandungsbad und das Kurmittelhaus sind in wenigen Minuten zu erreichen.

Donner's Hotel

Eigentlich bräuchten wir Ihnen nur die Speisekarte abzuschreiben, damit Sie eine Ahnung von der Qualität dieses Hauses bekommen. Es gehört in der Tat zur ersten Garnitur zwischen Elbe und Weser. Dazu kommt die phantastische Lage: Das Hotel steht völlig frei mit Blick auf die „Alte Liebe", die Cuxhavener Häfen und Reede und die Elbmündung, den meistbefahrenen Schiffahrtsweg der Welt. Das „Aussichts"-Restaurant befindet sich im sechsten Stock. Gesellschaftsräume für 10—250 Personen mit der richtigen Atmosphäre für Festlichkeiten und Geschäftskonferenzen sind natürlich vorhanden.

Seepavillon Ringhotel Cuxhaven

Aus dem ersten Badehaus des Seebades Cuxhaven bei der berühmten ,,Alten Liebe'' entstand das heutige Hotel-Restaurant SEEPAVILLON, das sich bereits seit 51 Jahren im Besitz der Familie Donner befindet. Alfred und Irmgard Donner betreuen gemeinsam mit ihren Söhnen Frank und Jürgen die zahlreichen Gäste, die den Seepavillon sicher nicht zuletzt als Aussichtsrestaurant mit Ausblick auf den Weltschiffahrtsweg schätzen. Ca. 65 000 Schiffsbewegungen sind hier im Jahr zu beobachten. Das ganze Jahr hindurch gibt der Schiffsmeldedienst im Restaurant erläuternde Durchsagen. Mit einem reichhaltigen Angebot an Fisch- und Fleischspezialitäten sorgt Küchenchef H. J. Kern für die kulinarischen Genüsse, wobei die Spezialitätenwochen besondere Beachtung verdienen. Erwähnt sei hier noch der älteste Teil des Hauses, die heutige Bauernstube. Hier kann man einen gemütlichen Klönabend bei einem Glas Wein oder Bier vom Faß am warmen Kachelofen verbringen.

Bäckerei — Konditorei — Café Martens

Nach einem ausgiebigen Spaziergang hatten wir Kaffeedurst bekommen und kehrten, durch die appetitlichen Auslagen angelockt, im Café Martens ein. Die Wahl zwischen den vielen, auserlesenen Konditoreiwaren und dem Eis aus eigener Herstellung fiel uns schwer. Bei Moccatorte, Kaffee und der freundlichen Bedienung konnten wir uns in dem gemütlichen Café so richtig entspannen. Dem Wahlspruch der Familie Martens ,,Wir backen, Sie genießen'' können wir nur beipflichten!

Haus Strandnixe
Hotel Garni

Sollten Sie sich Ihren Familienurlaub in einer modern eingerichteten Ferienwohnung vorstellen, so möchten wir Sie auf das große Appartementhaus Strandnixe unmittelbar am Döser Sandstrand aufmerksam machen. Diese komfortable Wohnanlage zeichnet sich durch ihre zentrale Lage und ein größeres Angebot an Freizeitmöglichkeiten, auch bei schlechtem Wetter, aus. Sie können sich hier nicht nur innerlich bestens regenerieren, sondern auch auf der hauseigenen Beautyfarm äußerlich von Kopf bis Fuß wieder in Schwung bringen lassen. Dies dürfte, wie wir meinen, nicht nur für die weiblichen Gäste ein verlockendes Angebot sein. Wobei Sie sich ganz auf die fachliche Erfahrung von Frau Konietzny und Frau Küppers verlassen können. Und wenn Sie mal so einen ganz faulen Tag einlegen möchten, wird Ihnen sogar ein Frühstück aufs Zimmer serviert.

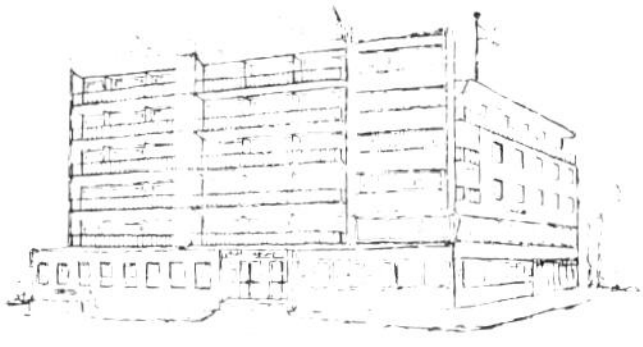

Golf-Hotel
„Strand-Hotel Duhnen“

Als Krönung eines sonnigen Tages am Strand von Duhnen wollten wir uns etwas Besonderes leisten. Also gingen wir ins Strand-Hotel, wo uns sogleich die gepflegte Atmosphäre des klassischen Strandhotels gefangennahm. Erstklassiger Service, kulinarische Küche und komfortables Wohnen sind hier selbstverständlich. Natürlich alles mit Blick auf's Meer. Hier ist das ganze Jahr hindurch und rund um die Uhr für Ihr ‚fürstliches‘ Wohlergehen gesorgt.

Neuwerk — Hamburg-Mitte

Viele Wege führen nach Neuwerk, nur keine Straße. Trotzdem können Sie dorthin laufen oder fahren. Aber da Neuwerk eine Insel ist, bringt Sie natürlich auch ein Schiff zu den 40 Seelen auf dem kleinen Eiland. Und wir können Sie versichern, daß Sie dort gastlich empfangen werden. Wie Sie sicher schon bemerkt haben, befinden wir uns nicht mehr im Landkreis Cuxhaven. Aber das ist mehr eine äußerliche Formalität, denn Neuwerk war, im Guten wie im Schlechten seit eh und je eng mit Cuxhaven verbunden. Bei Ebbe wird die Insel, zusammen mit Scharhörn, zu einer riesigen Landzunge, die sich von Duhnen aus nordwestlich über zwanzig Kilometer weit ins Meer erstreckt.
Neuwerk ist die einzige bewohnte Insel, die zu Fuß, allerdings nicht trockenen Fußes, erreichbar ist. Und wir wollen auch gleich gestehen, daß wir die Fußwanderung dorthin am schönsten finden. Wir haben schon mehrmals vom Wattwandern geschwärmt und wollen uns deshalb jetzt zurückhalten. Auch von den Gefahren haben wir schon gesprochen, darum empfehlen wir Ihnen, sich einer der Gruppen anzuschließen, die bei jeder Ebbe unter sachkundiger Führung von Sahlenburg, Duhnen und Döse zur Insel aufbrechen. Sie erfahren dabei auch sehr viel Interessantes

über diese uralte Naturlandschaft. Außerdem ist es zu mehreren lustiger und kurzweiliger, denn Sie haben einen strammen Marsch von ca. 12 km vor sich, für die Sie bei entsprechend aufmerksamem Gehen gut drei Stunden benötigen werden.
Wenn Sie sich auf der Insel etwas länger aufhalten wollen oder Gepäck dabei haben, empfiehlt sich die Fahrt mit dem Pferdewattwagen. Auch diese Fahrten sind sehr informativ, denn die Kutscher sind exzellente Kenner ihres Weges. Kutscher und Fahrzeug unterliegen ebenso strengen Ausbildungsvorschriften und regelmäßigen Kontrollen wie das Taxigewerbe. Besonders für das Watt braucht der Fahrer gründliche Erfahrungen. Da diese Landschaft mit ihren tückischen Prilen und Gräben sich ständig verändert, muß die Fahrroute immer wieder neu festgelegt werden.
Der ursprüngliche Name der Insel war Nige Ooge. ,,Nige" hieß zu Hochdeutsch neu, und ,,Ooge" oder auch nur ,,O" ist das altfriesische Wort für Insel, das Sie auch in Namen wie Lange- oder Spiekeroog wiederfinden.
Als die Insel noch den alten Namen trug, war sie unbewohnt. Sie diente bis zur Mitte des 16. Jahrhunderts sozusagen als Weide- und Marktplatz, genauer gesagt als Fischmarkt. Die Fischer, die vor der Elbe ihre Fanggründe hatten, brachten die Fische nach Neuwerk, wo schon die Hamburger Kauffahrzeuge auf die Ware warteten. Daß es bei diesem Markthandel nicht immer friedlich und redlich zuging und daß oftmals Überfälle auf die Hamburger Kaufleute verübt wurden, kann man sich leicht denken. Auch die Seeräuberei stand im Mittelalter in hoher Blüte, an der sich sogar der Adel eifrig beteiligte. Die ebenso beliebte Strandgutfledderei fand am gefürchteten Scharhörn-Riff reichlich fette Beute.
Verständlicherweise war dieses böse Treiben der Hansestadt Hamburg ein Dorn im Auge. Darum erwirkte sie vom Bremer Erzbischof und vom Herzog von Sachsen-Lauenburg, die sich die Grundherrschaft der Insel teilten, die Erlaubnis, auf der Insel einen Turm zu errichten. Angeblich sollte dieser Turm als Seezeichen die Schiffe vor den gefährlichen Sandbänken und Riffen vor der Einfahrt in die Elbe warnen. Was er sicherlich auch tat. Aber dafür hätte es keines 38 m hohen Wehrturmes mit 2,5 m dicken Mauern bedurft. In den Turm zog denn auch ein Hauptmann mit zehn Mann Besatzung ein, womit die Hamburger auf kaltem

Wege die Herrschaft über das Eiland übernahmen. Bleibt noch zu erwähnen, daß die Wachmannschaft nicht immer ihren eigentlichen Auftrag pflichtgemäß erfüllte, sondern sich gelegentlich auch fleißig am Strandgutraub beteiligt hat.
Die Bauzeit des Turmes dauerte von 1300 bis 1310, was man als erstaunlich kurz bezeichnen darf, wenn man bedenkt, daß das gesamte Baumaterial vom Festland je nach Tide mit Schiff oder Karren herübergeschafft werden mußte. Hinzu kommen die Hochwasserzeiten. ,,Nige O'' hatte noch keinen Deich. Der Neuwerker Turm gehört zu den ältesten noch erhaltenen Backsteinbauten im Norden Deutschlands. Für das Feldsteinfundament haben die Wurster, die für den Transport des Baumaterials verantwortlich waren, wahrscheinlich alte Steingräber abgetragen. In der Wurster Heide, dem Jagd- und Holzgrund der Wurster, lagen diese 1000 bis 2000 Jahre alten Steinhaufen massenhaft herum.
Dat Nie Wark — das Neue Werk hat mit der Zeit der ganzen Insel seinen Namen gegeben.
Zum Leuchtturm ist unser dicker Burgturm erst zu Weihnachten 1814 geworden, als man auf seine Spitze sogenannte Argandsche Leuchtapparate, die mit Rüpöl betrieben wurden, installiert hatte. Das Lampenhaus mit der runden Kuppel, das von dem

Hamburger Mechanicus Repsold entworfen worden ist, tut heute noch seinen Dienst. Das Ölfeuer ist 1907 von Petroleumleuchten und 1942 von elektrischen Lampen abgelöst worden.

Das älteste Feuer an der Nordsee soll der Hamburger Rat 1296 auf Neuwerk eingerichtet haben. Das waren offene Holz- oder Kohlefeuer, Blüse genannt, die ständig unterhalten werden mußten. 1644 wurde eine Blüse auf einem 23 m großen Holzgerüst errichtet. Die Blüse stand bei dem heutigen Schulhaus, und der alte Geräteschuppen war das ehemalige Blüsenerhaus. 10 000 Ztr. Steinkohle soll die Blüse im Jahr verbraucht haben. Neuwerk hat neben der Markt- und Schutzfunktion schon seit dem Mittelalter eine wichtige Bedeutung für die Seefahrt gehabt. Neben dem großen Leuchtfeuer wurde 1815 auf der Nordseite noch ein kleines Leuchtfeuer von 16,30 m Höhe errichtet, das bis 1909 seinen Dienst tat.

Eine hölzerne Bake auf der Nordseite wird zum erstenmal 1462 erwähnt. Die Baken, auffällige hohe Holzgestelle in verschiedenen Formen, sind reine Tagesseezeichen. Die Leuchtfeuer bekamen eigentlich erst im 19. Jahrhundert mit dem Beginn der Dampfschiffahrt eine wichtige Funktion. Die Nord- und Südbake auf Neuwerk, die heute noch als Orientierungs- und Meßpunkt wichtig sind, unterscheiden sich durch ihre eckige bzw. runde Form. Im Laufe ihres langen Lebens sind diese hölzernen Seezeichen mehrmals vom Sturm, dem Zahn der Zeit oder Blitzschlag zerstört worden und ihre Gestalt hat etliche Variationen durchgemacht. Bereits während des Krieges 1870—71 wurden sämtliche Seezeichen an der Küste beseitigt, um dem Feind die Orientierung zu erschweren.

Erst nach der Eindeichung in den Jahren 1556—59 begann die Stadt Hamburg mit der Besiedlung. Aber die ersten drei Familien aus Budjadingen zogen sich bereits nach einem Jahr wieder zurück. Der zweite Versuch 1572 war dann erfolgreich. Die drei Pächter Nanne Heerssen, Helmeke Schmidt und Hinrik Joelssen legten sich innerhalb von zwei Jahren Hofwurten an und wurden seßhaft. Darauf folgten 1575 die ersten beiden Fischer mit Namen Foko Moensen und Harm Meyer. Sie mußten auch den Piloten-(Lotsen-)Dienst versehen.

Heute gibt es vier Bauernhöfe auf Neuwerk, dazu drei Nebenerwerbsstellen. Die Einwohnerzahl schwankt um die 40 herum. Die Insel ist drei Quadratkilometer groß, wovon etwa 100 Hektar eingedeicht sind. Der Rest ist Weide- und etwas Ackerland. Erst 1957 wurde ein Stromkabel auf die Insel verlegt. Vorher hat seit 1926 ein Windgenerator, der auf dem Schulgebäude stand, die

Insel mit Strom versorgt. Eine heute wieder hochaktuelle Energiequelle. Eine Wasserleitung vom Festland her gibt es erst seit 1968. Vorher war besonders das Trinkwasser eine kostbare Mangelware, das in Zisternen gesammelt wurde.

Die winzige Gemeinde kann immerhin bis zu 100 Dauergäste beherbergen. Diese Zahlen werden sich kaum ändern können, die Kapazitäten sind erschöpft. Auch dies macht die Besonderheit Neuwerks in einer Welt der ewigen Steigerungsraten aus. Neben den eisernen Dauerbesuchern — teilweise Sportfischer, die ihre Boote im kleinen Yachthafen liegen haben — betreten jährlich weit über 20 000 Stundenbesucher die Insel. Und fast alle diese Menschen dürften auch auf den alten knorrigen, trutzigen Turm steigen, um den fantastischen Blick über das Meer und die Küste zu genießen. Auf dem Watt herrscht im Sommer reger Verkehr, wenn alle zwanzig Pferdewagen zwischen der Insel und dem Festland pendeln.

Scharhörn können Sie übrigens nicht nur vom Turm aus etwa 6 km nordwestlich im Wasser bzw. auf dem Watt liegen sehen, sondern auch auf dem hier üblichen Wege per pedes übers Watt besuchen. Der Ausflug auf dieses unbewohnte Vogelparadies und Naturschutzgebiet lohnt sich für den naturkundlich Interessierten bestimmt. Denn die Insel ist nicht total unbewohnt, sondern beherbergt in einer seiner zwei Pfahlhütten den Vogelwart, der Ihnen gerne etwas über sein zwitscherndes, gackerndes, schnatterndes Völkchen erzählt.

Da die Insel nicht eingedeicht und darum ständig von den Fluten bedroht ist, muß in jedem Jahr von neuem für ihren Erhalt gesorgt werden. Darum halten sich in der zweiten Hütte häufig Arbeiter auf, die die Insel mit Strandgras bepflanzen, um dem Sand einen Halt zu geben. Scharhörn genießt zudem noch eine makabre Berühmtheit als gefährliches Felsenriff, an dem schon unzählige Seemänner ihr nasses Grab gefunden haben. Bis 1967 hatten die seit 1661 auf Scharhörn stehenden Baken eine kleine Hütte mit Proviant und trockener Kleidung für Schiffsbrüchige, die sich hierher retten konnten. Wir wollen Sie noch einmal daran erinnern, daß die Ebbe nicht ewig dauert und Sie zum rechtzeitigen Antritt des Heimweges nach Neuwerk ermahnen.

Bis 1872 gehörte Neuwerk zum Hamburger Amt Ritzebüttel, das dann zur Landgemeinde Cuxhaven wurde, aber immer noch zu Hamburg gehörte. 1937 trennt sich Cuxhaven mit Neuwerk von Hamburg. Am 1. Oktober 1969 kehrt Neuwerk mit Scharhörn nach Hamburg zurück. Dabei lag der Hintergedanke der Hamburger

an einem Tiefwasserhafen, weil es immer schwieriger und kostspieliger wurde, die Elbfahrrinne für die Riesenpötte freizuhalten. Dieses monströse Projekt ist bis heute nicht realisiert worden, hängt aber immer noch wie ein Damokles-Schwert über der Insel. Es würde mit Sicherheit den Tod des alten, urigen, romantischen Wächters am Elbtore bedeuten. Aber die Zeit scheint für die Insel zu laufen. Die riesigen Öltanker der sechziger Jahre sind zum größten Teil wieder eingemottet worden, und die gesamte Schifffahrt erfreut sich auch nicht gerade steigender Zuwachsraten. Als langjähriger Wahlhamburger wünsche ich der honorigen Kaufmannsstadt nichts Schlechtes. Aber Neuwerk sollte bleiben, was es ist und immer war. Und nur der alte Turm, dat Nie Wark, darf sich jemals so keck über den Deich erheben.

ⓘ Was es auf Neuwerk gibt

Urlaub auf dem Bauernhof

Pension Klaus u. Ilse Fischer
2191 Insel Neuwerk — Tel. 0 47 21 / 2 91 61

Otto's Gartenlokal
2191 Insel Neuwerk — Tel. 0 47 21 / 2 95 40

⇦ NORD

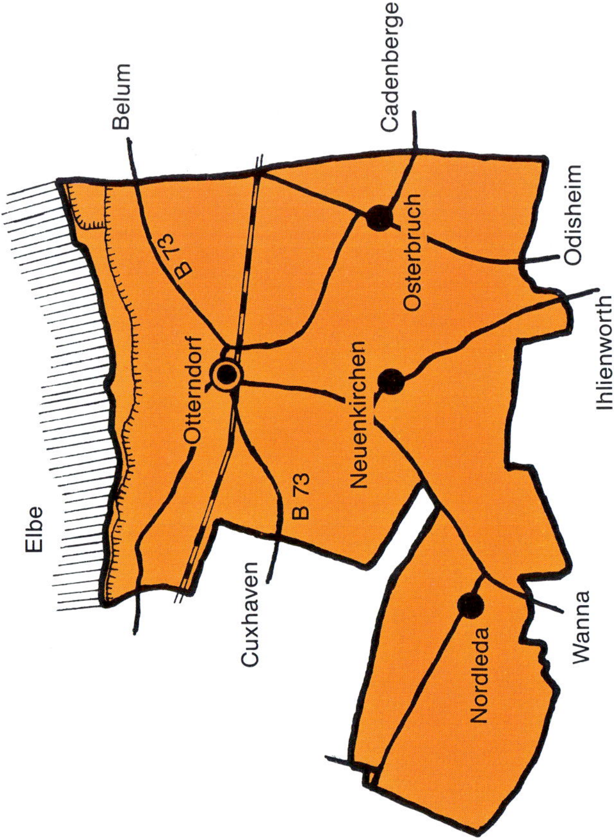

Samtgemeinde Hadeln

Samtgemeinde Hadeln

Der Name Hadeln = Hadolaun, Haduloha = Haderwald = Kampfwald (?) taucht erstmals nach der Eroberung des Elbe-Weser-Raumes durch Karl den Großen im Jahre 797 auf. Er bezeichnete damals noch einen großen sächsischen Gau. Dessen Grenzen verliefen etwa im Westen an der Weser vom Imsumer Ochsenturm bis zum Neuwerker Leuchtturm, von dort bis nach Belum an der Elbe, dann östlich der Wingst entlang der Aue bis in die Gegend von Lamstedt und von dort wieder südlich an Bederkesa vorbei an die Weser, wobei die Geeste als Grenzfluß vorzustellen wäre. Also ein stattliches Gebiet, durch das wir in unserem Buch schon eine ganze Weile gewandert sind.
Die Wissenschaftler bezeichnen dieses ursprüngliche Hadeln auch als „Großhadeln", denn schon bald begann der Name „Hadeln" räumlich zu schrumpfen. Im 13. Jahrhundert ging das Wingster Vorland an der Aue an das Erzstift Bremen, Bederkesa kam im 14. Jahrhundert zur Stadt Bremen, das Gebiet von Sahlenburg an der Weser bis nach Altenbruch fiel Stück für Stück ab dem 14. Jahrhundert an Hamburg. Im 16. Jhdrt. schließlich übernahm das Erzstift Bremen endgültig das Land Wursten. Übrig blieb das Marschland, das auch die Hadler Bucht genannt wird, weil bis ca. 100 v. Chr. dieses Gebiet zwischen Altenbruch und Belum und bis dicht an Bederkesa heran mehrmals jahrhundertelang überflutet war. Von 1932 bis 1977 dehnte sich „Hadeln" noch einmal als Landkreis Hadeln bis an die Oste und nach Lamstedt und Hechthausen hinunter aus.
Heute, nach der Einverleibung in den Landkreis Cuxhaven, ziert der archäologisch, geologisch und historisch bedeutsame Name „Hadeln" als Samtgemeinde nur noch ein kleines Fragment seiner einstigen Größe um das alte Städtchen Otterndorf herum. Lüdingworth und Altenbruch zum Beispiel sind eigentlich Urhadler Dörfer, die zum Hadler Hochland gehörten, das gemeint war, wenn wir in der Schule die fünf großen Marschlandschaften an Elbe und Weser aufsagen mußten: Vierlanden, Altes Land, Land Kehdingen, Land Hadeln und Land Wursten. Gott sei Dank werden die Stadt- und Landesgrenzen heutzutage nicht mehr durch Schlagbäume und Tore versperrt, und als Wanderer durch das saftig grüne Land hinterm Deich brauchen Sie sich sowieso nicht um Grenzlinien auf der Landkarte zu kümmern.
Die trockenen, höher gelegenen Geestgebiete der Hohen Lieth, Wanna, Bederkesa, Lamstedt und der Wingst waren wesentlich früher besiedelt, wobei man bedenken muß, daß vor vier bis zehn-

tausend Jahren, als die Moore und Marschen sich noch nicht gebildet hatten, die Geest eine größere Ausdehnung hatte als heute. Die ältesten Spuren menschlicher Existenz, des Homo Neanderthaliensis, hat man in der Wingst gefunden und auf ein Alter von ca. 200 000 Jahren angesetzt. Der Meeresspiegel lag um rund 100 m tiefer als heute, und die Meeresküste befand sich bei der Doggerbank. Helgoland war noch Festland. Vermutlich haben in diesen Gebieten große Wälder gestanden, worauf die vielen Bernsteinfunde im Küstenbereich der Nordsee schließen lassen. Drei gewaltige Eiszeiten sind über diese nördliche Region hinweggezogen und haben die Oberflächenstruktur immer wieder verändert.

Die ältesten Zeugnisse vom Homo Sapiens werden in dieser Gegend auf etwa 12 000 v. Chr. datiert. Auch der Meeresspiegel ist vermutlich in Intervallen allmählich gestiegen. Vor 10 000 Jahren lag er noch 40 m und um 2000 v. Chr. nur noch 6 m tiefer als heute. Um diese Zeit muß die Hadler Bucht mehrmals überflutet gewesen sein. So hat man in der Marsch Siedlungsspuren aus der Zeit um 700 v. Chr. gefunden. Diese Menschen mußten sich wahrscheinlich vor dem steigenden Wasser zurückziehen. Erst gegen 50 v. Chr. beginnt eine Neubesiedlung. Das Elbufer verlief etwa von Belum südlich an Otterndorf vorbei nach Lüdingworth. Der weiter nördlich gelegene Küstenstreifen ist schon Neuland. Während der Überflutungszeiten hat sich über dem tieferen Festlandsockel der fruchtbare Marschenboden abgelagert, der dieses Land, trotz seiner ständigen Gefährdung, für die Menschen so begehrenswert machte.

Im Bereich zwischen Belum und Lüdingworth hat man über 20 Siedlungsspuren aus der Römerzeit gefunden, wobei man rege Handelsbeziehungen zu den Römern feststellen konnte. Bei Westerwörden, südöstlich von Otterndorf, muß eine besonders reiche bäuerliche Handelssiedlung gelegen haben. Der römische Feldherr Tiberius ist nachweislich im Jahre 5 n. Chr. mit seiner Flotte in Hadeln gewesen. Bewohner dieser Siedlungen sind die Chauken und dann die Sachsen gewesen, die nach Berichten aus dem 9. und 10. Jahrhundert im 3. Jahrhundert an der Hadeler Küste gelandet sein sollen. Es gibt aber auch schon die Auffassung, daß um diese Zeit lediglich ein Namenswechsel stattgefunden hat.

Die letzte und endgültige Besiedlung begann Ende des 6. Jahrhunderts n. Chr., nachdem die Marsch und teilweise auch die Geest um 500 n. Chr. wieder entvölkert und die Wurten wüst waren. Das Wasser hatte noch einmal zugeschlagen. Aber auch die Völkerwanderung fällt in diese Zeit. Die neuen Siedler sind wieder Sachsen, die sich 200 Jahre später, 797, dem Frankenkaiser Karl dem Großen unterwerfen. Sie schwören ihrem heidnischen Glauben ab und werden Christen. Die ersten Kapellen werden gebaut in Wremen, Altenwalde, Lüderscope, Süderleda und Ihlienworth. Es ist auch die Zeit der Überfälle der Normannen oder Wikinger, die mit ihren Booten auf den Flüssen und Gräben, Wettern genannt, weit ins Land hineinfuhren und die Dörfer ausraubten und brandschatzten.

Bis 1180, als Heinrich der Löwe gestürzt wurde, gehörte Hadeln zum Reiche der Welfen und unterstand dem Grafen von Harsefeld und Stade. Danach kam Stade zum Erzbistum Bremen. Aber die Hadler hatten eine der Marsch eigentümliche Abneigung gegen den Krummstab und entwischten dem Machteinfluß des Erzbischofs, indem sie schnell dem Herzog von Sachsen-Lauenburg huldigten, der den Hadlern die Beibehaltung ihrer alten Privilegien mit einem hohen Maß an Freiheit und Selbständigkeit versprach. Daneben gab es allerdings im kirchlichen Bereich das Archidiakonat Hadeln-Wursten, das bis zur Reformation die kirchlichen Rechte und Gerichtsbarkeiten dem Erzstift Bremen

unterstellte. Aber auch im weltlichen Bereich haben die Erzbischöfe den Elbe-Weser-Raum, auch Hadeln, wesentlich mitgestaltet.
Während bisher im Marschland nur die höher gelegenen Randstreifen, die sogenannten Brandungswälle, an Elbe, Medem und Oste auf Wurten besiedelt waren, holten die Bischöfe die im Umgang mit dem Wasser besonders erfahrenen Friesen und Holländer ins Land. Um 1000 beginnt der Deichbau, und hundert Jahre später wird der Seebanddeich von Belum bis Steinmarne (Duhnen), das gewaltige Gemeinschaftswerk der Küstenbewohner, gebaut. Der Deich- und Kanalbau waren wichtige Voraussetzungen für die Besiedlung der niedriger liegenden Landesteile, dem Sietland. Ebenso trägt die Landgewinnung in Richtung Wasser die Handschrift der holländischen Entwässerungs- und Deichbauspezialisten. Die ursprüngliche Langwurt Otterndorf aus dem 10. bis 11. Jahrhundert ist eine typische ostfriesische Wiksiedlung.
Landgewinnung durch Entwässerungsgräben, sog. Wettern, Deichbau und das Aufwerfen von Dorfwurten war Gemeinschaftsarbeit aller Marschenbewohner. Ebenso mußte das unter schwersten Mühen erkämpfte Land ständig, bis auf den heutigen

Sommergewitter

Tag, gegen das andrängende Wasser verteidigt werden. Auch das war und ist noch Aufgabe der Gemeinschaft. Das Meer steigt immer noch ca. 30—40 cm in 100 Jahren, oder man denke an die Sturmfluten 1962 und 1976. Das Bewußtsein, sein Land mit den eigenen Händen sich erworben zu haben, und die Fruchtbarkeit dieses Landes, die eine solide Existenz, ja sogar beachtlichen Wohlstand gewährte, haben den stolzen, selbstbewußten, freien Sinn der Marschbauern geprägt. Der Kampf mit dem Wasser hat eine ganz eigene Sozialisationsform auf der Marsch entstehen lassen.
Es gab praktisch keinen Adel im Hadler Hochland, außer den von Kuhles und etwas später noch von Klenck, die auf dem Gut Wellingsbüttel bei Otterndorf saßen, aber außer in Wellingsbüttel und Dörringworth keinerlei Sonderrechte besaßen und eher wie ein Fremdkörper wirkten. Dafür war jeder Hadler Bauer ein Graf und wußte auch wie ein Graf zu leben. Lesen Sie bei Hermann Allmers im Marschenbuch nach, der die Hadler, noch vor den artverwandten Wurstern, wegen ihrer hochentwickelten Bauernkultur besonders schätzte. Oder schauen Sie sich ihre stolzen Wappen in und an den Kirchen (besonders Lüdingworth und Altenbruch) an.

Man darf allerdings die sich von Anfang an entwickelnde und in Deutschland fast einmalige politische Struktur dieses kleinen Ländchens als sogenannte „Bauernrepublik“ nicht im modernen demokratischen Sinne mißverstehen. Regiert haben die alteingesessenen, reichen Bauernfamilien, und die Ämter wurden nach Würde und Ansehen vergeben. Sie wählten in jedem Kirchspiel, womit eine politische Gemeinde gemeint ist, einen Schultheißen und 2—4 Landschöpfen. Dazu kamen Bevollmächtigte einzelner Kirchspielteile. Ihre Verfassung lehnte sich stark an die holländische an. Das Kirchspielgericht war die Verwaltung, hatte die örtliche Polizeigewalt, die Aufsicht über Deiche, Schleusen, Wettern und Wege und konnte Gebote und Verbote erlassen und Strafen verhängen und verwaltete die Gemeindeeinnahmen.

Das Hadler Hochland teilte sich in 7 Kirchspiele: Altenbruch, Lüdingworth, Nordleda, Neuenkirchen, Osterbruch, Osterende- und Westerende-Otterndorf. Später und unter bestimmten Einschränkungen kamen die 5 Kirchspiele des Sietlandes dazu: Oster- und Wester-Ihlienworth, Odisheim, Steinau und Wanna. Schließlich, als dritter Stand, die Stadt Otterndorf. Der zweite Stand war das Sietland und das Hochland natürlich der erste Stand, was durchaus wertend verstanden werden darf.

Waren der erste und zweite Stand reine Bauernvertretungen, so besetzten die Ratsämter der Stadt eine kleine privilegierte Gruppe von Kaufleuten. Diese Ständeversammlung, die sich praktisch mit allen Landesangelegenheiten auch nach außen einschließlich der Justiz und Gesetzgebung befaßte, bestand bis in die Mitte des 19. Jahrhunderts und in Resten bis ins 20. Jahrhundert hinein. Tagungsstätte der Landesversammlung war bis etwa 1600 der Warningsacker zwischen Altenbruch und Otterndorf. Danach versammelte man sich im Landeshaus in Otterndorf, wodurch die Öffentlichkeit und auch die Bevollmächtigten immer mehr ausgeschlossen wurden. Als Vertreter des Landesfürsten stand der Versammlung offiziell ein Gräfe vor, der aber im Mittelalter kaum in Erscheinung trat.

Die Einflußnahme der Landesherren ist unterschiedlich stark gewesen, ohne die Hadler Verfassung im wesentlichen zu verändern. Die Herzöge von Sachsen-Lauenburg haben sich weitgehendst zurückgehalten und im wesentlichen nur ihre regelmäßigen Abgaben einkassiert, die sich in erträglichen Grenzen hielten. Darum mußten sie wohl auch das Land von 1402—1481 an die Stadt Hamburg verpfänden, die dann aus Handels- und Sicherheitsgründen etwas stärker zupackte. Danach sind die

Lauenburger wieder dran. Sie versuchen jetzt auch eine härtere Gangart, was bedeutete, daß regelmäßig ein Gräfe im Lande anwesend war, der auf dem zu diesem Behufe extra erbauten Schlosse in Otterndorf residierte. Mit diesen Gräfen haben sich die Hadler überwiegend gut arrangieren können.

Von 1689 bis 1731 gab es dann ein sogenanntes Sequester unter kaiserlicher Verwaltung. Auch unter dem dann folgenden hannoverschen Regiment bis 1803 kann Hadeln sich seine Selbständigkeit bewahren. Nach der auch für Hadeln leidensvollen Franzosenzeit bis 1813 beginnt allmählich die Selbständigkeit im Bereich der Gerichtsbarkeit zu bröckeln. 1866 kommt Hadeln unter preußische Verwaltung. Eine Kreisverwaltung mit einem Kreishauptmann und später Landrat wird gebildet. Man könnte sagen: die Gegenwart wird eingeläutet. Die politische Verwaltung richtet sich nicht mehr so sehr nach landschaftlichen Gegebenheiten und geschichtlichen und wesensmäßigen Zusammenhängen, sondern nach organisatorischer Vernunft und politischer Machtverteilung.

Solchen Überlegungen, schon vor 600 Jahren, verdankt in gewissem Sinne auch Otterndorf seine geschichtliche Entwicklung. Die strategisch günstige Lage der großen Dorfwurt an der Medemmündung bot sich als Gräfensitz den Landesherren geradezu an. Schon um 1100 macht Herzog Lothar von Sachsen Otterndorf zum Sitz eines Gräfen. Gut Wellingsbüttel ist vermutlich der Vogtshof gewesen. 1400 erhält Otterndorf das Stadtrecht, nachdem Herzog Erich VI. von Sachsen-Lauenburg mit finanzieller Hilfe Hamburgs das Otterndorfer Schloß ausgebaut hat, um seinem Statthalter, dem Gräfen, ein größeres Gewicht zu geben. Die Verfassung des frisch gebackenen Städtchens lehnte sich an das Hamburger Stadtrecht an.

Wie wir schon bei der Geschichte Cuxhavens gesehen haben, gelingt es Hamburg auch hier, über das Geld und die hohe Verschuldung der Lauenburgischen Herzöge Hadeln mit Otterndorf als Pfandleihe unter seine Herrschaft zu bekommen. Das achtzigjährige Hamburger Regime hat Otterndorf eine Sonderstellung gegenüber dem Hochland gebracht. Die junge Stadt wurde zur Geistes- und Handelsmetropole des bäuerlichen Umlandes. Sie hat sich aber nie zu einer wirklich blühenden Handelsstadt entwickeln können. Die Beziehungen zu Hamburg sind auch über die Pfandherrschaft hinaus sehr eng geblieben, denn Hadeln war eine der Kornkammern Hamburgs. Und im 18./19. Jahrhundert haben sich die Otterndorfer Kaufleute ihre Häuser mit Vorliebe im Hamburger Stil bauen lassen. Die reichen Hadler Bauern haben ihre Söhne auch gern aufs Gymnasium nach Hamburg geschickt, damit sie die weltläufige Bildung und Lebensart lernen sollten. Es gab auch schon seit mindestens Mitte des 15. Jahrhunderts eine Lateinschule in Otterndorf, die eifrig aus dem Hadeler Umland frequentiert wurde. Ohne die Erfindung des Buchdrucks und die damit verbundene Alphabetisierung breiterer Bevölkerungsschichten ist die Reformation nicht denkbar. Es spricht daher sicherlich für den hohen Bildungsstand der Hadeler, daß bereits neun Jahre, nachdem Luther 1517 seine 95 Thesen an die Kirche zu Wittenberg geschlagen hatte, die erste evangelische Predigt von der Kanzel der Altenbrucher Kirche gehalten wurde.

Immerhin war die Otterndorfer Lateinschule angesehen genug, daß der berühmte Johann Heinrich Voß von 1778—1782 das Rektorat übernahm. Während dieser vier Jahre verfertigte er seine Odyssee-Übersetzung, womit er die literarische Formkraft der deutschen Sprache wesentlich bereicherte. Das Haus, in dem Voß lebte und dieses große Werk schrieb, ist noch erhalten. Es steht gegenüber dem Kirchturm der Severikirche. Auch den alten Fachwerkbau der Lateinschule mit einer schönen Tür können Sie gleich um die Ecke gegenüber der Südseite der Kirche besichtigen.

Leider ist in den ersten Jahrzehnten nach dem II. Weltkrieg auch in Otterndorf, wie in ganz Deutschland, in der Euphorie des Aufbaus und der Erneuerung viel historische Bausubstanz vernichtet worden. Dennoch lohnt sich unbedingt ein Bummel durch die Straßen und Gassen des Ortskernes, wo Sie noch viele gut erhaltene alte Häuser aus der Blütezeit dieses Städtchens entdecken können. Das Rathaus von 1583 sollten Sie sich nicht nur von außen betrachten, sondern auch den Rathaussaal besichtigen. Im Ratskeller können Sie dann einen gemütlichen Schoppen trinken.

Nicht vorbeigehen dürfen Sie am Kranichhaus, das heute als Hadelner Kreisarchiv und -museum fungiert. Der Holzhändler Heinrich Lüdkens hat das Haus 1696 erbaut. 1712 gehört es bereits einem Hamburger Gewürzhändler. Nach seinem frühen Tod führt seine Frau die Geschäfte durchaus erfolgreich weiter.

Immerhin vor über 250 Jahren. Der Kranich, der auf dem Dachgiebel steht und dem Haus seinen Namen gab, versinnbildlicht die Kaufmannsweisheit: ,,Der Kranich hält den Stein, des Schlafs sich zu erwehren. Was sich dem Schlaf ergibt, kommt nie zu Gut und Ehren!" Wer immer etwas über Geschichte, Handel und Wandel des Landes Hadeln erfahren möchte, kommt an dem imposanten Archiv mit seinen rund 15 000 Bänden wissenschaftlicher und historischer Schriften und Dokumente nicht vorbei. Der Tagesbesucher kann sich besonders an dem Museum delektieren, das sehr anschaulich in drei Stockwerken und im Keller den Lebensstil der Hadler Bauern und Kaufleute in den letzten 250 Jahren dokumentiert. Auch die Studierstube des Johann Heinrich Voß finden Sie hier rekonstruiert.

1961 gründete der Arzt Dr. Herbert Augat das „studio a", eine Galerie, die sich der Präsentation zeitgenössischer Malerei widmete. Nach dem Tod des Arztes hat die Stadt die Galerie in dem Historischen Torhaus weitergeführt. Da bei jeder Ausstellung einige Werke aufgekauft wurden, bildete sich allmählich eine beachtliche Sammlung moderner, überwiegend deutscher Kunst. 1985 ist dieses kleine, aber für Otterndorf beachtliche Kunstmuseum mit dem „studio a" in die aufwendig renovierte Stadtscheune umgezogen. Für Liebhaber moderner Kunst ein kleiner Augenschmaus, wo er u. a. Namen wie Fritz Winter, Hann Trier und Karl Hartung antrifft.

Als Mittelpunkt ruht, nach alter Hadler Sitte, natürlich die Kirche auf ihrer Wurt. Die St.-Severi-Kirche ist neben Altenbruch und Lüdingworth die dritte und wohl auch größte der drei Hauptkirchen des Landes Hadeln. Seit vor 1300 hat auf der Wurt ein Gotteshaus gestanden. 1585 wurde es um den heute noch vorhandenen dreischiffigen Chor mit Kreuzgewölbe erweitert. Das Kirchenschiff wird 150 Jahre später, 1739, erneuert. Schließlich, 1803, wird ein neuer Turm errichtet. Es ist wohl schon der dritte an dieser Stelle. Er bekommt erst 1876 eine Spitze und damit seine heutige Form. Vorher hatte er eine Plattform als Dach, auf der von 1837 bis 1850 ein optischer Telegraph für die Nachrichtenverbindung zwischen Cuxhaven und Hamburg stand.

Das für Hadeln so charakteristische, kunstvoll und prächtig geschnitzte Inventar stammt überwiegend aus dem 17. und 18. Jahrhundert. Besonders wertvoll ist die Orgel. Das von 1596 stammende Instrument von Antonius Wilde wurde 1662 von dem Hamburger Hans Riege erweitert. Nach dem Umbau erneuerte sie der Stader Orgelbauer Dietrich Christoph Gloger 1741 unter Beibehaltung aller brauchbaren Stimmen der beiden Vorgängerinnen. Wenn Sie Freude an Barockmusik haben, können Sie beim Küster eine Schallplatte mit Werken für Orgel und Trompete erstehen, die in der Otterndorfer Kirche aufgenommen worden

sind. Die große Bronzetaufe stand wohl schon im 14. Jahrhundert im ursprünglichen Bau. Der herrliche Predigerstuhl wurde 1661 von dem Otterndorfer Schnitzer Jürgen Heydtmann gefertigt. Seine Hände sollen auch den großen Posaunenengel geschaffen haben. Die Messingleuchter im Chorraum sind Stiftungen der Schneider- und Schuhmacherinnung und einzelner Familien aus dem 16. und 17. Jahrhundert.
Wir können uns nicht in all diesen prachtvollen Hadler Kirchen länger aufhalten. Aber wir wollen Sie wenigstens darauf aufmerksam machen, daß Sie auf einem Streifzug durch die Marsch der Samtgemeinde Hadeln in Nordleda, das noch zur Gemeinde gehört, eine der ältesten Kirchen Hadelns, erbaut um 1200, besichtigen können.
Viel zu eilig, wie immer, möchten wir Sie noch mit einer anderen, für Sie sicher wichtigen Seite Otterndorfs bekanntmachen. Die einstige Kaufmannsstadt dürfte heute als einen wichtigen Erwerbszweig den Fremdenverkehr sehen. Sie verfügt über einen sehr schönen großen Grünstrand an der Elbe und einen Süßwasserbadesee gleich hinter dem Deich sowie über ein modernes Sole-Hallenbad. Auch ein komfortabler Yachthafen für die Sportschipper in der Medemmündung ist vorhanden. Ihre pflichtmä-

ßige Deichwanderung sollte Sie unbedingt hierher zu den Schleusen und Pumpstationen führen, wo eine urige Hafenatmosphäre herrscht. Womit durchaus auch die erquickenden Gaststätten gemeint sind.
Ein wahres Mordsvergnügen erwartet Sie jedes Jahr im Juli: der ,,Germanische Fünfkampf" in Ottendorf. Als Antwort auf die Olympischen Spiele, die ihren Ursprung im antiken Griechenland haben, wurden in einer denkwürdigen, nicht ganz trockenen Trainingsnacht der Otterndorfer Handballer diese hehren Wettkämpfe aus der Taufe gehoben, die ihre Wurzeln tief in der jahrtausendealten Heldengeschichte des sächsischen Gaues ,,Haduloha" haben. Mitmachen kann jeder! Nach einem kräftigen Met-Trunk auf dem Thingplatz schreiten die tapferen Recken zum Vergleichskampf in den fünf ,,Gewalttaten": Angelsachsenpfad, Dieck'n, Steinstoßen, Germanenweitsprung und Keulenzielwurf. Der Sieger wird zum Supergermanen gekürt. Also machen auch Sie sich auf, ,,um mit List, Klugheit, Tapferkeit und Tatkraft und einem gellenden Urschrei, dem Hengist und Horsa, zum Wettkampf zu schreiten"!
Wieder ruhiger und friedlicher ist es an der zauberhaften Medem, die durch Otterndorf fließt und zu einer romantischen Ruder-

partie einlädt. Sogar einen Hafen, den Groß-Specken, gab es noch bis nach dem Kriege in der Stadt. Ein rekonstruierter historischer Holzkran und das Haus der Schauerleute, die Speckengilde, erinnern noch daran. Das Stadtpanorama am Fluß hat noch einen Hauch von längst vergangenen Zeiten.

Bereits die Hamburger haben während ihres Pfandbesitzes im 15. Jahrhundert die Medem durch eine Schleuse tidenunabhängig von der Elbe gemacht. Aber erst vierhundert Jahre später wurde ein gravierendes Wasserproblem, die ständigen Überschwemmungen, ja Überflutungen des Sietlandes durch ein Jahrhundertwerk in Angriff genommen: 1853 wird der Hadeler Kanal gebaut. Er mündet direkt bei der Schleuse in die Medem. Der Kanal ist seiner Aufgabe, der Entwässerung des Sietlandes, nicht gerecht geworden. Darum wurde 1928/29 ein Schöpfwerk an die Medemmündung gebaut, in dem die größte, mit Diesel betriebene Kreiselpumpe Europas 24 m^3 Wasser pro Sekunde in Richtung Elbe schaffen kann. 1953 wurde noch eine zweite, fast ebenso leistungsstarke Elektropumpe dazugeschaltet.

Der Hadler Kanal ist aber nicht nur ein Entwässerungsgraben, sondern auch eine bedeutende Wasserstraße, auf der man in aller Ruhe und Besinnlichkeit ohne die Fährnisse der Nordsee von der Elbe zur Weser schippern kann oder umgekehrt. Lastkähne ziehen ihre Bahn, und eine muntere Schar von Sportbooten aller Art tummelt sich an Wochenenden auf diesem landschaftlich so abwechslungsreichen Gewässer, das sich quer durch das Thema unseres Büchleins schlängelt. Und so soll denn der Kanal auch uns auf die ganz gemütliche Art ins Sietland bringen.

ⓘ Was es in Hadeln gibt

Auskünfte:

Samtgemeinde Hadeln
Markstr. 21, 2178 Otterndorf — Tel. 0 47 51 / 1 30
Fremdenverkehrsamt Otterndorf — Tel. 0 47 51 / 1 31 31
Juni—September im alten Rathaus
Oktober—Mai im Verwaltungsgebäude,
Marktstr. 21

Angeln:

Angelscheinausgabe durch Foto-Gerken-Sport, Reichenstr. 16
2178 Otterndorf — Tel. 0 47 51 / 35 86
(Bundesfischereischein erforderlich)
Arten: Aal, Barsch, Brassen, Zander, Hecht, Karpfen, Weißfisch

Bäder:

Sole-Hallenbad Otterndorf
Goethestr. 12 — Tel. 0 47 51 / 1 35 72

Bootsfahrten:

Romantische Medemfahrten
Ausflugs- u. Vergnügungsfahrten mit Barkassen
Abfahrt: Otterndorf
Auch nach Vereinbarung
Auskunft: Kapt. H. Carstensen — Tel. 0 47 23 / 32 92

Camping:

Campingplatz Kap Farvel
Deichstr. 15
2178 Otterndorf — Tel. 0 47 51 / 23 65

Ferienwohnungen:

Gästehaus Kindler
Schleusenstr. 135 — Tel. 0 47 51 / 56 00
2178 Otterndorf
Neubau mit Spielplatz u. Liegewiese

Haus Catharinenlehn
G. Woltmann
An der Alten Medem — Tel. 0 47 51 / 24 37
2179 Neuenkirchen

Ferienappartements:

Annegret Tretrop
Hinrich-Wilhelm-Kopf-Str. 17 — Tel. 0 47 51 / 49 47
2178 Otterndorf

Ferienhäuser:

Ferienhausvermietung Christa Faber
Am Alten Deich 8 — Tel. 0 47 51 / 36 04
2178 Otterndorf — o. 39 64
Bitte Prospekt anfordern!

Freizeitanlage:

Süßwasserbadesee ,,Achtern Diek'' mit:
Spielplatz, Bolzplatz, Tischtennis
Grillplatz, Liegewiese, usw.

Geschenke:

Gudrun's Geschenkstübchen
Markstr. 3, 2178 Otterndorf — Tel. 0 47 51 / 21 51

Hotels und Gaststätten:

Gasthaus ,,Zum Elbblick''
Deichstr. 1, 2178 Otterndorf — Tel. 0 47 51 / 35 30
Schleusenschützenfest jeweils den 3. Sonntag im August

Restaurant ,,Zur Schleuse''
W. u. E. Jagolski
Schleuse 1, 2178 Otterndorf — Tel. 0 47 51 / 34 54

,,Camping Klause''
See achtern Diek
H. + M. Kalwies
Deichstr. 14, 2178 Otterndorf — Tel. 0 47 51 / 26 33

Haus ,,Kap Farvel''
Christa Rehm
Deichstr. 15, 2178 Otterndorf — Tel. 0 47 51 / 23 65

SB-Schnellrestaurant
,,Zur Post''
Thumann u. Buck
Cuxhavener Str. 34, 2178 Otterndorf — Tel. 0 47 51 / 49 36

Hotel ,,Zum Weißen Roß''
F. Karsten
Marktstr. 42, 2178 Otterndorf — Tel. 0 47 51 / 33 08

Kinderspielplätze:

Hermann-Allmers-Str., Am Alten Deich,
Oeststr., Otterstr., Klaus-Störtebeker-Weg,
Scharhörner Ring, Op de Worth, am Grünstrand,
Freizeitanlage „See achtern Diek",
bei der Grundschule

Krankenhaus:

Kreiskrankenhaus Land Hadeln
Große Ortstr. 85, 2178 Otterndorf — Tel. 0 47 51 / 20 56

Museum:

Kranichhaus (Heimatmuseum)
2178 Otterndorf

Parkplätze:

Am Strand, am Bahnhof, am Rathaus, am Kreishaus, am Kirchplatz, Am Großen Specken, Markt- u. Schützenplatz, am Beiers-Park, am Sole-Hallenbad, am Schöpfwerk

Polizei:

Schleusenstr. 28
2178 Otterndorf — Tel. 0 47 51 / 36 11

Postamt:

Cuxhavener Str. 32
2178 Otterndorf — Tel. 0 47 51 / 20 11

Privatvermieter:

Margot Gooß
Schumannstr. 7 — Tel. 0 47 51 / 31 00
2178 Otterndorf

Irma Arp
Op de Worth 3 — Tel. 0 47 51 / 37 53
2178 Otterndorf

Christel Rath
2 DZ, 1 EZ
Parkstr. 3 — Tel. 0 47 51 / 25 57
2178 Otterndorf

Hildegardt Sandt
Wellingsbütteler Weg 15 — Tel. 0 47 51 / 32 80
2178 Otterndorf

Sehenswürdigkeiten:

Lateinschule (1614), Rathaus (1583)
Schöpfwerk, St. Severi Kirche,
Torhaus (1641), Kranichhaus (1696)

Stadtbibliothek:

Stadtbibliothek Otterndorf
Schleusenstr. 20 — Tel. 0 47 51 / 1 33 52
2178 Otterndorf

Tennis und Minigolf:

Tennishalle u. Minigolfplatz
Am See achtern Diek — Tel. 0 47 51 / 48 44
2178 Otterndorf

Urlaub auf dem Bauernhof:

Walter Grodtmann
Hof Wellingsbüttel — Tel. 0 47 51 / 51 32
2178 Otterndorf

Rathaus:

Marktstr. 21 — Tel. 0 47 51 / 1 30
2178 Otterndorf

Für Sie angeschaut

Anzeigen

„Camping-Klause" Otterndorf

Hinterm Elbdeich, direkt am See achtern Diek, liegt die „Camping-Klause". Ob Sie nun mit einer Schar wilder Kinder oder Ihrem großen Bello hier aufkreuzen, Manfred und Hildegard Kalwies heißen Sie herzlich willkommen. Ihr Nachwuchs wird sich freuen, endlich den heißersehnten „Hamburger" verdrücken zu können. Wir, schon etwas betagter, gaben dem „Hamburger Heringstopf" den Vorzug, einer Spezialität der „Klause". War köstlich und äußerst preiswert! Bei herrlichem Sommerwetter saßen wir natürlich auf der Terrasse am See.

SB — Schnellrestaurant, Otterndorf

Das Schnellrestaurant war von Alma Thumann und Uwe Buck gerade neu eröffnet worden, als wir dort hereinschauten. Gemütlich war's und das Tagesgericht, und die hausgemachten Salate haben uns geschmeckt, und unserem Portemonnaie taten die kleinen Preise gut. Natürlich bekommen Sie alles auch zum Mitnehmen.

Hotel ,,Zum Weißen Roß", Otterndorf

Wir haben auf unseren Entdeckungstouren immer besonders auf eine kinderfreundliche Atmosphäre geachtet. Hierbei ist uns auch das Hotel ,,Zum Weißen Roß" aufgefallen. Friedhard und Ingrid Karsten geben sich hier erfolgreich große Mühe, ihren Gästen, z. B. durch modern eingerichtete Zimmer und eine gutbürgerliche Küche, einen erholsamen Aufenthalt zu bereiten.

Haus ,,Kap Farvel" Otterndorf

Die Palette Otterndorfs wird nicht zuletzt durch Christa Rehms Haus ,,Kap Farvel" und ihrem Restaurant bereichert. Sie können ein Zimmer mieten oder auf dem hauseigenen Campingplatz Ihr Lager aufschlagen. Die familiäre Atmosphäre, die Lage direkt am Elbdeich und besonders der Frühstücksraum mit Blick auf die Elbe haben uns gefallen.

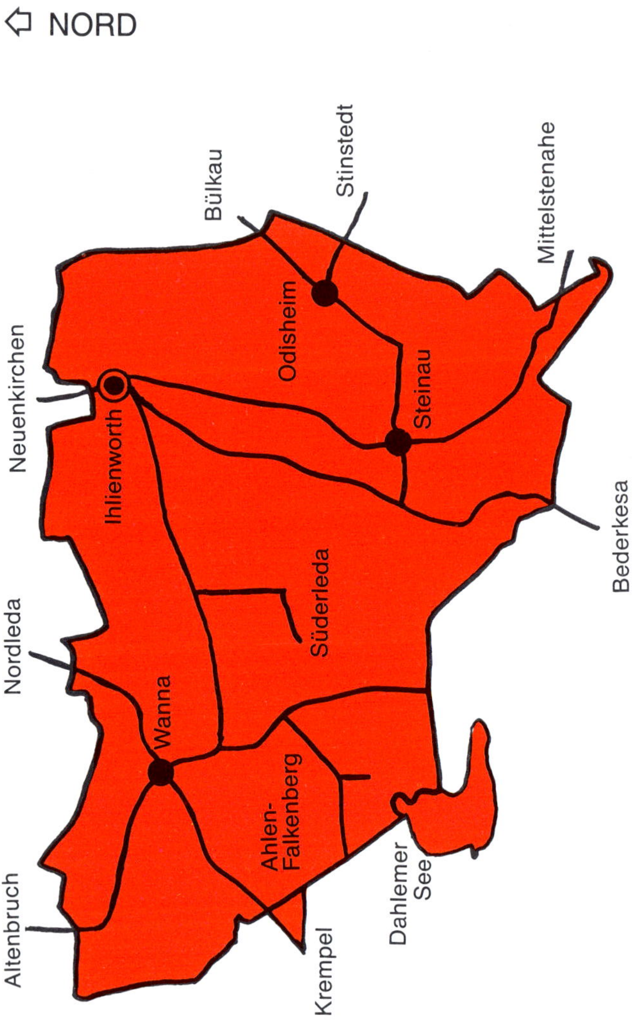

Samtgemeinde Sietland

Samtgemeinde Sietland

Das Sietland ist was für Spezialisten. Wenn man von der Norddeutschen Tiefebene spricht, so gehören dazu doch immerhin noch ein paar Hügelchen von 0—100 Metern. Aber hier im Sietland ist nun wirklich absolut plattes Land! Die höchste und einzige Erhebung finden Sie auf dem schmalen Geestrücken bei Wanna, den Grafenberg, mit stolzen 20 m Höhe. Ich will gleich vorausschicken: dieses unendlich weite, grüne Land hat uns fasziniert. Es wirkt fast fremdartig. Wenn man nicht wüßte, wo man wäre, könnte man meinen, in Holland zu sein.
Und so ist es denn auch ein Paradies für Radfahrer. Hier kann man sich ein großes, starkes Herz und gut gelüftete, saubere Lungen erradeln, ohne daß die Sache in krampfigen Leistungssport ausartet. Die einfachen, unauffälligen Gasthäuser in den kilometerlangen Dörfern erscheinen einem wie Oasen. Mehr braucht man nicht: man ist dankbar für ein bescheidenes Plätzchen, einen kühlen Trunk und vielleicht noch ein kräftiges Schinkenbrot. Und das bekommt man hier allemal.
Sicher, die meisten Menschen haben einmal im Jahr, wenn überhaupt, Ferien. Deshalb sollen einen diese kurzen 3—6 Wochen für die Entbehrungen und Mühen des ganzen Jahres entschädigen. Man will sich nicht nur erholen, sondern auch etwas erleben, etwas Neues kennenlernen. Darum reisen wir, wenn wir irgend können, möglichst an einen besonders exotischen oder renommierten Urlaubsort mit hohem Unterhaltungswert. All das kann Ihnen das Sietland, jedenfalls auf den ersten Blick, nicht bieten. Obwohl man dieses Gemeindegebiet nicht so isoliert sehen darf. Elbe, Weser und Nordsee, Cuxhaven, Bremerhaven und auch Hamburg und Bremen sind nicht weit.
Eines aber kann Ihnen dieses Hadeler Tief-(Siet-)Land bieten: Wirkliche körperliche und seelische — und auch geistige — Erholung. Sie müssen nur bereit sein, sich dieser Landschaft einfach hinzugeben. Das saftige, frische Grün der Weiden ist ein Labsal für Augen und Nerven. Lassen Sie sich von der Ruhe der schwarzbunten, manchmal auch schon rotbunten, Kühe anstecken. Oder verweilen Sie einen Augenblick vor einem der vielen Gehöfte, die einsam und allein an den langen geraden Straßen entlang der Wettern (Entwässerungsgräben) liegen. Stellen Sie sich vor, was für starke, selbstgenügsame Menschen das sein müssen, die hier, ganz auf sich und die Familien- und Hofgemeinschaft gestellt, jahraus — jahrein leben und arbeiten. Und die Menschen leben hier nicht erst seit der Erfindung der

schnellen, motorisierten Transportmöglichkeiten so, sondern seit Jahrtausenden.

Die Geestzunge um Wanna, die von Westen in das Sietland hineinragt, ist natürlich uraltes, prähistorisches Siedlungsgebiet. Aber der Rest, der etwa von der Linie nach Ihlienworth, Bülkau, Steinau, Flögelner und Dahlemer See umschrieben wird, war Sumpf, Moor, zeitweise Meeresbucht und bis in unser Jahrhundert hinein immer wieder Überschwemmungsgebiet. Endgültig und konsequent besiedelt worden ist das Land erst im 10./11. Jahrhundert. Damals sind auch hierher Friesen und Holländer vom Bremer Erzstift zur Landgewinnung geholt worden. So darf es uns denn auch nicht wundern, daß wir es im Sietland mit einer holländischen Landschaft mit den typischen endlos langen Straßendörfern zu tun haben. Hier müssen Odisheim und Steinau als besonders auffällige Beispiele genannt werden.

Besiedelt worden sind zunächst die weiten Marschmoorflächen, die hinter der Hochland-Marsch lagen und sich während der Überflutung vor 10 000—6000 Jahren abgelagert hatten. Zur gleichen Zeit, ab 5000 v. Chr., haben sich auch die Moore gebildet. Das Wasser konnte durch die Bildung des Hadler Hochlandes an der Elbküste nicht mehr abfließen. Außerdem stieg der Grundwasserspiegel, je weiter die Küste nach Süden vorrückte. Die Moore sind bis zum Beginn unseres Jahrhunderts gewachsen und haben teilweise eine Mächtigkeit von acht und mehr Metern erreicht.

Von dem fast 40 km^2 großen Ahlen-Falkenberger Moor zwischen Wanna und der Dreiseenplatte ist heute noch ein kleiner Teil unkultiviertes, in seinem urwüchsigen Zustand erhaltenes Naturschutzgebiet.

Im Ersten Weltkrieg wurde im Ahlen ein Kriegsgefangenenlager errichtet und die Gefangenen zur Kultivierung dieses großen Moores eingesetzt. Die Arbeit wurde nach dem Kriege mit Strafgefangenen und freien Arbeitern fortgesetzt. Aus dem Gefangenenlager entwickelte sich das Dorf Ahlen-Falkenberg, wo bäuerliche Siedler Hof und Ackerflächen zugeteilt bekamen. Auf dem schmalen Geestausläufer, auf dem das Dorf liegt, siedelten schon in früheren Zeiten Bauern. Aber das Moor hatte diese Hofstellen allmählich völlig eingeschlossen, so daß die Standhaftesten vor hundert Jahren ihre Höfe verließen und nach Süderleda übersiedelten.

Eine wirklich ungewöhnliche Art der Moorbesichtigung wird Ihnen von dem Torfwerk, das am Rande des Ahlenmoores bei

Winterpause beim Moorabbau

Ahlen-Falkenberg liegt, geboten. Zweieinhalb Stunden lang werden Sie von hier mit einer typischen Lorenbahn, wie sie in den Torfwerken allgemein in Betrieb sind, durch das Torf-Abbaugebiet gefahren. Die Torfwerksleitung hat sich, im Rahmen der gesetzlichen Möglichkeiten, um eine teilweise Renaturierung des Moores nach dem Torfabbau bemüht, so daß Sie auf der Rundfahrt einige Feuchtbiotope mit der klassischen Moorfauna und -flora zu sehen bekommen.

Ahlen-Falkenberg gehört heute zusammen mit dem gut 1100 Jahre alten Dorf Süderleda zur Gemeinde Wanna. In Süderleda hat einst eine der ersten Kapellen nach der Bekehrung der Sachsen 797 gestanden. Diese, mit Sicherheit aus Holz errichtete Kapelle wurde noch durch eine Steinkirche ersetzt, die aber höchstens bis Anfang des 16. Jahrhunderts bestanden hat. Danach gab es nur noch die Kirche in Wanna. Auch hier ist der ursprüngliche Bau aus dem 13./14. Jahrhundert nicht mehr vorhanden. Er mußte vor 120 Jahren wegen Baufälligkeit abgerissen werden. Die heutige Kirche ist an der gleichen Stelle errichtet worden. Genaugenommen steht das Gotteshaus in Westerwanna. Denn Wester- und Osterwanna waren einmal zwei selbständige Gemeinden.

Die Kirche von Süderleda hat auf dem Herrschaftlichen Hof Süderleda gestanden. Dieser Hof, der mit riesigen Ländereien ausgestattet war und ursprünglich zur selbständigen Parochie (Pfarrbezirk) Süderleda gehörte, war über viele Jahrhunderte der politische und kirchliche Mittelpunkt der Kirchspiele Wanna und Süderleda. Hier wurden auch die Getreide- und Naturalabgaben der Bauern abgeliefert und vom Herzoglichen Gräfen in Otterndorf abgeholt. Der Hof war früher an sogenannte Pensionäre verpachtet. Das Gut liegt am Geestrand auf dem Wege von Ahlen-Falkenberg nach Wanna und am sogenannten Speckenweg an der Moorwettern nach Ihlienworth, während das Dorf Süderleda weiter westlich abseits der Hauptwege mitten in der Moormarsch liegt. Es gehört zu den typischen Moorkolonisten-Dörfern und ist etwa um das 9.—10. Jahrhundert entstanden.
Das Gebiet um Wanna ist eines der bedeutendsten und größten prähistorischen Fundorte in Niedersachsen. Allein 12 Steingräber sind in diesem Umfeld gefunden worden, wobei das Besondere ist, daß einige teilweise oder ganz bedeckt im Moor lagen. So weiß man, daß hier vor der Vermoorung schon Menschen siedelten. Außerdem sind die Beilagen in den Gräbern unter dem Moor besonders gut erhalten geblieben.

Lustig und fidel

Den größten Urnenfriedhof hat man auf der Gemarkung „Griftteile“ bei Wanna entdeckt. Der etwa 4 ha große Friedhof war neben mehreren Hügelgräbern aus der älteren Bronzezeit angelegt worden und ist mit Urnen aus dem Beginn der Brandbestattung um 1100 v. Chr. bis etwa 200 n. Chr. belegt. Die zeitliche Fortsetzung von 200—500 n. Chr. bildet dann das Urnenfeld um den Grafenberg nördlich von Wanna, wo man rund 3000 Urnen ausgegraben hat. Im 5. Jahrhundert sind die Sachsen nach Großbritannien ausgewandert, und der Elbe-Weser-Raum war weitgehendst entvölkert.
Im „Grafenberg“ selber hat man keinerlei Funde gemacht, auch keine Scherben oder ähnliches, obwohl er einmal von einem Graben umgeben war, also irgendeine Bedeutung gehabt haben muß. Heute ist er ein netter Aussichtshügel, von dem aus Sie einen schönen Rundblick haben. Allerdings mit Einschränkung: wenn Sie in Richtung Wanna schauen, bleibt Ihr Blick an einer dieser häßlichen militärischen Raketenbasen hängen. Wir Menschen sind in den 2000 Jahren, die Sie auf diesem Hügel überschauen, offensichtlich nicht klüger geworden, obwohl der Fortschritt augenscheinlich ist.

Heimatmuseum Wanna

Wanna war in etwa der geographische Mittelpunkt von Großhadeln, und es wird vermutet, daß die Menschen (Chauken und Sachsen) von dieser Geestinsel aus das Hadelner Hochland an den Flußufern besiedelt haben. Heute ist Wanna idealer Ausgangspunkt für Wanderungen in eine Jahrtausende alte Vergangenheit. Zum einen in östlicher Richtung über den Grafenberg durch die Norder-Süderheide mit dem Gräberfeld „Griftteile" bis ans Häveschenberger Moor. Besonders aber um Ahlen-Falkenberg herum und am Dahlemer See finden Sie zahlreiche Steingräber. Gleichzeitig wandern Sie hier am See durch ein fantastisches Naturparadies. Nördlich des Flögelner Sees im Fünf-Seen-Gebiet, dem urwüchsigsten, naturgeschützten Moorgebiet, kommt der Ornithologe voll auf seine Kosten. Erschlossen hat uns persönlich Hermann Seidler, damals noch Vorsitzender des Verkehrsvereins Wanna, dieses herrliche Gebiet. Am Anfang wollte er uns nur ein Stündchen opfern; aber als er dann unsere Begeisterung spürte, wurde ein ganzer Tag daraus. Wir haben Freundschaft geschlossen und uns noch viele Male wieder getroffen und gemeinsam diese schöne Naturlandschaft durchstreift und immer wieder Neues entdeckt. Dieses Naturschutzgebiet, durch das Sie nur mit wasserfesten Stiefeln wandern können, ist ein Paradebeispiel zeitgemäßer Landschaftspflege. Durch die kontinuierliche Renaturierung weiterer Flächen wird das Fünf-Seen-Gebiet ständig vergrößert.

Ihre Eindrücke von den Wanderungen können Sie im Heimatmuseum in Westerwanna vertiefen, das in der ehemaligen Schulscheune seit 1964 eingerichtet worden ist. Schon vor über 50 Jahren begann der 1967 verstorbene ehemalige Kreisheimatpfleger Konrad Schäfer mit dem Sammeln heimatgeschichtlicher Gegenstände und hat so den Grundstock für diese Sammlung gelegt. Sie sehen hier aus allen Zeitabschnitten einige ausgesuchte Stücke der Gräberfunde. Gleichzeitig aber auch eine erstaunlich umfangreiche Darstellung des bäuerlichen Lebens dieser Region, inklusive einer kompletten Ausrüstung einer Korbimkerei und einer Dorfschmiede. Wie das heutige Landleben in und um Wanna aussieht, können Sie als Feriengast auf einem Bauernhof ganz „hautnah" erleben, überhaupt hat sich die Gemeinde Wanna für Ihren Urlaub bestens vorbereitet.

Vom Forsthaus Wester-Süderleda aus kommen Sie entlang der Moorwettern durch klassisch hollersches Siedlungsland zum Verwaltungsort der Samtgemeinde Sietland. Das alte Dorf Ihlienworth liegt an der Medem, die ihm einige romantische Winkel

schenkt. Auch Ihlienworth zählt zu den ersten Kirchenplätzen in Hadeln, was auch durch den Namen St.-Wilhadi-Kirche, nach dem bedeutenden Friesen- und Sachsenbekehrer und ersten Bremer Erzbischof, zum Ausdruck kommt. Besonders auffallend begrüßt Sie heute der hölzerne Turm, der in einem für die Marsch charakteristischen bräunlichen Rot leuchtet. Diese separat stehenden Holztürme, die wir schon häufiger angetroffen haben, wurden wegen der oft unsicheren Bodenverhältnisse gebaut, um das Gewicht, durch die schweren Glocken bedingt, möglichst gering zu halten. Der quadratische, nach oben sich verjüngende Turm wird von einer achteckigen Spitze gekrönt. Die Traufe der Türme liegt in der Regel tiefer als die des Kirchendaches.
Die romanische Feldsteinkirche aus dem Beginn des 13. Jahrhunderts präsentiert sich in ihrer schlichten, kraftvollen Art auf einer hohen Wurt. Die äußere Schlichtheit täuscht: wir haben es hier wieder mit einem der prachtvollen Marschendome zu tun, dem einzigen im Sietland. In ihrem Innern beeindruckt die Wilhaldi-Kirche besonders durch ihre schöne Bemalung in einem wohltuenden, mit Rot und Gold durchwirkten Grünton. Die gefächerte Bohlendecke zieren wieder die stolzen Bauernwappen.

Durch den Mittelträger und seine geschnitzten Ständer und durch die einseitig verlaufende Empore bekommt der schlanke, niedrige Innenraum eine asymetrisch-ausgewogene Architektur. Die harmonische Gesamtkomposition des Raumes macht den Aufenthalt in ihm besonders wohltuend. An herausragenden Gegenständen muß der Altar des Otterndorfer Holzbildhauers Jürgen Heydtmann genannt werden.

Früher haben die Bauern zum Gottesdienst mit ihren schmalen Kähnen, Flöten genannt, auf der Medem hinter dem Kirchhof angelegt, wo heute noch eine Treppe zum Fluß hinabführt. Heute haben Sie die Möglichkeit, mit einer Barkasse eine romantische Medemfahrt von Otterndorf zum Schleusenanleger vor Ihlienworth mitzumachen. Von dort werden Sie, und das ist das wirklich Originelle, von einer Straßenbahn (!) nach Ihlienworth abgeholt und direkt in ein Gartenlokal zu Kaffee und Kuchen kutschiert. Es ist in der Tat ein echter Straßenbahnwagen, der allerdings auf Gummirädern läuft und von einem Trecker über die Straße gezogen wird.

Die Medem war ursprünglich sicherlich ein Priel, als vor 6000 Jahren die Hadelner Bucht unter Wasser stand. Dann, als das Land aufschlickte und wieder aus dem Wasser auftauchte, blieb sie als Fluß zurück. Sie mußte das Sietland, das rund 2 m tiefer als das Hadler Hochland liegt, entwässern. Dieser Aufgabe war die kleine Medem nicht gewachsen. So war das Sietland von dem aus der Geest, besonders über den Bederkesaer See, ablaufenden Wasser über die Jahrhunderte hin im Herbst, Winter oder Frühling zeitweilig wie ein riesiger flacher See überflutet.

Diese Überschwemmungen dauerten in manchen Jahren mehrere Monate, so daß eine große Not über das Land hereinbrach. Oft konnten die Felder nicht bestellt oder abgeerntet werden. Die Menschen konnten sich nur in Booten fortbewegen, und ständig lauerte die Gefahr, daß das Haus von dem Wasser unterspült und zum Einbruch gebracht würde. Vom Februar 1834 ist uns von dem Hauptmann Heinrich Böse aus Bederkesa ein Aufruf zur Hilfe bekannt, der im Stader Intelligenzblatt veröffentlicht worden war. 600 Häuser mit 3000 Einwohnern standen seit zwei Monaten 30 bis 60 cm im Wasser. Dort wird auch eine ebenso schreckliche Wassernot vom Jahre 1825 erwähnt.

Hauptmann Böse war ein Bremer Kaufmann und wehrhafter Patriot während der Franzosenzeit, der sich 1826 auf einen Bauernhof bei Bederkesa zurückgezogen hatte. Auch hier blieb er ein politisch streitbarer Mann. Anfang der vierziger Jahre

beherbergte er den Dichter des Deutschlandliedes, Heinrich Hoffmann von Fallersleben, der auf der Flucht vor den Preußen war. 1848 sah man ihn als liberalen Abgeordneten der Bremer Geest in der zweiten Hannoverschen Kammer sitzen. Er hat sich um das Sietland sehr verdient gemacht. Besonders durch seinen vehementen Einsatz für den Bau des Hadelner Kanals, der dann auch in den Jahren 1852/54 gebaut wurde.
Als dieser den gewünschten Entwässerungseffekt noch nicht ausreichend brachte, hat Böse auch noch für die Weiterführung des Kanals vom Bederkesaer See zur Geeste gekämpft, der schließlich 1860 angelegt wurde und die Sietländer von der größten Wassernot befreite. Gleichzeitig war so eine binnenländische Wasserstraße von der Unterelbe zur Unterweser entstanden. Den endgültigen Sieg über die Sietländer Wassernot brachte auch das gewaltige Pumpwerk an der Otterndorfer Schleuse im Jahre 1929 noch nicht, so daß es bis in die fünfziger Jahre immer mal wieder „Landunter" im Sietland hieß. Erst umfangreiche wasserbauliche Maßnahmen konnten dem Sietländer Wasserteufel den Garaus bereiten. Wir wollen jetzt auf der heutzutage so beliebten Wasserstraße für Sportboote aller Art vorbei an Odisheim und Steinau in die Samtgemeinde Bederkesa und direkt in den Bederkesaer See zuckeln.

ⓘ Was es in der Samtgemeinde Sietland gibt

Auskunft

Gemeindeverwaltung
Samtgemeinde Sietland
Hauptstr. 36, 2179 Ihlienworth — Tel. 04755/900
Öffnungszeiten: Mo.—Fr. 8.00—12 Uhr
Do. 14.00—17.30 Uhr

Fahrradverleih

Gasthaus „Zur Ecke"
Fam. Gerdey
Landesstraße 53
2179 Wanna — Tel. 04757/771

Gästehäuser

Gasthaus „Zur Ecke"
Fam. Gerdey
Landesstraße 53
2179 Wanna — Tel. 04757/771

Hotels und Gaststätten

Dorfkrug Wanna
Inh. Gabriele von Bergen
Landesstraße 87
2179 Wanna — Tel. 04757/582

Gasthaus „Zur Ecke"
Fam. Gerdey
Landesstraße 53
2179 Wanna — Tel. 04757/771

Speisegasthaus „Zur Post"
Fam. Möller
Landesstraße 147
2179 Wanna — Tel. 04757/503

Museum

Heimatmuseum
Museumsweg 3, 2179 Wanna
Führer: Willi Horeis — Tel. 04757/292

Heimatstube
Rosenstr. 9, 2179 Ihlienworth
Ortsheimatpfleger:
Karl-Heinz Kowalski — Tel. 04755/300

Heimatstube
Dorf Nr. 49, 2179 Odisheim
Ortsheimatpfleger:
Helmuth Petersen Tel. 04756/603

Post

Postamt Ihlienworth
Hauptstr. 39, 2179 Ihlienworth Tel. 04755/310

Für Sie angeschaut

Anzeigen

Gasthaus „Zur Ecke", Wanna

Eines können wir mit Sicherheit sagen, gut aufgehoben sind Sie bei der Familie Gerdey immer, ob als Stammgast, Urlauber oder Durchreisender, der ein gutes Essen und gepflegte Getränke aus reichhaltigem Angebot wünscht. Es gibt verschiedene Räumlichkeiten für Gesellschaften aller Art bis zu 100 Personen. Ein separates Gästehaus mit 18 Betten, größtenteils mit Dusche und WC, steht Ihnen zur Verfügung. Haben Sie Lust, hier einmal einzukehren und sich rundherum wohlzufühlen? Fordern Sie doch einen Hausprospekt an.

Gasthof „Zur Post", Wanna

In diesem Familienbetrieb müssen wir ganz besonders die Küche hervorheben. Es wird hier Erstaunliches geleistet. Nicht nur in der Gaststätte gibt es die schmackhaftesten Gerichte, sondern auch außerhalb. Die größten Gesellschaften können mit köstlichen warmen Menüs beliefert werden.
Dabei sind im Gasthof selber auch alle Räumlichkeiten vom Clubraum bis zum Saal vorhanden, und manch lustige Bauernhochzeit wird hier gefeiert. Wir schätzen die gemütliche Atmosphäre und den trockenen Humor des Wirtes.

„Dorfkrug Wanna“

Jeden Sonntagnachmittag Tanz — Tischvorbestellung erbeten. Neugierig geworden durch dieses Schild fragten wir nach; denn wo gibt es das noch auf dem flachen Land? Als wir nun erfuhren, daß die Musik noch richtig mit der Hand gemacht wird, vorwiegend für die „ältere Jugend“ und immer vor vollem Haus, war die Überraschung perfekt. Für uns ein Grund, ein ausführliches Gespräch mit dem Ehepaar von Bergen zu führen. Es ergab sich, als wir nach längerer Moorwanderung im Dorfkrug einkehrten. Warme Mahlzeiten gibt es durchgehend; ein frisch gezapftes Pils überbrückte die Zeit bis zum Essen, denn etwas mußten wir schon warten; alle Speisen und Salate werden hier frisch zubereitet.

Das Ehepaar von Bergen, nette sympathische Berliner, erzählte uns dann, was es seinen Gästen alles bietet, und das ist wahrhaftig eine ganze Menge. Außer dem Tanztee gibt es den Tanz in den Mai, Grillabende, Kaffee, Kuchen und Eis im Garten, Grünkohlessen, Faschingsfeten usw. Dazu eine Bundeskegelbahn und einen Schießstand. Sogar ein Pauschalangebot mit Tanz und Kegeln übers Wochenende für Vereine kann gebucht werden.

Und noch etwas, am Sonntag beim Tanztee ist es unter Insidern eine Selbstverständlichkeit, ein Gedeck mit Kaffee und hausgemachtem Kuchen zu bestellen; darum ist dann auch der Eintritt frei.

Ich bin sicher, wir treffen uns dort einmal.

⇦ NORD

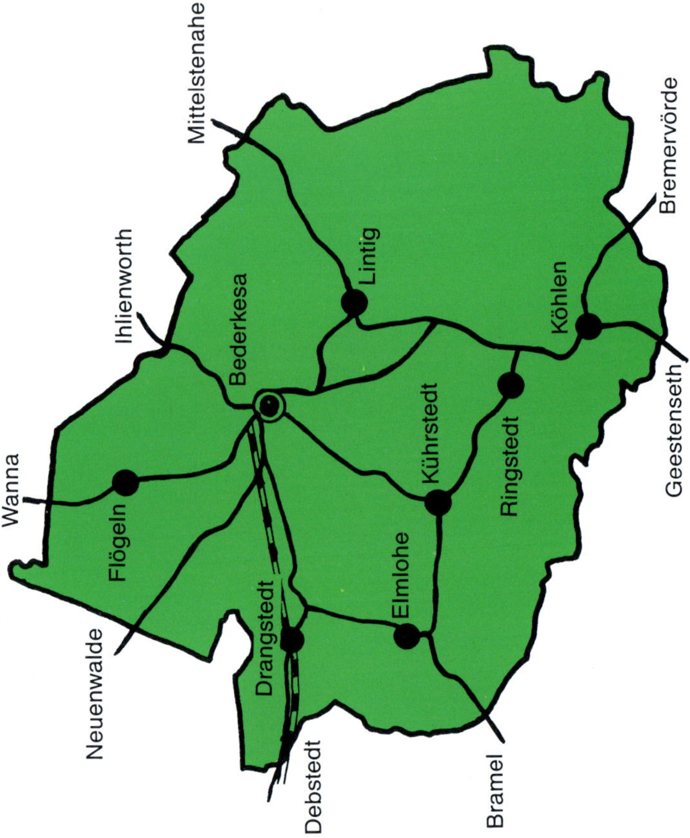

Samtgemeinde Bederkesa

Samtgemeinde Bederkesa

Leider müssen wir Sie, wenn Sie mit einem Motorboot über den Hadelner Kanal zum Bederkesaer See gekommen sind, bitten, Ihr Fahrzeug am Anleger des Sportboothafens festzumachen. Falls Sie dort überhaupt noch einen Anlegeplatz finden. Das Befahren des Sees ist nur mit durch Arm-, Bein- oder Windkraft betriebenen Booten gestattet. Durch das 40 m breite „Seeloch" gelangen Sie mit dem Segel- oder Paddelboot vom Kanal in den See. Im übrigen sind Kanal und See durch einen Wall streng voneinander getrennt. Diese Trennung hatte sich als notwendig erwiesen, weil der Kanal durch den moorigen Bodenschlamm des Sees ständig zuschlickte.

Wir meinen, es ist durchaus legitim, die Samtgemeinde Bederkesa sozusagen vom Wasser her zu betreten, denn der fünftgrößte See Niedersachsens ist seit Jahrhunderten der Hauptanziehungspunkt Bederkesas. Schon der Name steht höchstwahrscheinlich in direkter Beziehung zum See. Hier muß einmal ein Bederic oder Bederichs gelebt haben, von dem es allerdings keinerlei andere Überlieferungen gibt. Dieser Name war bei den Thüringern sehr verbreitet. Wir wissen, daß die Thüringer nach ihrer Niederlage gegen die Franken im Jahre 531 und nach der Abwanderung der Sachsen nach Britannien im 4./5. Jahrhundert bis in den stark entvölkerten Elbe-Weser-Raum vorgedrungen sind. Das Endungs-a in Bederkesa bedeutet dann Wasser, so daß der Name von bederics a = Bederichs Besitz am Wasser kommen kann.

In jüngster Vergangenheit hat man im und um den See über 100 Bohrungen bis in 15 m Tiefe angelegt, um etwas über die Entstehung und Entwicklung des Sees zu erfahren. Dabei stellte sich heraus, daß der See mehrere Geburtstage, oder besser, -jahre hatte. Der erste liegt vor etwa 100 000 Jahren, als das Eis der 2. oder Saale-Eiszeit schmolz und die Hadeler Bucht überschwemmte. In dem arktischen Klima der 3. oder Weichsel-Eiszeit schwemmte die Bucht mit Sand voll, da das Eis nicht mehr bis hierher gelangte. Der See verschwand. Am Ende dieser Eiszeit erlebte der See durch das steigende Grundwasser eine Wiedergeburt. Vor etwa 9000 Jahren hatte er seine heutige Größe erreicht, um dann schnell wieder zu verlanden. Die Gegend vermoorte. Um 4000 v. Chr. brach das Meer zum ersten Mal in die Hadeler Bucht ein. Danach wuchs das Moor noch stärker. Sogar Tiefmoore bildeten sich in den tiefergelegenen Wasserrinnen. Die zweite Überflutung der Bucht erfolgte dann um 2500 v. Chr.

und schenkte dem See seine zweite Wiederauferstehung, wovon aber der östliche Teil bald wieder verschilfte und verlandete. Erst eine weitere Überflutung tausend Jahre später bildete den See in einer vierten Geburtsstunde endgültig zu seiner heutigen Ausdehnung und Tiefe aus.
Der Bederkesaer See hat nicht nur eine bewegte Vergangenheit, sondern auch einen unruhigen Charakter. Er ist ein ausgesprochenes Naturgewässer, das, wenn man es nicht daran hindert, ständigen Veränderungen durch Verschilfung und Verlandung ausgesetzt ist. Schon seine geringe Tiefe von durchschnittlich nur 0,95 m macht das deutlich. Diese flache Pfanne mit einer Wasserfläche von 1,72 km^2, deren mittlerer Wasserspiegel 0,64 m unter NN liegt, muß enorme Wassermassen von jährlich 8,2 Mio. m^3 aus dem Umland aufnehmen. Dieses teilweise aus dem Moor zufließende Wasser gibt dem See seine braune, nicht gerade einladende Färbung. Durch sein flaches Wasser und den schlickig-moorigen Untergrund lädt der See auch nur ganz Unverdrossene zum Baden ein.

Einer der Zuflüsse, der Russengraben, erinnert noch an die Kolonisierung des Ahlener Moores, die im Ersten Weltkrieg durch Kriegsgefangene betrieben wurde. Das übrige Wasser kommt aus Südosten über den Ankeloher Randkanal und den Falkenburger Bach. Für den regulierten Abtransport dieser Wassermengen muß der Hadelner bzw. Bederkesa-Geeste-Kanal sorgen. Außerdem hat man in den letzten Jahren den ganzen See in einer Fläche von 2,18 km^2 eingedeicht, um ein Überlaufen und die damit verbundene Überschwemmung des Sietlandes zu verhindern. Zusammen mit anderen wasserbaulichen Maßnahmen hat man so der unsteten Natur des Sees straffere Zügel angelegt. Durch Schlammablagerungen und den dadurch bedingten Bewuchs ist die Uferregion aber immer noch einem Wandel unterworfen. An dem 550 m langen Flechtzaun, der den See vom Kanal trennt, haben sich auf diese Weise sogenannte „Dobben"

gebildet. Das ist eine Art schwimmender Schwingrasen, auf dem man mit der nötigen Vorsicht sogar gehen kann.

Der Deich ermöglicht Ihnen zugleich einen herrlichen Rundgang um dieses grandiose Feuchtbiotop. Besonders der Ostteil mit dem angrenzenden Hörner Moor, der heute endlich unter Naturschutz gestellt ist, bietet über 20 Vogelarten, die vom Aussterben bedroht sind, eine Heimat. Das gleiche gilt für die Pflanzenwelt in und am See. Daß der See durch seinen gleichzeitig hohen Natur- und Freizeitwert den Ausflugs- und Ferienort Bederkesa in schwere Konflikte stürzt, läßt sich leicht denken. Den Touristen und Wassersportlern wird hier ein hohes Maß an Rücksicht und Selbstbeherrschung gegenüber der schützenswerten, weil unersetzlichen, Natur abverlangt.

Der Fischfang hat in früheren Zeiten eine beachtliche Rolle gespielt, wie aus alten Dokumenten zu ersehen ist. Die wichtigsten Arten waren Hecht, Zander, auch Sandart genannt, Barsch und Aal. Weißfische waren wohl nur in unbedeutendem Umfange vorhanden. Heute hat sich das Blatt durch die Eindeichung und wohl auch durch das rege Treiben auf dem Wasser total gewendet. Zander und Hecht sind kaum noch anzutreffen. Die Barsche bleiben so klein, daß sich ihr Fang nicht lohnt. Nur der Aal ist noch in reichlichem Maße vertreten. Dafür hat der Weißfisch, hauptsächlich die Brasse, überhandgenommen und gefährdet den Lebensraum der Edelfische. Spiegelkarpfen oder Schleie beißen gelegentlich auch an. Vor zweihundert Jahren hat die hannoversche Regierung noch eine Kopfprämie auf abgeschossene Reiher gesetzt, um den Fischbestand zu erhalten. Ja, vor Zeiten haben hier noch viele Tiere von- und miteinander leben können. Bis in die Mitte des 19. Jahrhunderts gab es auch einen Hafen am See. Er befand sich an der Stelle, an der jetzt das Restaurant „Seelust" steht. Von hier wurden Güter über den See in die Aue, von dort über die Medem nach Otterndorf transportiert. Eine besondere Blüte erlebte dieser Wasserweg von 1806 bis 1813 während der von den Franzosen verhängten Kontinentalsperre. Von Bremen, bzw. Bremerhaven aus schiffte man die Waren über die Geeste bis zum Anleger bei Köhlen, dann etwa sieben Kilometer über Land, und in Bederkesa wieder aufs Schiff. Die wichtigsten Güter, die über den See verschifft wurden, waren Sand, Getreide, Holz, Ziegelsteine und Honig. Der 1852 erbaute Kanal hat diese alte Schiffsroute abgelöst.

Heute wird der See, außer vom Fischereipächter, nur noch zum Vergnügen beschippert, über 200 Ruder- und Sportboote sind

am See stationiert. Hinzu kommen die von auswärts angereisten Fahrzeuge. Sie sollten sich einmal aufraffen, eine Partie mit dem Ruderboot über den See zu machen und am Schützenanleger, einem Steg in der Nordwestecke, festmachen. Sie sind hier am Rande des großen Holzurburger Waldes, wo ein Natur- und ein Trimm-dich-Pfad Ihren Wissens- und Bewegungsdrang auf sehr nützliche Art befriedigen kann.

Im Bederkesaer See wird und wurde eine besondere Art der Archäologie sehr erfolgreich betrieben: die „Füßel-Archäologie". Das heißt, man watet durch den flachen See und tastet mit den Füßen nach festen Gegenständen in dem morastigen Grund. Erfolgreichster „Füßler" war der see-erfahrene Wassersportler Uwe Pauliks. Im Sommer 1973 entdeckten seine Füße einen noch gut erhaltenen Einbaum von 2,85 m Länge und 0,63 m Breite aus dem 9./10. Jahrhundert. Dazu füßelte er noch Knochen, Scherben, Gefäßreste, bearbeitete Hölzer und ein gut erhaltenes Eisenschwert aus dem Schlamm. Um das Maß voll zu machen, holte er zwei Tage später noch einen Einbaum mit den stattlichen Maßen von 4,92 x 0,74 m heraus, der in die Zeit zwischen 270 bis 400 n. Chr. datiert wurde. Schon 1935 hatte man einen Einbaum von 6,50 m Länge aus dem Wasser gefischt.

Es war also schon immer was los auf dem See. Spätestens im 12. Jahrhundert, höchstwahrscheinlich aber schon früher, wurde die erste „Motte", ein hölzerner Burgturm, auf eine Insel in der Schilfzone des Seerandes gesetzt. Das war an derselben Stelle, wo auch heute die Burg steht, denn der See reichte damals noch bis dorthin. Solche „Motten" sind zu Beginn des Mittelalters häufig errichtet worden. Z. B. auch die Dornburg im Flögelner See, die noch in einer ursprünglicheren Form erkennbar ist, weil sie schon im 14. Jahrhundert von den Flögelner Rittern verlassen wurde.

Die Geschichte der Ritter von Bederkesa ist etwa seit 1200 nachvollziehbar. Das erstemal erwähnt werden sie in der Bremer „Bürgerweidenurkunde" von 1159, wo sie bereits an hervorragender Stelle stehen. Sie waren sogenannte Ministeriale, Dienstmannen des Bremer Erzstiftes. So haben sie auch bei den Vernichtungsfeldzügen gegen die Stedinger an der Unterweser aktiv mitgemischt. 1256 haben sie von den Wurster Bauern, mit denen sie in Dauerfehde standen, fürchterliche Senge bezogen. Zum Ende des 13. Jahrhunderts beginnt der Untergang dieses bedeutendsten mittelalterlichen Rittergeschlechts im Elbe-Weser-Raum, das sich wahrscheinlich besonders durch innerfamiliäre Zersplit-

terung auflöste. Die alte hölzerne Seemotte hatten die Ritter inzwischen zu einer stattlichen Wasserburg ausgebaut.
Im 14. Jahrhundert stritten sich der Erzbischof von Bremen, die Stadt Bremen und der Herzog von Sachsen-Lauenburg um die Burg und die dazugehörigen Besitzungen. Auch die Lappes haben hier zeitweilig mitgemischt. In der Mandelsloher Fehde 1381 teilten sich Bremer Stadt und Bischof die Burg, bis schließlich 1421 die Stadt Bremen alleiniger Herrscher auf Burg Bederkesa wird. Erst im Dreißigjährigen Krieg bereiteten die Schweden nach heftigem Widerstand der Bremer Herrschaft ein Ende. Rund 250 Jahre war Bederkesa als Bremer Amtsbezirk eng mit der Geschichte der Hansestadt verknüpft. Das bezeugt auch der nach langen Wanderjahren wieder vor der Burg stehende steinerne Roland.
Nach 80 schweren Schwedenjahren kommt das Amt Bederkesa 1735 zu Hannover und 1866 schließlich zu Preußen. Damit verlor die Burg ihre Bedeutung als Amtssitz und wurde schließlich 1881

an einen privaten Besitzer verkauft. Während dieser Jahrhunderte wechselnder Herrschaften hat sich die Burg durch Abriß, Neubau und Umbau ständig verändert. Nach 90 Jahren Privatbesitz, in denen die historischen Gebäude überwiegend als Hotel und Gaststätte genutzt wurden, aber auch, den geschichtlichen Umständen entsprechend, als Gefangenenlager, Kino, Tanzschule, Parteizentrale, Kaserne, Besatzungs- und Flüchtlingslager und Discothek, kamen die völlig verfallenen Burgreste wieder in öffentliche Hände.

Der Landkreis Wesermünde und dann, als Nachfolger, der Landkreis Cuxhaven übernahmen als Besitzer die Renovierung, so daß 1981 Einweihung gefeiert werden konnte. Heute ist diese schöne Burganlage, die etwa nach dem Stand von 1620 wiederhergestellt worden ist, der Sitz der Archäologischen Denkmalspflege des Landkreises Cuxhaven und zu einem hoch interessanten Museum für das Kreisgebiet ausgestattet worden. Wir können Ihnen den Besuch nur dringend empfehlen. Aber nehmen Sie sich viel Zeit mit, denn hier gibt es viel zu sehen von den Anfängen der Besiedlung in dieser Region bis in die neuere Zeit. Allein die Dokumentation der Restaurierung und der Grabungen an der Burg von 1975—83 ist ausgesprochen spannend. Außerdem finden hier ständig wechselnde Ausstellungen statt. Dazu kommen Vorträge und musische Veranstaltungen.

Sollten Sie unserem Rat gefolgt sein und mit dem Ruderboot zum Schützensteg — in der Nähe ist der Schießstand des Schützenvereins — angelegt haben, so finden Sie wenige Schritte nach links am Waldesrand einen noch viel älteren Zeugen menschlichen Lebens und Streitens: den Ringwall der altsächsischen Holzurburg. Rechts vom Steg in Richtung Schießstand steht ein Gedenkstein an den Bremer Hauptmann Heinrich Böse, über den wir Ihnen schon im Sietland-Kapitel einiges erzählt haben. Wie Sie wissen, hatte sich der Hauptmann in Bederkesa einen Alterssitz geschaffen. Er hatte sich in dieses Fleckchen Erde so verliebt, daß er sogar Pläne, an den Bodensee zu ziehen, fallen ließ. In den Jahren von 1826 bis 1857 war Heinrich Böse der gesellschaftliche und wohl auch politische Mittelpunkt des kleinen Fleckens. Teile des Bösehofes, auf dem ständig Gäste und Freunde aus ganz Deutschland weilten, existieren noch in dem großen Hotel- und Restaurant-Komplex „Waldschlößchen" und lassen etwas von der Großzügigkeit des Landsitzes ahnen. Die Gastlichkeit hat hier bis auf den heutigen Tag eine Bedeutung behalten.

Hochzeitshain
1977

Und da wir gerade von früher und heute reden, möchten wir Ihnen noch von einem schönen und nützlichen alten Brauch erzählen, der 1977 in der Samtgemeinde Bederkesa wieder ins Leben gerufen worden ist. Nicht erst in neuerer Zeit, sondern schon seit Jahrtausenden treibt der Mensch mit der Natur einen gefährlichen Raubbau. So wurden, auch in unserer Region, riesige Waldgebiete abgeholzt; denn das Holz war der wichtigste Baustoff für Haus, Straße, Geräte und Schiffe und ein begehrtes Heizmaterial.

Im Dreißigjährigen Krieg, wie zu allen Not- und Kriegszeiten, nahm die Holzverwüstung besonders verheerende Ausmaße an. Daher wurde in einer „Holz- und Jagdverordnung Ihrer Königlichen Majestät zu Schweden in dero Hertzogthümer Bremen und Verden" aus dem Jahre 1692 befohlen, daß jeder Bräutigam vor der Hochzeit eine bestimmte Anzahl Eichen zu pflanzen hätte. Diese Verordnung hat man wieder aufgegriffen. Natürlich befiehlt man heute den Brautleuten nicht das Bäumepflanzen, sondern bietet ihnen die Pflege dieses Brauches an. Im Frühjahr und Herbst ist dann in allen Dörfern der Samtgemeinde große Pflanzaktion mit den Brautpaaren des letzten halben Jahres. Am Geeste-Elbe-Kanal bei Bederkesa ist in den vergangenen zehn Jahren schon ein richtiger Hochzeitshain entstanden. Ein wirklich nachahmenswerter Brauch.

Der alte Markt- und Amtsflecken Bederkesa hat sein ehemals ländliches Gepräge weitgehendst verloren und wird heute von Handel, Handwerk und Dienstleistungsgewerbe geprägt. In den letzten Jahren ist der Fremdenverkehr zu einer gewichtigen Erwerbsquelle geworden, denn Bederkesa ist anerkannter Erholungs- und Luftkurort. Sie sind hier also ein gern gesehener und umworbener Feriengast. Und im Jahr 1987 ist die alte Ritterstätte am See sogar als Moorheilbad anerkannt worden. Damit bekommt das Moor, zu dem ja auch der See gehört, eine zusätzliche Bedeutung. Schon 1930 hatte man sich um die Errichtung eines Moorbades bemüht. Aber die Wirtschaftskrise hat die Pläne damals wieder in Vergessenheit gebracht.

Das übrige Gebiet der Samtgemeinde, außerhalb des Fleckens, ist ausgesprochenes Bauernland mit herrlichen Waldstücken, weiten Weide- und Ackerflächen und schönen, gepflegten Bauerndörfern. Wir können uns nur wiederholen: ein Land zum Wandern, ein Land der Ruhe und Besinnlichkeit. Der südliche Bereich ist überwiegend typisches Geestland mit Flußniederungen an Wittgeeste und Geeste, die die südliche Gemeindegrenze

markiert. An der oberen Wittgeeste bei Hainmühlen finden Sie eine sehr schön renovierte romantische Wassermühle. Eine voll funktionsfähige Galerie-Holländerin steht in Lintig. Wie sie auch mitten in Bederkesa noch erhalten ist. Für Reiter ist die Samtgemeinde ein ideales Urlaubsparadies.
Ende Juli, Anfang August trifft sich die ländliche Reitsportelite auf den „Elmloher Reitertagen", um in den Spring- und Dressurprüfungen aller Klassen ihre Kräfte zu messen. Das Turnier in Elmlohe, das zu den größten im Landkreis zählt, zeichnet sich durch seine große Beteiligung — über 700 Nennungen — und ein hohes sportliches Niveau aus.
Im Westen der Samtgemeinde geraten wir schon in die spürbare Großstadtnähe von Bremerhaven, was aus dem ehemaligen Bauerndorf Drangstedt eine Pendler-Gemeinde gemacht hat. Drangstedt liegt ja auf dem schmalen Verbindungsstück des vorgeschichtlichen Heer- und Handelsweges von dem befestigten Handelsplatz „Heidenschanze" auf der Hohen Lieth nach Osten zwischen Hymenmoor und Geesteniederung hindurch zur Wingst und an die Oste und weiter an die Elbe.

Nördlich des Hymenmoores gelangen Sie dann auf die Flögelner Geestinsel. Und da sollten Sie unbedingt einmal hinfahren, radeln oder gehen. Hier befinden Sie sich auf einer klassischen Endmoräne der Eiszeit am Rande der vorgelagerten Moore mit der Seenplatte des Flögelner-, Halemer- und Dahlemer Sees. Der 210 ha große Flögelner See mit dem hübschen alten Dorf Flögeln aus dem 10./11. Jahrhundert am Südostufer ist ein ausgesprochener Feriensee mit Bademöglichkeiten und sehr versteckt liegender Wochenendhaus- und Campinganlage am Nordufer in der Nähe des Naturschutzgebietes Westerseiter Hochmoor. Die alte Motte der Flögelner Ritter aus dem 14. Jahrhundert, die vor dem Dorfe im Wasser steht, haben wir schon erwähnt.

Der sich westlich anschließende Halemer-Dahlemer See — der Dahlemer See gehört nur zur Hälfte zur Samtgemeinde Beverstedt — ist dagegen streng gehütetes Naturschutzgebiet. Der gut 200 ha große, langgestreckte, von urwüchsigem Moor umsäumte See lebt nämlich noch. Man hat festgestellt, daß er ganz langsam sich nach Osten fortbewegt. Und wie es im Elbe-Weser-Gebiet fast unvermeidlich ist, befinden Sie sich hier, südlich der Seen, wieder mal auf uraltem Siedlungsgebiet. Die sog. Flögelner Siedlungskammer gehört zu den wichtigsten und interessantesten archäologischen Fundstellen des norddeutschen Raumes.

Schon auf dem Wege von Fickmühlen nach Flögeln, vorbei an dem klotzigen Rittergut Valenbrook haben Sie die Gelegenheit, auf dem Vorgeschichtspfad im Flögelner Holz, ein 4000 Jahre altes Steingrab von innen zu besichtigen. Aber die aufregendsten Entdeckungen hat man auf der Geest-Halbinsel Flögeln-Eekhöltjen am Haselhörn südlich des Halemer Sees gemacht. Hier hat man die Spuren von Siedlungen der ersten seßhaften Bauern und Handwerker aus der Zeit um 3000 v. Chr. gefunden. Außerdem konnten die Forscher hier die Siedlungsentwicklung bis ins Mittelalter sehr genau verfolgen.

Dabei spielt die Ausgrabung des Dorfes Dahlem am Nordrande des Dahlemer Holzes eine wichtige Rolle, weil man hier ein Dorf in der unveränderten, nicht weiterentwickelten mittelalterlichen Struktur vor sich hatte. Die frühmittelalterliche Siedlung Dahlem ist wahrscheinlich um 700 n. Chr. angelegt worden. Nach der Gründung des Klosters Neuenwalde wurden alle Bewohner Dahlems dorthin umgesiedelt, und das alte Dorf fiel wüst, wie es so schön anschaulich in der Fachsprache heißt. Sie haben es hier mit einem klassischen Beispiel von „Bauernlegen“ zu tun.

4000jährige Geschichte hautnah

Wer sich für diese wirklich aufregende und spannende Geschichte unserer Urahnen, die Geschichte des gemeinen Menschen, nicht der Fürsten und Götter, interessiert, sollte sich unbedingt gründlich in der Burg Bederkesa umsehen. Wir dürfen und können in diesem schmalen Büchlein diese Themen nur kurz antippen, in der Hoffnung, Ihnen den Mund ein wenig wässrig gemacht zu haben. Durch das Bewußtsein einer Jahrtausende währenden Entwicklung kann das Erlebnis dieser abwechslungsreichen, reizvollen Landschaft der norddeutschen Tiefebene reicher und tiefer werden. Auch unsere Weiterreise durch den Landkreis wird auf uraltem Siedlungsgrund verlaufen; denn wir werden vornehmlich auf 100 000 Jahre altem Geestboden schreiten.

ⓘ Was es in Bederkesa gibt

Auskunft:

Samtgemeindeverwaltung Flecken Bederkesa
Rathaus
Am Markt 7 Tel. 0 47 45 / 7 91-0
2852 Bederkesa
Öffnungszeiten: Mo—Fr 8.30—12.00 Uhr
Do 14.00—18.00 Uhr

Verkehrsamt Bederkesa
Amtsstr. 8 Tel. 0 47 45 / 7 91-45
2852 Bederkesa
Öffnungszeiten: Mo—Fr 8.30—12.00 Uhr
15.00—18.00 Uhr
Sommerferien: Sa 10.00—12.00 Uhr

Bäder:

Hallen- u. Freibad Bederkesa
Am Kurpark Tel. 0 47 45 / 8 17
2852 Bederkesa

Camping:

Campingplatz „Flögeln am See"
Inh. C. Bensen
2852 Flögeln Tel. 0 47 45 / 2 01 oder 9 43

Camping-Freizeitpark Bederkesa
Ankeloher Str.
2852 Bederkesa
Platzverwaltung Fam. Elmers Tel. 0 47 45 / 64 87
Gold- u. Siblermedaille im Landes- bzw. Bundeswettbewerb

Fahrradverleih:

Camping-Freizeitpark Bederkesa Tel. 0 47 45 / 64 87

Fischerei:

Fischerei Flögeln
Spezialitäten aus sauberen Gewässern
Geräucherte Aale u. Forellen aus eigener Räucherei
Tretbootvermietung u. Angeln auf dem Flögelner See
Flögelner Str. 42 Tel. 0 47 45 / 5 20
2852 Flögeln

Gaststätten:

„Gasthof am See"
Inh. Claus Bensen
Flögelinger Str. 50 Tel. 0 47 45 / 9 43
2852 Flögeln
Mittagstisch, sonntags Tanz für die Jugend

Hotels und Gaststätten:

Hotel und Speisegaststätte „Kührstedter Dorfkrug"
Dorfstr. 38 Tel. 0 47 08 / 3 86
2852 Kührstedt
Mittwoch Ruhetag

Kinderspielplätze:

Bederkesa: Kurpark, Holzurburger Wald,
im Brunnenholz, am Schullandheim

Kunsthandwerk:

Töpferwerkstatt
R. Fleischhut/W. Heuser
Im Mattenburger Feld 2 Tel. 0 47 45 / 17 22
2852 Bederkesa

Museum:

Burg Bederkesa
Kreismuseum f. Natur- u. Kulturgeschichte
Öffnungszeiten:
Oktober—April 10.00—17.00 Uhr außer montags
Mai—September 10.00—18.00 Uhr außer montags
Gruppenführungen nach Vereinb. mit
Burggesellschaft Tel. 0 47 45 / 60 02
Burg Büro Tel. 0 47 45 / 2 95

Parkplätze:

Am See, hinter dem Rathaus, Sporthalle, hinter der
Volksbank, Camping-Freizeitpark

Polizei:

Polizeistation Bederkesa
Amtsstr. 9 Tel. 0 47 45 / 3 10
2852 Bederkesa

Postamt:

Mattenburger Str./Ecke Berghorn
2852 Bederkesa Tel. 0 47 45 / 2 36

Privatvermieter:

Angela Sengstaken
Flögelinger Str. 44 Tel. 0 47 45 / 68 53
2852 Flögeln

Sportmöglichkeiten:

Trimm-Dich-Pfad im Holzurburger Wald

Sehenswürdigkeiten:

Windmühlen in Bederkesa, Wassermühle in Hainmühlen/Ringstedt, Denkmal „Einkaufende Hausfrau", Bederkesa Burg Bederkesa
Denkmal „Roland von Bederkesa", Burghof Bederkesa
Vorgeschichtspfad, zwischen Fickmühlen u. Flögeln
Naturschutzgebiet Hahlemer/Dahlemer See

Für Sie angeschaut

Anzeigen

Gold- und Silbermedaille im Landes- bzw. Bundeswettbewerb

Camping-Freizeitpark Bederkesa

Wenn Sie von Bederkesa in Richtung Ankelohe fahren, sehen Sie rechter Hand den Camping-Freizeitpark.
Herr Elmers, der Verwalter, führte uns herum, und wir waren begeistert. Eingebettet in Grünanlagen, mit Spielwiese, Spielplatz, einer Grillanlage und modernen, behindertengerechten Sanitäranlagen ausgestattet, präsentierte sich uns dieser Platz. Hier hat man selbst an Mobilheimbesitzer gedacht, für die besonders große Plätze mit Vollversorgung zur Verfügung stehen. Ein Bonbon für Wassersportler ist die Lage — direkt am Geeste-Elbe-Kanal — und die Slipanlage für kleine Boote. Zuletzt nahmen wir bei Frau Elmers im Imbiß mit Verkaufskiosk noch eine Suppe zu uns und fanden: ein Platz, wie man ihn sich für einen gelungenen Camping-Urlaub nicht besser vorstellen kann!

Hotel „Kührstedter Dorfkrug“, Kührstedt

In den Kührstedter Dorfkrug kehrten wir nach langem Spaziergang mit knurrendem Magen ein. Christoph Döscher, Inhaber und Küchenchef, brachte uns mit seiner deftigen Kost aus eigener Schlachtung schnell wieder auf die Beine. Übernachten können Sie hier auch, und Clubräume für 10—200 Personen sind ebenso vorhanden.

⇦ NORD

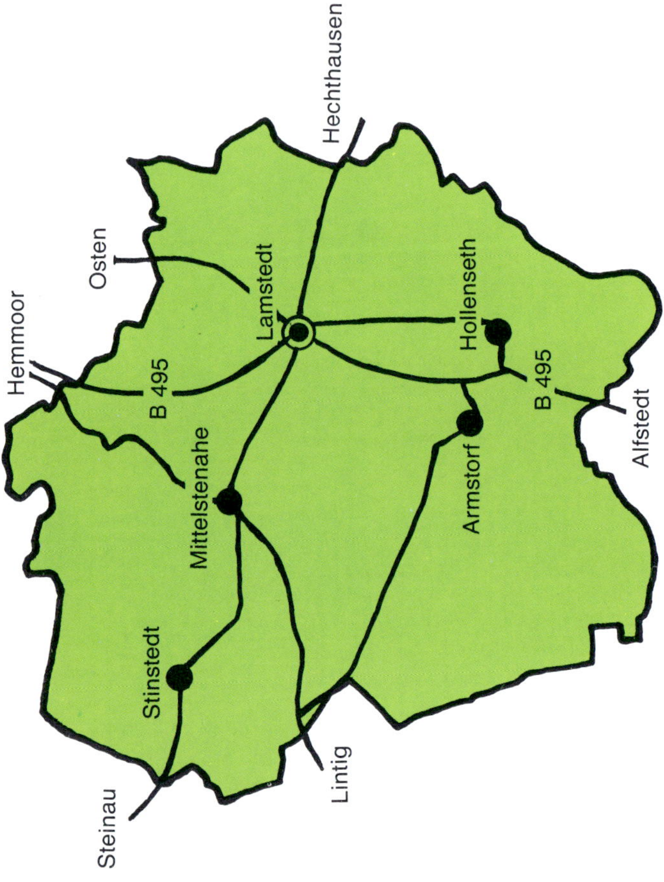

Samtgemeinde Börde Lamstedt

Samtgemeinde Börde Lamstedt

Nachdem wir auf unserem Streifzug durch das Cuxhavener Kreisgebiet eine ganze Weile durchs nasse Land von Marsch und Moor gestiefelt sind, um dann endlich bei Bederkesa aufs Trockene zu gelangen, müssen wir jetzt doch noch einmal unsere Gummistiefel anziehen. Die Westgrenze der Börde Lamstedt wird von einem schmalen Moorstreifen gesäumt, der sich von der Geestquelle im Süden zum Sietland im Norden hinzieht. Das Wasser dieses Moores nehmen die beiden Wasserläufe Mühe, zunächst Mooraue genannt, und Gösche mit ins Sietland hinunter zur Aue und Medem. Durch dieses Moor müssen wir hindurch, wenn wir von Bederkesa nach Lamstedt wollen.

Aber keine Angst! Sie müssen sich jetzt nicht die Hosenbeine hochkrempeln und über schwankende Knüppeldämme stolpern, wie einst unsere Vorfahren. Oder wie jener vornehme Herr, der sich einst mit seiner Familie auf der Reise durchs Moor in der Dunkelheit verirrte. In dem unwegsamen Gelände brach die Wagenachse, und sie mußten die Nacht im Freien verbringen. Mit knapper Not fanden sie hierfür ein trockenes Plätzchen und festen Grund unter den Füßen. Der reiche Mann flehte Gott um Hilfe an und gelobte ihm, zum Dank für die Errettung eine Kapelle zu stiften. Und Gott erhörte seine Bitte. Im Morgengrauen sahen die Verirrten in der Ferne das Dorf Stinstedt liegen, von wo sie Hilfe holen und den Wagen aus dem Moor ziehen konnten. Der Gerettete löste sein Versprechen ein und ließ an der Stelle mitten im Moor, an der sie die Schreckensnacht verbracht hatten, eine Kapelle errichten, die er dem heiligen Joost weihte.

Die St.-Joost-Kapelle ist heute spurlos verschwunden. Sie stand etwa auf halbem Wege zwischen der heutigen Siedlung St. Joost und Odisheim im Sietland, ca. 100 m links von der Straße im ,,Wilden Moor''. Wegen der umstrittenen Gemeindegrenze, die hier verläuft, erhoben auch die Odisheimer Anspruch auf die Kapelle und haben im 19. Jahrhundert ihre Kirche, für die Baumaterialien aus der abgerissenen Kapelle verwandt worden sein sollen, ebenfalls dem St. Joost geweiht. Noch in den dreißiger Jahren hat man Reste der Kirche und der dazugehörigen Gebäude ausgegraben, ebenso einen Knüppeldamm, der dorthin führte.

Die Geschichte von dem edlen Stifter ist natürlich eine Legende. Der Ursprung dieser ungewöhnlichen christlichen Kultstätte liegt im Dunkeln. Aber sie bestand aus Ziegelsteinen und Dachziegeln, so daß sie nicht vor dem 13. Jahrhundert errichtet worden sein kann. Es sei denn, vorher stand dort schon eine Holzkirche.

Man weiß, daß die Kapelle im 14./15. Jahrhundert ein bekannter Wallfahrtsort war, wohin die Menschen von weit her, z. B. aus Lübeck (!), pilgerten, um Heilung von ihren Gebrechen zu erfahren.
Joost galt als Schutzheiliger der Siechen und Kranken wie auch der Pilger. Er lebte um 650 in Nordfrankreich und stammte aus einem Fürstengeschlecht. Er hatte auf die Krone verzichtet und sich als Pilger in die Einsiedelei zurückgezogen, wo er etliche Wunder getan haben soll. Darum wurde er heilig gesprochen. In der St.-Joost-Kapelle stand die lebensgroße Figur des Heiligen, die seine Heilkraft ausstrahlen sollte. Sie war teilweise versilbert und mit kostbarem Schmuck, den Gaben der Heilungssuchenden, reich behängt. Offensichtlich haben hier viele Genesung gefunden, denn die Kirche war mit den Gaben der Wallfahrer außerordentlich reich ausgestattet. Das Haus des Priesters war ebenfalls geradezu städtisch wohlhabend eingerichtet. Neben Kapelle und Priesterhaus gab es noch Unterkünfte und Siechenhäuser für die Pilger sowie einen Friedhof. Anscheinend haben manche Kranke doch keine Heilung gefunden. Die Funde zeugen auch von einem schwungvollen Devotionalien-Handel, der hier, wie an solchen Orten üblich, stattgefunden haben muß.

Der Standort der Kapelle im unwegsamen Moor ist nicht ganz so verwunderlich, wie es scheint. Man hat hier nämlich auch Knüppeldämme gefunden, die eine Verkehrsverbindung zwischen Odisheim und Stinstedt herstellten. Dennoch erstaunlich ist, wie die Geschichte dieser doch wohl sehr bedeutenden Wallfahrtsstätte des Mittelalters aus dem Nichts auftaucht und wieder ins Nichts verschwindet. Hier muß sich der Protestantismus besonders gründlich ausgewirkt haben. Von dem Prunk und Reichtum der heiligen Oase im Moor ist lediglich noch ein Kelch erhalten, der von einem Dietrich Hoppenstede aus Hamburg gestiftet worden war und heute in der Lamstedter Kirche steht. Alles andere, ursprünglich auch der Hauptkirche übereignet, ist schon 30 Jahre später beim Amtsantritt des ersten lutherischen Pastors nicht mehr vorhanden gewesen.

Die St.-Joost-Kapelle wurde etwa um 1550, in den letzten Jahren der strengen Herrschaft des Erzbischofs Christoph, wegen Baufälligkeit abgerissen. Teile davon sollen für eine Kapelle in Stinstedt verwandt worden sein, wohin die Bauern am Johannistage dem Lamstedter Pastor ihre Pflichtabgaben brachten. Dann wurden hier ein Gottesdienst und ein Fest, das sog. Butterfest, gefeiert. Das Fest uferte schließlich dermaßen aus, daß der Pastor es um 1800 abschaffte. Der Bauer, auf dessen Hof die Kapelle stand, benutzte sie hinfort als Torfscheune. 1850 wurde auch dieser Zeuge der einstigen Wunderstätte im „Wilden Moor" abgerissen.

In der Gegend westlich von Stinstedt hat es aber im Mittelalter nicht nur Wunder, sondern auch allerlei Händel gegeben. Damals waren die Landesgrenzen noch nicht so exakt festgelegt wie heute. Gerade in einer so sumpfigen Grenzlandschaft wie hier zwischen der Börde Lamstedt und dem Land Hadeln (Sietland) war der Grenzverlauf ziemlich beliebig. Und so beanspruchten die Odisheimer und Stinstedter gleichermaßen dieses Terrain um den Stinstedter See, der früher einmal wesentlich größer gewesen sein muß als der heutige Tümpel. Beide Parteien stachen hier ihren Torf, weideten ihr Vieh und säten ihren Brandroggen. Dabei kam es oft zu recht handgreiflichen Auseinandersetzungen, und jeder versuchte des anderen Ernte und Arbeit zu zerstören. Erst 1822 wurde dieser jahrhundertelange Streit durch die endgültige Grenzfestlegung beendet. Heute macht diese saftig grüne Landschaft um den Stinstedter See einen ausgesprochen friedlichen Eindruck.

Wenn Sie eine schwache Ahnung von der Wildheit und Unwirtlichkeit des Moores bekommen wollen, dann müssen Sie von Stinstedt 3 km südwärts nach Moorausmoor gehen und sich von dort aus über unbefahrbare Wege entlang der Mooraue weiter ins Lange Moor schlagen. Eine fantastische Naturlandschaft, die dankenswerterweise unter Naturschutz steht und für die die Empfehlung von Gummistiefeln durchaus ernst zu nehmen ist. Wie gesagt: Es kann nur eine Andeutung dessen sein, wie es früher einmal war; denn auch hier ist natürlich kolonisiert worden.

Moorausmoor gehört zu den klassischen Findorfschen Moorkolonien aus der Zeit der planmäßigen Kolonisation im 18./19. Jahrhundert. Das Dorf wurde schon 1780 angelegt, weil die Mooraue den Torfabbau und Transport sehr begünstigte. Auch heute ist Moorausmoor noch ein typisches niederdeutsches Dorf mit sehr schönen Fachwerkhäusern und Bauernhöfen. Leider wird es von der breiten Bundesstraße 495 gleichsam in zwei Teile zersägt.

Der Charakter einer Moorkolonie hat sich in Langenmoor noch stärker erhalten, das am südlichen Ende des Langen Moores liegt. Scheinbar beliebig aneinandergereihte Höfe, ohne eine erkennbar systematische Anlage, entlang einer schmalen Straße. Hier sollen zunächst ab etwa 1835 einige Leute wild gesiedelt haben, die ein hartes und entbehrungsreiches Leben in der totalen Abgeschiedenheit fristeten. Heute führt hier, wie gesagt, eine feste Straße von Armstorf und Dornsode hin. Aber Achtung! Für Autos endet die Straße am Rande des Moores. Ab hier gibt es als Alternative zu Ihren Füßen höchstens noch, mit Einschränkung, das Fahrrad. Und das ist gut so. Gehen Sie einmal nach einem Regen bei Sonnenschein durch das Moor und atmen Sie den erdigen Geruch tief ein und genießen Sie mit Auge und Fantasie die wilde Schönheit dieser sich ständig verändernden Urlandschaft.

Auf ein kleines romantisches Winkelchen an dieser Siedlung dürfen wir Sie wahrscheinlich gar nicht hinweisen, weil da überall solche Schilder mit ,,Privatbesitz“ und ,,Betreten verboten“ stehen. Aber schließlich ist der Bullensee auch auf den Landkarten verzeichnet, und wir wollen es auch Ihrer Findigkeit überlassen, ihn aufzuspüren. Wahrlich ein Fleckchen Erde zum Träumen. Und deshalb müssen wohl auch diese Schilder dort stehen, sonst wäre es bald mit der Träumerei vorbei.

So, und jetzt raus aus dem Moor und die Stiefel ausgezogen. Ab nun werden wir eine ganze Weile festen, trockenen Boden unter den Füßen haben: die gute, 200 000 Jahre alte Geest, dieses

sanfte, wellige Gebilde der Eiszeiten. Aber wir wollen in der Gegenwart auf diesen historischen Pfaden wandeln.

Anhand einiger Reste von Bohlenwegen und zahlreicher Funde von Waffen, Geräten und Gräbern läßt sich ein alter, wahrscheinlich schon aus vorchristlicher Bronzezeit stammender Handels- und Heeresweg rekonstruieren. Er gelangte von Großenhain über eine schmale Stelle des Moores im Südwesten in die Börde Lamstedt. Wir stehen, von Langenmoor kommend, am Ausgang des Dorfes, bereits auf der prähistorischen Straße. Die Spuren führen dann bei Dornsode in einem Schwenk nach Norden Richtung Armstorf, westlich an Lamstedt vorbei, über den Westerberg, dann wieder über Bohlenwege an der schmalsten Stelle durch das Westersoder Moor in die Wingst bis nach Cadenberge, wo die Reisenden offensichtlich die Oste überquert haben.

Entlang dieser Route sind Schwerter, Bronzefibeln, Urnen und Tongefäße, Streitäxte, Stein- und Hügelgräber aus den verschiedensten Siedlungsepochen gefunden worden, wobei man in Nähe der Grabstätten auch ehemals Siedlungen vermuten darf. Die Grabhügel und Steingräber treffen Sie gelegentlich heute noch an, aber all die interessanten Funde liegen sorgfältig registriert und katalogisiert in den Museen. So z. B. in dem reich bestückten Heimatmuseum in Lamstedt, wo Sie neben diesen prähistorischen Stücken ein anschauliches Bild der bäuerlichen Kulturgeschichte der Börde bis in die Neuzeit erhalten. Aber in Lamstedt sind wir eigentlich noch gar nicht angekommen.

Der südliche Teil der Börde ist von ganz besonderem Reiz. In der welligen Endmoränen-Landschaft, die von weiten Acker- und Weideflächen und herrlichen Laub- und Nadelwäldern überzogen ist, liegen die kleinen, noch überwiegend bäuerlich strukturierten Bauerndörfer eingebettet, wie Dornsode, Langeln, Abbenseth oder Hollen. Diese Gegend scheint noch unberührt vom Lärm und Getriebe der großen Straßen. Hierher, in die Nähe von Dornsode in direkter Nachbarschaft einiger Hügelgräber, haben sich auch die Segelflieger zurückgezogen, um ihrem stillen, faszinierenden Sport zu frönen, der eine hohe Sensibilität für die Natur erfordert.

Die Bewohner einer benachbarten Wochenendkolonie fühlen sich von den Fliegern dennoch erheblich gestört. Wo Menschen sich, zumal mittels ihrer Autos, versammeln, ist eine gewisse Unruhe natürlich unvermeidlich. Dieser Streit nimmt teilweise mittelalterliche Formen an, wie seinerzeit um den Stinstedter See. Bleibt immerhin zu bemerken, daß der Kampf gegen den

Endlose Weite

wesentlich lärmgefährdenderen militärischen Tiefflug, von dem die sog. dünnbesiedelten Landgebiete heimgesucht werden, wenn überhaupt, bei weitem nicht so militant geführt wird.
Sie ahnen vielleicht nicht, wieviel offene Weite sich auch in Geest und Moor ausbreiten kann. Von Armstorf führt die schnurgerade Horner Straße vorbei an der „Hohen Frau" durch das Armstorfer Moor nach Moorausmoor. Zu beiden Seiten dehnt sich sechs Kilometer lang eine endlose Ebene aus, kaum ein Baum oder Haus. Da beschleichen einen leichte Einsamkeitsgefühle. Aber, wie gesagt, das ist nur ein Gefühl. Der Besucher aus der Enge und dem Gewimmel der Großstädte macht hier die beruhigende Erfahrung, daß es noch viel Platz in unserem schönen Lande gibt.
Noch ein Wort zu den Höhenverhältnissen. Wir haben in den früheren Kapiteln oft von dem Geestrücken und Berg „Hohe Lieth" in der Wurster Heide gesprochen. Die höchste Erhebung mißt dort knapp 30 m über NN. Die durchschnittliche Höhe um Lamstedt liegt etwa zwischen 10 und 15 Meter. Die Berge, oder besser

Hügel, erreichen Höhen von 40 m (Hohe Frau), 56 m (Dolosen-Berg und Bullen-Berg) und als Spitze 65,5 m (Georgen-Höhe). Wir befinden uns hier also schon so richtig im Binnenland, allerdings umgeben von Mooren und der ausgedehnten Ostemarsch. Ein Schritt vom Wege ab, und wir stehen wieder im Nassen.

Auf dem Bullenberg bei Nindorf hat sich leider eine Raketen-Basis eingenistet. Zwischen Lamstedt und Nindorf hat es allerdings schon immer etwas nach Tod gerochen; denn hier wurde in alten Zeiten der Galgen errichtet, wenn ein Spitzbube sein Leben verwirkt hatte. Wie Funde und Hügelgräber vermuten lassen, muß es bei Armstorf eine Abzweigung der prähistorischen Straße durchs Nindorfer Moor in Richtung Hemmoor gegeben haben. Südöstlich von Lamstedt treffen wir bei Hollen und Nindorf auch auf zwei alte Wassermühlen.

Auch zur sozialen Geschichte wollen wir ein paar Stichworte geben. Hier hat es die freie Selbstherrlichkeit der Marschen nicht gegeben. Die Bauern saßen auf Meierhöfen und hatten hohe Abgaben zu zahlen. Die Abhängigkeit ging bis tief in ihre privaten Entscheidungen hinein. Oberster Landesherr war im Mittelalter der Erzbischof von Bremen und Verden, der sich überwiegend in Bremervörde, dem für die Börde zuständigen Verwaltungszentrum, aufhielt. Nach der Schreckensherrschaft der Schweden kam, unterbrochen von 9 Jahren Franzosenjoch, der König von Hannover, der sich 1866 nach verlorenem Krieg den Preußen unterwerfen mußte. Aber in all den Jahrhunderten bis zur Mitte des 19. Jahrhunderts waren die eigentlichen Herren die Grafen und Ritter, wie die Marschalcken in Hechthausen, die Broberger in Basbeck und die Bremer in Oberndorf.

Wir möchten Sie nicht wieder mit Geschichte plagen. Aber Sie sollten wissen, daß die Geestbewohner ein wesentlich mühseligeres und entbehrungsreicheres Leben geführt haben als die Menschen auf der fetten Marsch. Viele Frauen und Männer haben sich in den Sommermonaten als Mägde und Knechte auf der Marsch und bis nach Holland verdungen. Im 19. Jahrhundert gab es eine große Auswanderungswelle nach Amerika und in die Großstädte. Bis zu 50 % der Bewohner haben ihre Dörfer verlassen. Das harte Leben hat die Menschen bescheidener gemacht und näher zusammenrücken lassen. Auf der Geest gab es nicht den krassen Standesunterschied wie in der Marsch. Bauer und Knecht schmeckte die Suppe am selben Tisch.

Erst die Landaufteilung und Verkoppelung der Äcker und Weiden Anfang des 19. Jahrhunderts und die Entmachtung der Grafen und Ritter nach 1848 machte eine Verbesserung der Lebensbedingungen möglich. Aber die Jahrhunderte hindurch unterdrückten Bauern brauchten eine ganze Weile, um sich an die Freiheit und Selbständigkeit zu gewöhnen und sie zu ihrem Vorteil zu nutzen. Der endgültige Aufschwung erfolgte erst durch die Einführung des Kunstdüngers Ende des Jahrhunderts, der den mageren Geestböden höhere Erträge bescherte. Der wirtschaftliche Aufstieg der Geest lockte der Marsch mit ihren unfreundlicheren Arbeitsbedingungen die Arbeitskräfte weg. Auch auf dem Markt wurde die Geest zum scharfen Konkurrenten, so daß der Marschbauer doch um einiges zurückstecken mußte.

Die Samtgemeinde Börde Lamstedt ist ein alter Verwaltungsbezirk, der aber früher wesentlich größer war und bis an die Oste reichte. Der Begriff Börde kommt von dem Wort „bören" = tragen, d. h.: die Börde ist der Bezirk, in dem die Menschen die Lasten, womit hauptsächlich die Steuerlasten gemeint waren, gemeinsam tragen. Dieses gemeinsame Lastentragen beschränkte den Bezirk auch auf eine bestimmte Größe, um diese Gemeinschaft auch ohne die heutigen technischen Kommunika-

St. Bartholomäus

tionsmittel praktizieren zu können. Schon auf der Landkarte ist Lamstedt unschwer als Zentrum der Börde zu erkennen. Alle Wege der Börde führen, sozusagen, nach Lamstedt. Schon immer auch kaufmännisch und gewerblich ausgerichtet, hat Lamstedt heute den Charakter eines Fleckens mit bäuerlichem Einschlag.

Zwei Gebäude heben sich besonders heraus. In der Mitte des Dorfes thront auf einer Wurt die stattliche St.-Bartholomäus-Kirche. Als einzige Kirche der Börde, mit der zeitweiligen Ausnahme der Wallfahrtskapelle St. Joost, war sie seit eh und je kirchliches Zentrum der Region. Auf der Geest hat nicht jedes größere Dorf seinen eigenen Bauerndom. Es wird vermutet, daß in Lamstedt eine der ersten Holzkapellen im östlichen Weser-Elbe-Dreieck gleich nach der Christianisierung gestanden hat. 1115 wird die „parochia lamestede" erstmals erwähnt. Der heutige Feldsteinbau mit hohen Rundbogenfenstern wurde in zwei Abschnitten 1727 und 1768 errichtet, nachdem das alte Gebäude endgültig baufällig war. Der auffällige Backsteinturm — nicht schön, aber selten — mit dem ungewöhnlichen Kuppelhelm wurde erst im 18. Jahrhundert erbaut und erhielt nach einem Brand 1820 seine jetzige Form. Auch das Tonnengewölbe und der Altar im Innern stammen aus der Mitte des 18. Jahrhunderts.

Erst im Jahre 1567 hält die lutherische Lehre auf Betreiben des Grafen von Brobergen aus Basbeck auch auf der alten Lamstedter Kirchenwurt Einzug, immerhin 40 Jahre später als z. B. im 25 km entfernten Otterndorf. Auch dieses ein Ausdruck der Beengtheit auf der Geest. Die reichen Marschbauern waren weltoffener und Neuerungen gegenüber aufgeschlossener. Doch noch ein anderer Grund soll die Reformation hinausgezögert haben. Der letzte katholische Erzbischof von Bremen-Verden, Christoph, war ein strenger, ehrgeiziger Kirchenfürst, der seine Residenz im benachbarten Bremervörde hatte. Aber beim Vogt in Lamstedt hatte er eine Geliebte einquartiert, die er regelmäßig besuchte. Darum haben die Lamstedter wohl lieber den Tod des Bischofs im Jahre 1558 abgewartet.

Das zweite hervorragende Gebäude in Lamstedt ist ein hübsches renoviertes Fachwerkhaus mit Ziehbrunnen davor an der Straße nach Bederkesa. Wir meinen das Heimatmuseum, das wir weiter oben schon erwähnt haben. Bevor wir Ihnen all die vielen Dinge aufzählen, die es hier zu besichtigen gibt, sollten Sie lieber selbst einmal hineingehen. Verabreden Sie mit dem Heimatpfleger und

Museumsbetreuer Karl-Heinz Meyer eine Führung, dann werden Sie ein paar hochinteressante Stunden verleben.
Aber Herr Meyer leitet noch eine andere gut sechzigjährige „Institution" der Börde: Die „Lamstedter Trachtengruppe". Ende der zwanziger Jahre von dem bedeutenden Heimatforscher Willy Klenck ins Leben gerufen, pflegt diese Gruppe die sonst ausgestorbene Tradition der alten Lamstedter Trachten und niederdeutschen Volkstänze. Es ist ein wahres Vergnügen, diese bunte Schar bei ihren fröhlichen Aufführungen mitzuerleben. Die Lamstedter Frauentrachten wurden schon vor mindestens 200 Jahren getragen und kannten entsprechend den Anlässen acht verschiedene Variationsformen. Die Männertracht ist eine allgemeine Sonntagskleidung ohne eine spezielle Lamstedter Ausprägung.
Wenigstens mit einem kurzen Hinweis auf ein anderes, recht ungewöhnliches Museum wollen wir uns von Lamstedt verab-

schieden. Im ehemaligen Schulgebäude an der Basbecker Straße befindet sich das ,,Museum für alte Tasteninstrumente", das einer Cembalo-Werkstatt angeschlossen ist. Wunderschöne und wertvolle alte Cembalos, Spinette und Flügel sind hier zu besichtigen. In der Werkstatt ist das zur Zeit größte Cembalo der Welt mit drei Manualen gebaut worden. Sein feiner, aber kraftvoller Klang streift schon fast den Bereich der Orgel, wovon Sie sich durch eine Schallplatte mit den Goldberg-Variationen von Bach überzeugen können.

Mit dem Auto erreichen Sie die Wingst auf geradem Wege am Westrand des Westerberges entlang. Dabei werden Sie immer wieder von Parkplatzschildern zum Aussteigen animiert, um einen Spaziergang durch dieses herrliche Waldgebiet zu machen, das vollgespickt mit Hügelgräbern ist. Etwa auf halber Strecke, wo die Informationstafel steht, sollten Sie wirklich mal den Fuß vom Gaspedal nehmen und das Auto beiseitestellen. Links der Straße finden Sie den sog. Steingarten, eine imponierende Sammlung von gewaltigen Findlingen. Während Ihre Kinder sich auf dem Waldspielplatz tummeln, können Sie sich auf dem Waldlehrpfad informieren, welche Bäume Ihnen den wohltuenden Schatten spenden. Rechts der Straße, ungefähr 300 m in den Wald hinein, steht das Hünengrab ,,Steinofen". Da steht man davor und fragt sich, wie die ollen Germanen vor Tausenden von Jahren diese riesigen Brocken so exakt aufgebaut haben.

Wenn Sie zu Fuß oder mit dem Fahrrad unterwegs sind, sollten Sie einen Umweg von Lamstedt zur Wingst nehmen. Sie gehen ein Stückchen die B 495, dann links Richtung Rahden an den riesigen Sandgruben der Leca Sand- und Mörtelwerke vorbei. Rahden liegt am Fuße der Georgenhöhe, die ihren Namen aus einem historischen Anlaß bekommen hat. 1862 war König Georg V. von Hannover beim Grafen Bremer an der Oste zu Gast, der ihn durch seine Besitzungen in der Ostemarsch und Wingst kutschierte. Zu Ehren des Königs gab er der höchsten Erhebung im Westerberg, der auch zu seinem Besitz zählte, den Namen seines Gastes.

Auf dem Kapellenberg in Rahden bei Hackemühlen existierte im Mittelalter für kurze Zeit ein kleines Zisterzienserkloster. Es kann frühestens im 12. Jahrhundert, vermutlich als adlige Stiftung, gegründet worden sein und ist schon 1255 nach Himmelpforten verlegt worden. Als man damals die beiden letzten dort noch wohnenden Nonnen zum Umzug nach ,,porta coeli" zwingen wollte, baten diese, noch die Aussaat, die sie im Frühjahr in die Erde gebracht hatten, ernten zu dürfen, bevor sie den vertrauten

Ort verlassen müßten. Die Bitte wurde ihnen gewährt. Die frommen Damen hatten aber Eicheln gesät, so daß sie bis zu ihrem Tode bleiben konnten, ehe die jungen Bäume die ersten Eicheln trugen. So ist der Wald auf dem Westerberg entstanden.
Als geübter Reiter und Pferdenarr entschließen Sie sich vielleicht, eine Weile auf dem Reiterhof in Rahden zu bleiben, um das schöne Gelände auf dem Rücken eines Pferdes zu genießen. Wenn Sie jedoch weitergehen, sollten Sie sich oberhalb von Rahden nach links wenden und bei den Hügelgräbern am Besenbecker Berg in den Wald des Westerbergs tauchen. Sie kommen dann am ,,Steinofen" vorbei wieder auf die Straße in die Wingst. Und wenn ihre Füße es zulassen, überqueren Sie diese Straße und wandern oder radeln über Nordahn oder Varrel durch Äcker und Weiden zum Balksee. Damit haben Sie die nördliche Gemeindegrenze der Börde Lamstedt erreicht.
Östlich des Sees markiert der Remperbach die Grenze. Er mündet in einem Bogen in den Balksee. In diesem Bogen stand einst die Remperburg. Die Weide bildet dort noch einen flachen Buckel, die ,,Huswurt". 1286 hat der Erzbischof Giselbert die Burg zum Schutze seiner landesherrlichen Gewalt gegen die Hadler und Kehdinger errichten lassen und den Rittern Erp von Luneberg und Augustin von Oste überlassen. Die Burg ist mit Sicherheit schon vor 1500 wieder zerstört gewesen. Die Sage berichtet, daß die Hadler durch eine List in die Burg eingedrungen seien und den dort residierenden Raubrittern den Garaus gemacht haben sollen. Noch vor Jahren hat man hier Steinbrocken und Balkenreste in der Erde gefunden.
Sie aber sollten sich jetzt nicht mit alten Brocken belasten, sondern unbeschwert in die Samtgemeinde am Dobrock einwandern, wo Sie das schöne Bade- und Naturschutzgebiet des Balksees erwartet.

ⓘ Was es in Börde Lamstedt gibt

Samtgemeindebüro:

Samtgemeinde Börde Lamstedt
Schützenstr. 20 — Tel. 0 47 73 / 9 10
2172 Lamstedt
Montag—Freitag 8.00—12.00 Uhr
u. Donnerstag 14.00—18.00 Uhr

Bäder:

Börde Lamstedt
Schützenstr. — Tel. 0 47 73 / 91—37

Hotels/Gaststätten:

Hinck's Gasthof
Inh. Marlies Holst
Große Str. 26 — Tel. 0 47 73 / 2 35
2172 Lamstedt

Museen:

Börde-Museum mit bäuerlichem Kulturgut
Öffnungszeiten nach Vereinbarung — Tel. 0 47 73 / 2 46
Museum für historische Tasteninstrumente
Öffnungszeiten nach Vereinbarung — Tel. 0 47 73 / 79 22

Polizei:

Gartenstr. 4, 2172 Lamstedt — Tel. 0 47 73 / 3 10

Postamt:

Basbecker Str. 1, 2172 Lamstedt — Tel. 0 47 73 / 2 50
Armstorf — Tel. 0 47 73 / 2 53
Hollnseth — Tel. 0 47 73 / 2 54
Mittelstenahe — Tel. 0 47 73 / 2 62

Sehenswürdigkeiten:

Steingrab (Steinofen), Kirche Lamstedt

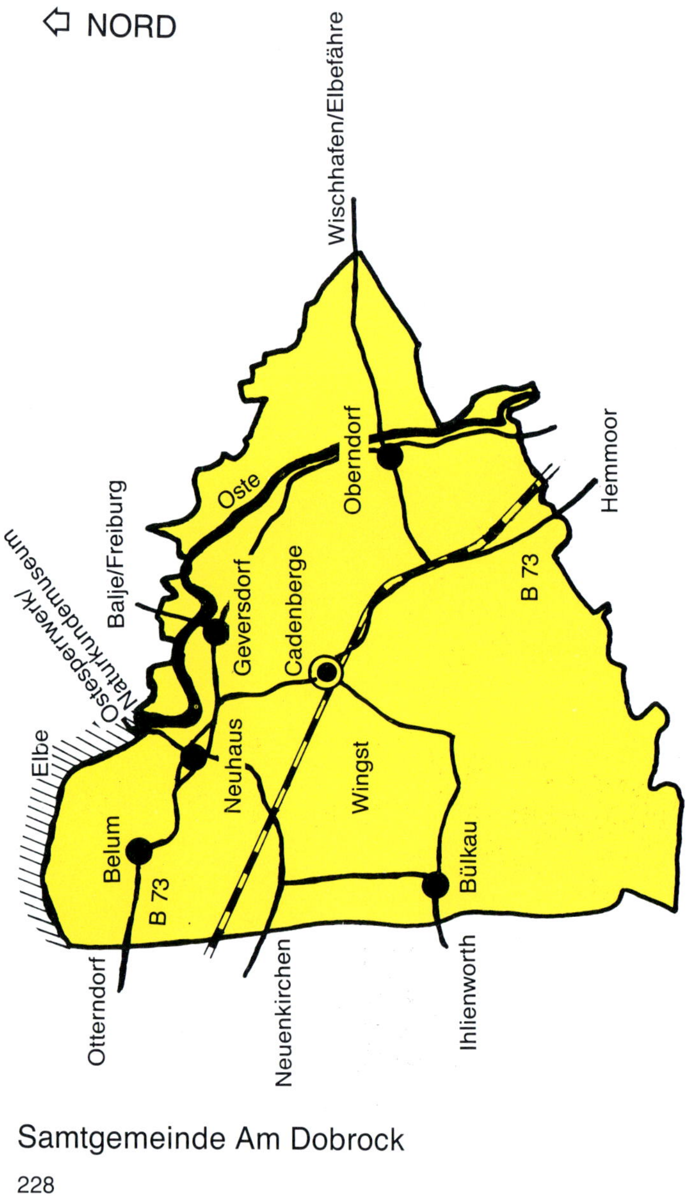

Samtgemeinde Am Dobrock

Samtgemeinde Am Dobrock

Wir haben die trockenen Höhen des Westerberger Forstes verlassen und sind über die feuchten Moorniederungen in die Samtgemeinde Am Dobrock eingedrungen. Hier am Balksee befinden wir uns im urwüchsigsten Winkel der Gemeinde. Mit seinen 170 ha ist der Balksee annähernd so groß wie der Bederkesaer See. Als typischer Moorstausee gehört er zu den rastlosen Wanderern: Im Südwesten verschilft das Ufer langsam aber stetig Richtung Nordosten. Und dort, am gegenüberliegenden Ende wiederum nagt das unruhige, vom Wind bewegte Wasser ständig Bröckchen vom moorigen Ufer ab. So verhindert der Wind das allmähliche Zuwachsen und Verlanden des Sees, der einschließlich der Randgebiete des Seemoores unter Naturschutz steht.
Der Balksee wird von den ablaufenden Wassern aus Wingst, Westerberg und Stinstedter Geest und den dazwischenliegenden Mooren gespeist. Die Aue und der Neuhaus-Bülkauer Kanal transportieren die Überschüsse bis nach Neuhaus hinunter in die Oste. Bei den Ausläufen am Nordufer, wo es etwas trockener ist, konnte denn auch eine kleine, lauschige Badestelle mit Ruder- und Tretbootverleih eingerichtet werden. Die Boote bieten den Anglern unter Ihnen Gelegenheit, auf dem stillen, verträumten See ihrem beschaulichen Hobby nachzugehen (Angelschein vorher besorgen!). Aal, Quappe, Barsch, Weißfisch und Zander könnten der Lohn Ihrer Geduld werden.
Dabei möchten wir einmal ganz allgemein darauf hinweisen, daß das Kreisgebiet mit seinen vielen Seen, Bächen, Kanälen und Gräben geradezu ein Paradies für Sportangler ist. Selbst die größeren Flüsse, wie Medem, Geeste und auch die Oste, sind erstaunlich gering belastet und weisen einen großen, gesunden Fischbestand auf. Dazu kommt das Hochseeangeln, zu dem Sie von Cuxhaven aus in See stechen können.
Wir wollen unseren Weg durch die Gemeinde in Richtung Norden zwischen dem Neuhaus-Bülkau-Kanal und dem Hadelner Kanal, der gleichzeitig die Gemeindegrenze markiert, beginnen, über Oppeln, Bülkau bis Kehdingbruch kommen wir durch eine Landschaft, die in ihrer Art noch zum Sietland gehört, mit den typischen Straßendörfern und der flachen, weiten, freien Wiesenlandschaft, durchzogen von zahllosen Kanälen und Gräben. So haben die Bewohner dieses Marschenstreifens rechts der Medem und Gösche im Mittelalter viel Streit und kriegerische Auseinandersetzungen mit ihren Landesherren geführt. Sie hätten gern zum Land Hadeln gehört, schon wegen der außerordent-

lichen Freiheiten, die der Herzog von Sachsen-Lauenburg seinen Untertanen gewährte. Aber rechtlich gehörten die Kirchspiele Oppeln, Bülkau und Belum-Kehdingbruch zum Erzbistum Bremen/Verden. Erst 1516 gelang es dem strengen und machthungrigen Bischof Christoph, den wir schon erwähnten, die aufsässigen Marschbauern endgültig zu unterwerfen.
Die Gegend um Oppeln und Bülkau-Süderende hat früher schwer unter der Wassernot gelitten, wie das übrige Sietland. Bei den Bemühungen, die Wasserfluten, die sich bei Tauwetter und Regenzeiten von der Wingst und aus dem Balksee über das Land ergossen, schneller in die großen Flüsse Elbe und Oste zu leiten, zeigt sich wieder der uralte Gegensatz zwischen den Menschen „da oben" auf der Hochland-Marsch und „den da unten" im Sietland. Die reichen Hochland-Bauern waren kaum bereit, sich an den Mühen und Kosten für die Instandhaltung und den Neubau von Gräben, Kanälen, Schleusen und Pumpwerken zu beteiligen, die für die wesentlich ärmeren Sietländer überlebenswichtig waren. Die Streitigkeiten drohten manchesmal in Schlägereien auszuarten.

Gut 80 Jahre hat es von der Planung bis zum Bau des Neuhaus-Bülkauer-Kanals gedauert, der im April 1854 seiner Bestimmung übergeben wurde. Etwa gleichzeitig mit dem Hadelner Kanal, um den es die gleichen Schwierigkeiten gegeben hatte. Ebenso hat man auch hier an der Oste das Wasserproblem erst durch die Schöpfwerke einigermaßen in den Griff bekommen, die in den zwanziger und dreißiger Jahren dieses Jahrhunderts gebaut wurden.

Oppeln war mindestens seit dem 14. Jahrhundert ein selbständiges Kirchspiel. Die heutige Backsteinkirche wude 1738 erbaut, nachdem der alte Bau abgebrannt war. Der typische freistehende hölzerne Glockenturm mit der schlanken Spitze stammt von 1721. 1784 soll er durch einen Sturm 15 cm näher an die Kirche herangerückt worden sein! Schon seit 1926 ist die Pfarrstelle nicht mehr besetzt.

Auch die Bülkauer Kirche hat den typischen Holzturm, der aber schon um einiges älter sein dürfte. Das Kirchenschiff erhielt seine heutige Gestalt nach einem Umbau im Jahre 1701, bei dem das meiste des kostbaren Inventars verlorengegangen ist. Nur die kleinste Glocke von 1404, die älteste des Niederelbegebietes, ist noch erhalten und läßt das wahre Alter des Gotteshauses ahnen. Obwohl die Kirche von Kehdingbruch auch aus der Mitte des 18. Jahrhunderts stammt, entspricht sie in ihrer Form eigentlich mehr der eines Saalbaues und bekommt erst durch den Hölzernen Glockenturm ihren kirchlichen Charakter. Diesen klassizistischen Baustil finden wir z. B. auch in Steinau und, leider in häßlicher Neubauart, in Odisheim. Die St.-Jürgen-Kirche in Kehdingbruch, heute von Neuhaus aus versorgt, gehörte früher, über die politische Gemeindegrenze hinweg, zur Pfarre in Osterbruch. Auch geografisch gehen die Orte nahtlos ineinander über, zumal sie von einem gemeinsamen Notwall umgeben sind, der wahrscheinlich schon vor dem großen Elbdeich im 11. Jahrhundert entstanden ist.

Wir wollen in der Samtgemeinde Am Dobrock bleiben und machen deshalb bei der Kirche einen Schwenk nach rechts Richtung Neuhaus. Nach etwa 2 km überqueren wird die Aue und, beim Bahnhof Neuhaus, die Bahnstrecke Hamburg— Cuxhaven. Durch den Bau dieser Eisenbahnverbindung im Jahre 1881 haben die Oste und, im Binnenverkehr, auch die Elbe sehr schnell ihre über tausend Jahre währende hervorragende Bedeutung als Verkehrswege verloren. Schon der Bau der heutigen Bundesstraße 73 von Hamburg nach Cuxhaven in der Zeit von 1843—1847

hatte den Überlandverkehr wesentlich erleichtert. Aber erst das Automobil verschaffte den Straßen ihre Vorrangstellung.

Vom Bahnhof sind es noch gut 2 km bis zum alten Flecken Neuhaus an der Oste, dem man seine einstmalige Bedeutung kaum noch ansieht. Immerhin war es seit 1885 der Verwaltungssitz des Kreises Neuhaus, der von 1867 bis 1932 existierte und etwa das Gebiet der heutigen Samtgemeinden Am Dobrock, Hemmoor und Börde Lamstedt umfaßte. Angefangen hat es wohl mit einer Schlickburg an der Auemündung, die die Erzbischöfe zum Schutz gegen die aufmüpfigen Hadler und Kehdinger errichtet hatten, die dann wohl auch prompt dieses bedrohliche Bauwerk wieder zerstörten. Genauere Daten für diese Burg sind nicht überliefert. Aber man hat später dort noch Steinbrocken und Mauerreste gefunden. Jedenfalls waren die Burgen hier in Norddeutschland nicht solche hochaufragenden Felsenfestungen wie in Süddeutschland, sondern eher durch Wälle und Gräben gesicherte Wohn- und Fluchtstätten.

Bereits 1404 wurde dort, wo heute der schöne Bürgerpark an der Aue liegt, eine neue Burg gebaut, die „dat Nygehus" hieß und dem Flecken seinen Namen gab. Sie konnte sich nur eines kurzen Daseins erfreuen, denn schon 1420 schlugen die freien Marschenbauern wieder zu. Sie wollten dieses Bollwerk geistlicher Macht nicht an ihrer Grenze dulden. Nun baute das Erzbistum ein „Schloß", das dann auch lange Zeit als Verwaltungssitz erzbischöflicher Herrlichkeit diente. Hier residierte ein Vogt über das Amt Neuhaus, das etwa dem Gebiet der heutigen Samtgemeinde Am Dobrock entsprach. Die Grenzen haben also, mit gewissen Abweichungen, schon Tradition.

Nach dem Ende des Dreißigjährigen Krieges, der auch hier böse gewütet hatte, schenkte die schwedische Königin Christine ihrem Feldherrn Graf Königsmarck 1648 das Amt Neuhaus, wo er bis 1680 Hausherr blieb. Dies ist die eigentliche Geburtsstunde des Fleckens Neuhaus. Die Verwaltungsaufgaben wurden einem Oberamtmann übertragen. Ein Amtmann Pape hat sich in dieser Zeit als besonders brutaler Schinder seiner Untertanen einen Namen gemacht. Unter der Hannoverschen Ägide blieb das Verwaltungssystem erhalten. Nur während der Franzosenzeit wurde alles nach französischem Vorbild umgemodelt. Erst in der Mitte des 19. Jahrhunderts erfolgt eine einschneidende Verwaltungsreform, die schließlich zur Bildung des Kreises Neuhaus führte.

Im 19. Jahrhundert hat es in Neuhaus einige beachtliche Industriebetriebe gegeben, wie eine Zuckerfabrik, eine Rübölfabrik, die durch das aufkommende Petroleum in Schwierigkeiten geriet, und eine Tabakfabrik, die immerhin ca. 1500 Zentner Tabak und Kautabak sowie 1,25 Mio. Zigarren im Jahr produzierte. Auch Seife und Mineralwasser wurden in Neuhaus produziert. Am bedeutendsten war wohl die Papierfabrik, die Strohpapier aus Weizen- und Roggenstroh herstellte und bis nach Süd-Amerika und England exportierte. Während der glorreichen Kreiszeiten gab es natürlich auch ein Kreisblatt, die ,,Neuhaus-Ostener-Zeitung''.

Aber diese großen Zeiten sind nun schon über fünfzig Jahre vorbei. Und heute? Seit einigen Jahren ist der Flecken aus einer Art Apathie erwacht und hat sich auf die Qualitäten besonnen, die ihn auch heute eine Reise wert machen. Die Vergangenheit hat nämlich ein romantisches kleines ,,Hafenstädtchen'' hinterlassen, mit hübschen schmalen Gassen und kleinen Häuschen, die teilweise noch auf dem Deich über der Straße stehen. Der Hafen hat eine lange Tradition und war einstmals der leistungsfähigste an der unteren Oste, wo auch größere Frachtschiffe anlegen konnten. 1755 hat er ein festes Bollwerk und einen Kran bekommen. Hier wurde das Getreide aus den umliegenden Kirchspielen verschifft und die Waren aus Schleswig-Holstein (Dänemark) und Hamburg gelöscht. 1831 liefen z. B. 3893 Schiffe den Neuhäuser Hafen an, wovon etwa die Hälfte dänischer Herkunft waren. Vor dem Hafen, an der nördlichen Ortseinfahrt, hat die Gemeinde ein kleines Häuschen, das Schleusenhaus, sehr schön renoviert und ein Heimatmuseum darin eingerichtet.

Der Frachthafen ist heute nur noch in ganz bescheidenem Maße aktiv. Dafür wurde aber ein moderner, tidenunabhängiger Yacht- und Sporthafen angelegt. Romantiker können ihr Boot auch im alten Hafen festmachen. Und wir meinen, es lohnt sich, hier zu verweilen. Von der Marschlandschaft haben wir schon viel geschwärmt, und zur Wingst kommen wir anschließend noch. Der Ort hat sich in letzter Zeit recht hübsch herausgeputzt, ohne das Flair der Vergangenheit zu übertünchen. Mittelpunkt und Glanzstück des historischen Weichbildes ist die Emmaus Kirche, ein Barockbau aus den Jahren 1727—1729. Vorher stand hier seit 1621 eine kleine Kapelle, deren Turm heute noch recht unproportioniert das größere Kirchenschiff ziert. Erst 1667 wurde Neuhaus eine eigenständige Kirchengemeinde. Die Kirchengeschichte spiegelt die späte Entwicklung des Fleckens Neuhaus als Ortschaft durch die Schwedenzeit wieder.

Die Kirche, die ihren Namen erst in neuester Zeit erhalten hat, birgt in ihrem Inneren ein wahres Kleinod an Orgel. Eine der besterhaltenen Orgeln des bedeutenden Stader Orgelbauers Dietrich Christoph Gloger aus dem Jahre 1745 begleitet allsonntäglich den Gesang der Gemeinde. Immerhin hat seinerzeit der berühmte Organist und Komponist Vincent Lübeck die Orgel nach Fertigstellung geprüft und für gut befunden. 1971 wurde das wertvolle Instrument unter streng historischen Gesichtspunkten grundlegend restauriert. Den Klang dieser Orgel, der uns wegen seines feinen, schlanken Charakters besonders gut gefällt, können Sie auf einer Schallplatte mit nach Hause nehmen. Einige kostbare Gegenstände aus dem 17. Jahrhundert werden von Pastor Ronthaler gehütet. Darunter eine Alabaster-Schnitzerei aus dem 18. Jahrhundert, von deren Art es nur noch zwei weitere in Deutschland gibt.
Nach dem mehr Geistig-Besinnlichen jetzt wieder hinein ins sonnig-fröhliche Ferienvergnügen; denn auch hierfür kann Ihnen Neuhaus einiges bieten. Nach der letzten verheerenden Sturmflut 1962 entschloß man sich zum Bau eines Sperrwerkes an der Ostemündung, das nach fünfjähriger Bauzeit und 50 Mio. Mark Baukosten 1969 seiner Bestimmung übergeben werden konnte.

Für den Bau mußten die letzten 10 km der Oste begradigt werden, wodurch ein toter Arm, der „Ostesee“ und eine langgestreckte Halbinsel entstanden. Auf dieser Insel ist eine Vogelwarte und ein Naturkundemuseum eingerichtet worden. Aber darüber wollen wir nichts weiter erzählen, denn das gehört schon zum Kreis Stade, ist also für uns Ausland. Aber es sei Ihnen verraten, daß das gewaltige Ostesperrwerk, das zu den größten wasserwirtschaftlichen Bauwerken in Niedersachsen gehört, gleichzeitig Brückenfunktion hat, ohne Schlagbaum und Zollhäuschen. Worüber wir aber ganz kurz etwas sagen müssen, ist der Ostesee. Hier, etwa 2 km außerhalb des Ortes, hat die Gemeinde Neuhaus ein herrliches Erholungsgebiet mit Bade- und Wassersportmöglichkeiten angelegt, d. h. Sie können Schwimmen, Rudern, Paddeln, Surfen, Segeln und sich sonnen. Die besondere Attraktion ist eine 1000 m lange Skiliftanlage, an der Sie das Wasserskilaufen lernen können, ohne daß die erholungssuchenden Gäste durch den Lärm von Motorbooten genervt werden. Nicht vergessen wollen wir das Angeln, das hier kapitale Beute verspricht. Außerdem gehört zu dem Gelände noch eine geschützt gelegene Ferienhausanlage.

Irgendwo hier in der Nähe hat es früher einmal eine wesentlich unfriedlichere Anlage gegeben: die Belumer Schanze. Seit wann diese Schanze existierte, ist nicht mehr festzustellen. Vielleicht hat sie schon vor 1000 Jahren als Bollwerk gegen die Normannen gedient, die von Norwegen aus häufig Überfälle auf das Küstengebiet verübten. 845 ist das tüchtige Seefahrervolk mit 600 Schiffen bis nach Hamburg vorgedrungen und hat die Stadt eingeäschert. 858 war Bremen an der Reihe. Auf ihren Raubzügen zogen sie sengend und plündernd durch das Elbe-Weser-Gebiet und zerstörten zweimal, 988 und 994, Stade. Beim letzteren Male sind sie dann allerdings vernichtend geschlagen worden. Im 17. Jahrhundert beherbergte die Belumer Schanze die unterschiedlichsten Mannschaften in ihren Wällen: die Kaiserlichen unter Tilly und die Schweden und Dänen in wechselnder Folge. Hoffentlich zum letzten Male kam die Schanze 1940 als Flakbatterie zu „Ehren“.

Belum war schon lange vor Neuhaus ein blühendes Dorf und selbständiges Kirchspiel. Gerade die Kirche, die zu den ältesten in dieser Region zählt, dokumentiert auf ergreifende Weise den Fall in die Bedeutungslosigkeit dieses Dorfes. 1949 ist sie ein letztes Mal, nach erheblichen Kriegsschäden, wieder instandgesetzt worden. Aber heute sind die Backsteinwände des massigen Turmes rissig und baufällig, und die Feldsteinmauern des Kirchenschiffes, denen man die vielen Verletzungen der Jahrhunderte ansieht, stehen schief und brüchig im Schatten alter, hoher Bäume. Ein schauerlich-romantisches Plätzchen voller Melancholie.

Wir wollen den Niedergang der bäuerlichen Siedlungen, die durch die technologische Entwicklung der letzten vierzig Jahre an den Rand gedrückt worden sind, einmal anhand einiger Zahlen für die Gemeinde Belum dokumentieren. 1954 beherbergte Belum unter den Dächern seiner 165 Häuser, 6 Gastwirte, 3 Kaufleute, 1 Schmied, 1 Stellmacher (der Beruf ist heute fast ausgestorben), 1 Zimmerer, 2 Bäcker, 1 Viehhändler, 1 Schlachter, 2 Schuster, 1 Maler, 1 Büchsenmacher (ebenfalls ausgestorben) und 2 Gärtner. Für 1980 werden folgende Gewerbebetriebe offiziell angegeben: 1 Brauerei, 2 Kaufhäuser, 1 Maurerbetrieb und 5 Gaststätten. Wobei man bedenken muß, daß zur heutigen Gemeinde Belum, die in der Samtgemeinde mit 3833 ha die zweitgrößte Einzelgemeinde ist und mit 988 Seelen die wenigsten Einwohner hat, auch noch Kehdingbruch und alle kleinen Siedlungen nördlich davon zählen. Nur der Fremdenverkehr profitiert

von dieser Entwicklung. Und so sind die Belumer sehr bemüht, Ihnen einen angenehmen Aufenthalt in diesem weiträumigen Oste-Elbe-Winkel zu bereiten.
Noch vor gut hundert Jahren strömten jedes Jahr Mitte Juni viele tausend Menschen hierher zum weit über das Land bekannten Viti-Markt. Aus dem gesamten Elbe-Weser-Gebiet, aus Hamburg und Schleswig-Holstein kamen die Kaufleute und Käufer per Schiff, Wagen, Pferd und zu Fuß angereist, um auf dem größten Jahrmarkt der Region in den über 100 Zelten und Ständen, die auf dem Belumer Außendeichsgelände standen, ihre Waren feilzubieten oder einzukaufen. In der zweiten Hälfte des 19. Jahrhunderts wurden an den sechs Markttagen extra Dampfschiffahrten von Hamburg und Osten nach Belum eingerichtet. Schau- und Gauklerbuden sorgten für den bunten, unterhaltsamen Rahmen, und auch die entsprechenden Schankzelte dürften nicht gefehlt haben. Der Bau der Eisenbahn 1881 läutete das Ende dieses grandiosen Schauspiels ein, und der 1. Weltkrieg brachte das endgültige Aus.
Ein anderer bedeutender Markt war über Jahrhunderte der Viehmarkt in Cadenberge. Man kann sich heute kaum noch vorstellen, daß im 17./18. Jahrhundert, unter den miserablen Verkehrsbedin-

Aalfischer

gungen, auf diesem Markt Pferde, Kühe, Ochsen und Schweine aus Schleswig-Holstein und dem Land Wursten aufgetrieben wurde. Heute haben die Autos der Besucher eines Supermarktes das Vieh von dem Marktplatz verdrängt. Von dem alten Markt sind nur noch wenige bauliche Zeugen übriggeblieben. Der Neubau des Rathauses symbolisiert die junge Ära dieses aufstrebenden Ortes als Verwaltungszentrum der Samtgemeinde. Als Dokument vergangener Zeiten steht die alte Dorfpumpe von 1835 vor dem traditionsreichen Gasthof „Zum weißen Roß"; dessen Fachwerkfassade mit dem historischen Wirtshausschild über der Tür erhalten ist.

Auf dem Schild erzählt ein Gemälde die Entstehung des Namens dieses alten Ausspannes: Der Pferdenarr und Herrenreiter Georg Bremer soll einst auf seinem Apfelschimmel zum Frühschoppen in den Gasthof geritten sein. Die Familie Bremer war der mächtigste Grundherr in dieser Gegend, die riesige Ländereien im Westerberg, Wingst und an der Oste besaß. Ihr Stammhof, der Eichenhof, lag in Cadenberge, wo er heute noch zu besichtigen ist. Das Schloß, erbaut 1724, und das Renteigebäude zur Linken gehören heute als Internat zu dem modernen Berufsschulkomplex, der in den schönen alten Park gebaut worden ist. In dem Fachwerkhäuschen mit dem Türmchen, dem Taubenhaus, zusammen mit der großen prächtigen Fachwerkscheune 1747 erbaut, befindet sich ein originelles kleines Privat-Museum, in dem von der Natur geschaffene Formen gezeigt werden. Die Bremer haben entscheidend an der Gestaltung und Entwicklung des Ortes über Jahrhunderte mitgewirkt.

Es wird vermutet, daß bei Cadenberge, in Westercadewisch, früher eine befestigte Anlage, ein „Castrum", gestanden hat. Später befand sich auf dem Gelände ein zweiter Hof der Bremer. Die Bremer wurden 1830 wegen ihrer treuen Dienste für das Königreich Hannover in den Grafenstand erhoben. Seinen wohl größten Tag erlebte Cadenberge 1862, als König Georg von Hannover zu Gast bei den Bremers war. Das Grafengeschlecht der Bremer ist Ende des 19. Jahrhunderts ausgestorben. Die Bremer wurden in der Familiengruft in der St.-Nicolai-Kirche beigesetzt.

Die Cadenberger Kirche, die den Namen des Schutzheiligen der Schiffer trägt, steht gleich neben dem Gasthof „Zum Weißen Roß" und gehört zu den wenigen Zeugen aus der Vergangenheit. Das breit ausladende Feld- und Backstein-Kirchenschiff wurde 1742 erbaut, nachdem der alte Bau aus dem 14. Jahrhundert wegen Baufälligkeit nicht mehr benutzbar war. Wertvollstes

Inventar, neben einem Taufstein aus dem 17. Jahrhundert, ist wiederum eine Gloger-Orgel von 1750. Die Orgeln an der Niederelbe können sich wirklich sehen bzw. hören lassen.
Vor dem Kirchenschiff steht auf einem kleinen, Feldstein bewehrten Hügel der hölzerne Glockenturm, der noch von der vorherigen Kirche übriggeblieben war. Es geht die Rede, daß der Küster bei Regenwetter den kleinen Turm in die Kirche schiebt, damit er

nicht naß wird. Ein spitzer Geestausläufer, der in die Ostemarsch hineinragt, gibt dem Gotteshaus festen Grund. Bevor wir auf dieser Geestzunge mit der Kirche auf ihrer Spitze Richtung Süden in das große Ferien- und Erholungsgebiet Wingst wandern, sollten wir noch einen Blick über die Ostemarsch werfen.
Sie haben die Qual der Wahl zwischen einem Spaziergang auf dem Deich oder einer Bootsfahrt auf dem Fluß, beides gleichermaßen reizvoll. Die stattlich-schöne Oste bildet hier keineswegs die Grenze, sondern auf ihrem östlichen Ufer gehört noch ein schmaler Streifen zur Samtgemeinde Am Dobrock, die Ihnen drei Möglichkeiten bietet, auf die andere Seite zu gelangen. Oben an der Mündung überbrückt die Ostesperre den schon beachtlich breiten Fluß.
Wesentlich zünftiger ist es aber, sich mit einer der letzten Fähren bei Geversdorf die knapp 200 m übersetzen zu lassen. Lange wird es dieses Vergnügen nicht mehr geben, denn im Herbst 1988 soll die neue Brücke gleich nebenan fertig sein. Dann heißt es wiedermal Abschied nehmen von einem Stück Vergangenheit. Auch Geversdorf konnte schon sein urkundlich belegtes 750jähriges Bestehen feiern. Ebenso gehörte es zu den frühesten Kirchdörfern im Gau Hostingabi (Ostegau) und ist auch heute noch eine selbständige Kirchengemeinde. Neben der

Fähre zeigt eine stattliche Bootswerft die enge Verbundenheit des Dorfes mit der Oste. Dazu gehörte vor hundert Jahren noch ein betriebsamer Hafen, der dem Neuhäuser kaum nachstand.

Weiter südlich in Oberndorf führt dann wieder eine Brücke über die Oste. Sowohl diese, wie auch die neue in Geversdorf sind selbstverständlich Klappbrücken, um dem regen Schiffsverkehr auf dem Strom ungehinderte Fahrt zu gewährleisten. Das Dorf, wieder mit einer sehenswerten Kirche geschmückt, liegt etwas ab vom großen Verkehr, was zwar nicht der Ökonomie, aber um so mehr der Ökologie, sprich Erholungswert, des Ortes dient. Am östlichen Ufer der Oste erstreckt sich zu beiden Seiten der Brücke von Bentwisch bis Niederstricher Deich eine besonders reizvolle Deichpartie. Wir versichern Sie, daß Sie in beiden Richtungen auch die entsprechend angenehme Möglichkeit finden, sich von den Strapazen einer Deichwanderung zu erholen.

Von Oberndorf können wir in westlicher Richtung direkt in den Forst Wingst gelangen, so daß wir nicht erst wieder zurück nach Cadenberge, dem Nordtor zur Wingst, zurück müssen. Auf dem geraden Weg dorthin haben wir als Zielpunkt immer den Aussichtsturm auf dem ,,Deutschen Olymp" vor uns, der weit über den Wald herausragt. Damit sind schon zwei Superlative des Feriengeländes genannt. Wir befinden uns hier in dem größten geschlossenen Waldgebiet des Landkreises, das wie eine Insel aus Marsch und Moor auftaucht. Zweitens ist der ,,Deutsche Olymp" mit Turm der höchste Standort, den wir in diesem Buch erklimmen werden.

Daß die hohe Geest der Wingst uraltes Siedlungsgebiet ist, haben wir früher schon erwähnt. Aber sie hat auch die längste Tradition als Ausflugs- und Erholungsgebiet im Kreis Cuxhaven. Schon vor 1800 hat man von Otterndorf Ausflüge in den Forst unternommen, der für die ,,baumlosen" Marschbewohner eine echte Attraktion war. Wingst heißt aber nicht nur ein großer Wald, sondern auch eine Gemeinde, bestehend aus vielen kleinen Dörfern und Ansiedlungen, die sich um diesen hügeligen Wald lagern. Wenn wir an unserem gedachten Standort im Uhrzeigersinn herumgehen, kommen wir durch Wassermühle, Dobrock, Weißenmoor, Ellerbruch, Süderbusch (in der Nähe des Balksees), Bargkamp, Westerhamm, Kleverberg, Zollbaum (wahrscheinlich die alte Zollgrenze Richtung Bülkau), Altkehdingen, Spleth und Altenfluth bei Cadenberge, Höden, Voigtding und Freesenmoor. Für den Besucher bedeutet das Ganze ein großer Ort, dessen Zentrum ein großer Park bildet.

1819 erhielt der Förster, der auf dem ehemaligen Gut der Bremer bei Dobrock lebte, die Erlaubnis, sonntags Kaffee, Tee, Punsch und andere Erfrischungen auszuschenken. Feuerwerk, Musik und Tanz waren nur an den beiden Pfingsttagen erlaubt. Nachdem es 1840 zwischen den Konservativen und Republikanern zu handgreiflichen politischen Auseinandersetzungen gekommen war — es gärte in Deutschen Landen — wurde dem Forsthaus die Lizenz entzogen. Erst die Revolution 1848 brachte sie wieder zurück. Und so ist es bis heute geblieben.
Aber der eigentliche Fremdenverkehrspionier auf dem Dobrock, der so richtig Leben in den Wald gebracht hat, war ein Mann namens Johann Heinrich Thumann. Er besaß im Ortsteil Wassermühle ein ,,Gastlocal", für das er seit 1828 eine Schankerlaubnis besaß. In seinem ,,Himmelreich", wie der Gedichte schreibende Gastwirt sein Lokal nannte, veranstaltete er Volksfeste, Schützenfest, Konzerte und Schauspielaufführungen. Er legte eine Fahrradrennbahn und Menagerie an, und im großen Saal konnten ganze Gesellschaften tagen.
1850 kaufte Thumann den Fahlenberg, auf dem bis dahin der optische Telegraph gestanden hatte. Da man auf dem Berg vorchristliche Gräber gefunden hatte, hielt Thumann ihn für eine

ehemals heilige Stätte der Germanen und ließ den „Fahlenberg“ in „Deutscher Olymp“ umbenennen. Wie gesagt, er hatte dichterische Ambitionen. Er baute dort oben ein „Lusthaus“ und 1866 den ersten „Lustturm“. Bei dem Wörtchen „Lust“ sollen Sie geflissentlich etwa an: „Das Wandern ist des Müllers Lust“ oder „Waldeslust“ denken, sonst könnte ein Mißverständnis entstehen. Die Familie Thumann hat im Laufe der Jahre noch viele unterhaltsame Einrichtungen für ihre Gäste geschaffen und natürlich auch viele Nachahmer gefunden. Durch den Bau der Eisenbahn nahm der Fremdenverkehr, besonders aus Richtung Hamburg, rapide zu. An sommerlichen Wochenenden war hier schwer was los.

Es wird Zeit, daß wir etwas über dieses merkwürdige Gerät „Optischer Telegraph“ erzählen, der nicht nur auf dem Fahlenberg, sondern auch auf dem Turm der Otterndorfer Severi-Kirche, in Cuxhaven auf einem Speicher im Alten Hafen und bei Hechthausen auf dem Telegraphenberg, wie der Name schon sagt, gestanden hat. Die „Optischen Telegraphen“ bestanden aus einem hohen Kreuz oder drei Stangen, an deren Enden bewegliche Arme befestigt waren, mit denen man das ganze Alphabet winken konnte, ähnlich dem seemännischen Winkeralphabet. Jede Station war mit drei Mann besetzt, die ständig Blickkontakt mit den benachbarten Stationen halten mußten. Eine Meldung brauchte von Cuxhaven bis Hamburg etwa 15 Minuten.

Diese Signalmasten hatte die Hamburger Kaufmannschaft 1835 auf Sichtweite von ca. 17 km zwischen Cuxhaven und Hamburg aufgestellt, um möglichst schnell die Rückkehr ihrer Handelsschiffe von großer Fahrt bei Einfahrt in die Elbe zu erfahren. So konnten sie ihre Waren auf der Börse schon verkaufen, bevor sie im Hamburger Hafen angekommen waren. 1848 wurden die „Optischen Telegraphen“ überflüssig, nachdem die erste „Elektro-Magnetische-Telegraphen-Verbindung“ (Der Morseapparat) in Europa von Cuxhaven nach Hamburg in Betrieb genommen worden war.

Natürlich ist in der Wingst auch heute noch schwer was los. Wir kommen jetzt wieder mit dem Verleger dieses Buches in Konflikt, der uns nur eine bestimmte Seitenzahl zugesteht. Deshalb müssen wir es weitestgehendst beim Aufzählen all der vielen Unterhaltungs- und Erholungsangebote bewenden lassen, die sich in diesem herrlichen Wandergebiet verbergen. Was die Wingst so sympathisch macht, ist, daß man ganz besonders auch an die Kinder gedacht hat. Der Ferienort ist ausgesprochen fami-

lienfreundlich. Im Norden, in Voigtding, ist ein riesiger Spiel- und Sportpark angelegt worden mit Sandspielplätzen, Sommerrodelbahn, Indianerdorf, Endlosrutsche, Bootsteich, einer Vielzahl fantasievoller Klettergerüste, einer soliden Matschecke, so richtig zum Kleien, Schaukeln, Hängebrücke, großem Rasenspielfeld und Minigolfanlage. Die Aufzählung erhebt keinen Anspruch auf Vollzähligkeit! Natürlich können sich auch die Erwachsenen auf einem großen Spielplatz an den Tischtennistischen und in der Tennis- und Freizeithalle kräftig austoben. Wem das immer noch nicht reicht, der geht fix rüber in das große Hallen- und Freibad, das den modernsten Anforderungen entspricht.

Im Ortsteil Wassermühle, wo wir die Wingst betreten haben, gibt's eine ganz besonders schöne Sache für Kinder: den Baby-Zoo. Der heißt nicht etwa so, weil er für Babies ist, sondern weil hier fast ausschließlich Tierbabies und -kinder leben, sozusagen ein Tierkindergarten. Und das tollste ist, daß einige Tiere, wie Ziegen und Hängebauchschweine, frei herumlaufen, richtig zum Anfassen. Wir garantieren Ihren Kleinen ein paar aufregende Stunden. Übrigens, an dem Teich vor dem ,,Waldschlößchen" stand einstmals die Wassermühle. Später gab es hier eine Badeanstalt. Gegenüber dem Baby-Zoo können Sie in die ,,Wingster Emma" einsteigen und mit Ihren Kindern eine lustige Rundfahrt durch das Feriengebiet machen.

Alljährlich finden in der Wingst die Dobrock-Bergfest-Spiele statt, eine Art Niedersachsen-Olympiade für den Breitensport, an dem Turner und Leichtathleten, aber auch Volkstanzgruppen und ähnliches mitmachen. Ebenfalls weit über seine Grenzen hinaus bekannt sind die Reitturniere in Dobrock. Daß in Wingst ein ideales Gelände für den Sonntagsreiter ist, versteht sich schon fast von selbst.

Die meisten Wege und Möglichkeiten findet natürlich der Wanderer und Spaziergänger in diesem herrlichen Wald. Für ihn ist das ganze Erholungsgebiet mit einem Netz von Wegen durchzogen. Den besonders Sportlichen hat man am Fuße des Deutschen Olmyp einen Trimmpfad angelegt. Wer sich für Flora und Fauna der Wingst näher interessiert, kann sich entweder im kleinen Waldmuseum in Wassermühle genau informieren, oder auf zwei Waldlehrpfaden das Nützliche mit dem Angenehmen verbinden. Der eine ist ein Rundweg zwischen Wassermühle und Dobrock und der andere, der Alte Postweg, führt als gerade breite Allee von der Picknick-Wiese an dem Wasserwerk vorbei bis zum Altenfluther Weg.

An diesem historischen Weg durch die Wingst finden Sie, wenn Sie gegenüber dem Altenfluther Weg links wenige Meter den Weg hineingehen, den alten Judenfriedhof, der heute still und überwuchert zwischen den hohen Bäumen liegt. Er diente den sogenannten Schutzjuden, die im 18./19. Jahrhundert in Hadeln und Amt Ritzebüttel als arme, kleine fliegende Händler und Hausierer, ,,Kaneeljud" lebten, als letzte Ruhestätte. Ein Schild oder sonstiger Hinweis, der auf diesen Judenfriedhof, einen, wie wir meinen, bedeutenden historischen Ort, aufmerksam macht, ist sicherlich von der Verwaltung der Samtgemeinde Am Dobrock nur versehentlich vergessen worden. Auf der offiziellen Wanderkarte der Wingst ist er aber verzeichnet.

Ein letztes Mal wollen wir uns in die Vergangenheit begeben, sozusagen in eine noch frühere Ära der Touristik. Dobrock liegt unterhalb des Silberberges, der mit 75 m die höchste Erhebung der Wingst (ohne Turm) ist. Auf die andere Seite des Berges sind im 17. und 18. Jahrhundert die Menschen jeweils zur Johannisnacht des 24. Juni in Scharen gepilgert; denn hier sprudelte eine heilkräftige Quelle, der ,,Johannisbrunnen". Nicht nur Krankheiten des Körpers, sondern auch der Seele vermochte der Brunnen zu heilen. Es ist ein eindrucksvoller Bericht aus dem Jahre 1613 überliefert, wie einer besessenen Frau der Teufel durch die Kräfte des Brunnens und der Gebete ausgetrieben worden ist, dessen aufregendste Passage wir Ihnen nicht vorenthalten möchten: ,,. . . da machte der Teufel sie so stark, daß wohl drey oder vier genugsam an ihr zu halten hatten, warf sie endlich auf den Boden, und schrie so greulich und schrecklich, daß einem die Haare zu Berge stehen auf dem Haupte, und das Herz im Leibe zittern möchte, riß ihr auch das Maul voneinander, daß das Blut zu beiden Seiten der Kinnlade herausfloß, und scheidete damit, wie man nicht anders spüren und merken konnte, von ihr und ließ einen greulichen Gestank hinter sich."

Im 19. Jahrhundert ist der Brunnen sehr schnell in Vergessenheit geraten, zu dem immerhin mal die Heilsuchenden aus Hamburg, Magdeburg, Hannover und sogar Nürnberg angereist waren. Die Quelle, mit der etliche Leute gute Geschäfte durch Verkauf des heilkräftigen Wassers gemacht haben, versiegte 1825 während einer Sturmflut. Da noch mehrere Brunnen zur selben Zeit versiegten, vermutet man einen Zusammenhang zwischen den beiden Phänomenen.

Zum Abschied lassen Sie uns auf den Aussichtsturm steigen oder fahren, je nach Lust und Jugend, der Turm ist sozusagen

mit den Bäumen mitgewachsen. Der erste aus Stein war ganze sieben Meter hoch, der zweite aus Holz schon 15 m, der 3. und 4. brauchten 18 m, um über die Wipfel zu schauen. Und der heutige moderne Betonturm mit verglaster Aussichtskanzel mißt 29 m. Bei klarer Sicht können Sie von hier aus bis nach Cuxhaven und Schleswig-Holstein blicken. Auch das letzte Ziel auf unserer langen Wanderung, die Samtgemeinde Hemmoor, überblicken wir schon teilweise, so können wir am Horizont den Kirchturm von Osten ausmachen, als riefe er uns zu: Kommt her!

ⓘ Was es am Dobrock gibt

Auskunft:

Kurverwaltung Wingst
Hasenbeckallee 1 — Tel. 0 47 78 / 3 12
2177 Wingst

Samtgemeinde Am Dobrock
Rathaus
Am Markt 1 — Tel. 0 47 77 / 80 10
2175 Cadenberge

Bäder:

Hallen- u. Freibad Wingst
Schwimmbadallee 8 — Tel. 0 47 78 / 4 42
2177 Wingst

Kurbad Wingst
Schwimmbadallee 8 — Tel. 0 47 78 / 2 00
2177 Wingst

Gaststätten und Cafés:

Café Alt-Neuhaus
Bei der Kirche — Tel. 0 47 52 / 3 63
2179 Neuhaus/Oste

Hotels und Gaststätten:

Forsthaus Dobrock
Willy Peter Heyne
44 Betten mit Dusche/WC, Kegelbahn
2177 Wingst — Tel. 0 47 78 / 2 90

Gasthaus ,,Zur Linde''
Mittagstisch, Fremdenzimmer, Saalbetrieb
Lamstedter Str. 15 — Tel. 0 47 78 / 5 55
2177 Wingst-Weißenmoor

Ramm's Hotel
Stader Str. 10 — Tel. 0 47 52 / 3 50
2179 Neuhaus/Oste

Ferienhaus u. Gasthof ,,Lütt Mandus''
Westerhamm 23 — Tel. 0 47 77 / 2 51
2177 Wingst

Apparthotel ,,Wikings Inn''
Schwimmbadallee 6 — Tel. 0 47 78 / 80 90
2177 Wingst

Restaurant „Am Campingplatz"
Inh. Harald Tollkühn
Schwimmbadallee 1 Tel. 0 47 78 / 70 48
2177 Wingst

Gasthaus „Deutscher Olymp"
M. u. W. Eimers
2177 Wingst-Dobrock Tel. 0 47 78 / 2 64

Kinderspielplätze:

Spiel- u. Sportpark Wingst (am Hallenbad)
Baby-Zoo Wingst, Waldspielplatz am Waldparkplatz,
Wingst an der Liegewiese im Freigelände,
Wingst in der Freizeitanlage am Balksee
bei verschiedenen Gaststätten
Aktiv-Kinderspielplatz, Neuhaus

Museum:

Waldmuseum Wingst

Pensionen:

Pension Bohn
Ahlfstieg 45 Tel. 0 47 78 / 5 48
2177 Wingst

Polizei:

Polizeiaußenstelle Cadenberge
Schulstr. 4 Tel. 0 47 77 / 3 10
2175 Cadenberge

Post:

Kröncкeweg 2 Tel. 0 47 78 / 2 08
2177 Wingst
Bahnhofstr. 16 Tel. 0 47 77 / 2 36
und
Langenstr. 111 Tel. 0 47 77 / 2 96
2175 Cadenberge

Reiten:

Reithalle Dobrock
M. Schlisio
2177 Wingst Tel. 0 47 78 / 4 14
Montag Ruhetag

Sehenswürdigkeiten:

Landschaftlich reizvolles Waldgebiet (Wingst)
Vogelschutzgebiet ,,Hullen'', Ostesperrwerk
u. Ostesee in Neuhaus/Oste

Spiel- und Sportpark:

Spiel- u. Sportpark Wingst
Schwimmbadallee 10 a — Tel. 0 47 78 / 6 60
2177 Wingst

Sportmöglichkeiten:

Trimm-Dich-Pfad (Ausgangspunkt am Waldspielplatz)
2177 Wingst

Tankstellen/Kfz.-Reparatur:

Tankstelle und Kfz.-Reparatur
R. Wetterau
Am Bürgerpark 4 — Tel. 0 47 52 / 5 11
2179 Neuhaus/Oste

Für Sie angeschaut

Anzeigen

Restaurant ,,Am Campingplatz''
Wingst

Sie brauchen hier nicht unbedingt Ihr Zelt aufschlagen, um das Restaurant am Campingplatz einmal zu besuchen. Der Eigentümer und Küchenchef Harald Tollkühn hält vom Filetsteak bis zur Currywurst für jeden etwas bereit. Es gibt ein Clubzimmer für Betriebs- und Familienfeiern für bis zu 40 Personen und einen großen Kaffeegarten. Wird Ihren Kindern die Zeit zu lang, können sie sich mit Spielen und Malbüchern beschäftigen oder den Minigolfplatz unsicher machen. Besondere Attraktivitäten sind die Silvester-Fete und das Grünkohlessen im Februar. Oder lassen Sie sich von Heike und Harald Tollkühn zum Osterfeuer mit Punsch an den See einladen. Vielleicht haben Sie das Glück, auf einem der mehrmals im Jahr durchgeführten Sommerfeste eine Reise oder eine Kutschfahrt zu gewinnen. Wir drücken Ihnen die Daumen!

Spiel- u. Sportpark Wingst

Mindestens einen ganzen Tag können Sie in dem von der Kurverwaltung Wingst betriebenen Spiel- und Sportpark verbringen. Dabei wurde nicht nur an die Kleinen gedacht, nein, auch die Erwachsenen haben hier mal wieder die Möglichkeit, sich so richtig auszulassen. Für diejenigen unter den ‚Großen', denen Schwimmbad und Tennisplatz nicht reicht, empfehlen wir eine Rutschpartie auf der Sommerrodelbahn. Ihre Kinder werden sich freuen, Sie mal wieder so ausgelassen zu erleben. Auch das Trampolinspringen ist sehr beliebt, und auf die ganz Kleinen warten Sandbuddelkästen und künstlich angelegte Wasserflächen zum ‚Matschen' und Bootfahren. An den hübsch angelegten Grillplätzen kann man zwischendurch ein richtiges Familienpicknick veranstalten.
Dies ist nur ein kleiner Ausschnitt aus dem tollen Angebot dieses Sport- und Freizeitparks. Während der Saison, vom 15. 3. bis zum 15. 10. des Jahres ist der Park täglich von 9.00 bis 18.00 Uhr geöffnet. Während der restlichen Zeit nur an Wochenenden und Feiertagen.

Ferienhaus u. Gasthof „Lütt Mandus" Wingst

Bevor wir uns von Wingst nach Bülkau auf den Weg machten, stärkten wir uns noch im Gasthaus „Lütt Mandus". Während ‚Tante Else', der gute Geist des Hauses, sich um uns kümmerte, wirkte das Ehepaar Griemsmann in der Küche. Das Schweinesteak „Lütt Mandus" und der Westerhammer Spezialteller haben uns köstlich gemundet und sind deshalb uneingeschränkt empfehlenswert. Uns gefiel besonders, daß einige der Ferienwohnungen für Rollstuhlfahrer geeignet sind. Für größere Gruppen oder Seminare sind entsprechende Räume vorhanden.

Apparthotel „Wikings Inn“, Wingst

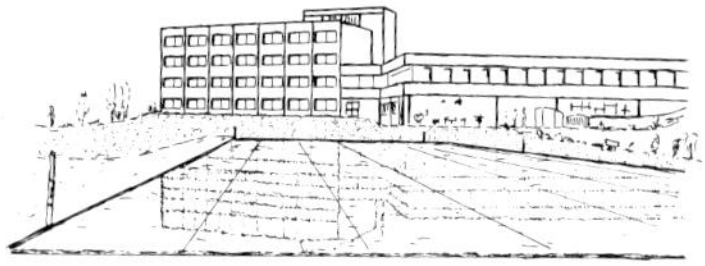

Am Rande der Wingst, mitten im Sport- und Freizeitgelände, steht dieses moderne, klar gegliederte Hotelgebäude. Für diverse Möglichkeiten, Ihre eingerosteten Glieder wieder in Bewegung zu bringen, z. B. durch Tennis, Reiten oder Schwimmen, vom Wandern durch die schöne Wingst einmal ganz abgesehen, ist hier für den Gast auf dem kürzesten Wege gesorgt. Mit seinen 130 Betten in Komfortzimmern und Appartements ist es das größte Haus in diesem beliebten Urlaubsgebiet. Seine Wurzeln gründen nicht in der Tradition dieser Gegend, sondern im modernen Management aus Übersee. Als wir das Hotel besuchten, fand dort gerade eine Tagung mit 260 Teilnehmern statt. Aber die Geschäftsleitung sieht das Haus durchaus seinem norddeutschen Standort verbunden, was nicht nur in dem Namen „Wikings Inn“ zum Ausdruck kommt, sondern auch durch die vielen einheimischen Spezialitäten auf der sonst internationalen Speisekarten.

Gasthaus „Deutscher Olymp“ Wingst

Von weitem schon grüßte uns der 30 m hohe Aussichtsturm. Von hier haben Sie bei guter Sicht einen Blick über das gesamte Niederelbe-Gebiet. Das Ausflugslokal wird schon seit über sechzig Jahren von den erfahrenen Händen der Familie Eimers geführt. Gute Hausmannskost, eine eigene Konditorei sowie eine umfangreiche Teekarte und freundliches Personal sorgen für Ihr Wohlbefinden. Auch für Vereins- und Betriebsausflüge ist man hier gerüstet. Wichtig: Gaststätte wie Turm sind behindertengerecht eingerichtet! Unsere Besichtigungstour endete hier, weil wir bei Boccia, Minigolf und Gartenschach die Zeit vergaßen.

„Eichenhof"
Geversdorf

Die Familie Dudek lernten wir auf einer Hochzeit kennen, die von ihnen im Ostekrug ausgerichtet wurde. Diese Gaststätte mit großen variablen Räumlichkeiten und Kegelbahnen gehört auch zum Eichenhof. Und alles, was an diesem Abend bis zum großen kalten Büfett serviert wurde, war absolute Spitze. Für uns ein Grund, auch dem nur etwas außerhalb vom Ort liegenden Eichenhof einen Besuch abzustatten. Und dieser 200 Jahre alte Hof ist für pflastermüde, abgeschlaffte Großstädter das ideale Urlaubsparadies. Sie finden hier Liegewiesen, einen Grillplatz, sogar einen Räucherofen für die selbstgefangenen Aale. Denn der Eichenhof liegt direkt an der Oste, und ein Motorkajütboot gehört auch zum Haus. Aber — und nun kommt das Tollste — nicht nur abschalten und geistig können Sie sich regenerieren, sondern auch Ihren Körper. Es gibt ein Frisierstübchen mit Kosmetik- und Sonnenstudio, bestückt mit den modernsten Geräten und Pflegeserien, eine Sauna mit Ruheraum und Trimmgeräte. Wohnen können Sie in gemütlichen Doppelzimmern oder Appartements, und abends trifft sich alles im gemütlichen Aufenthaltsraum mit Kamin. Viel Spaß auf dem Eichenhof.

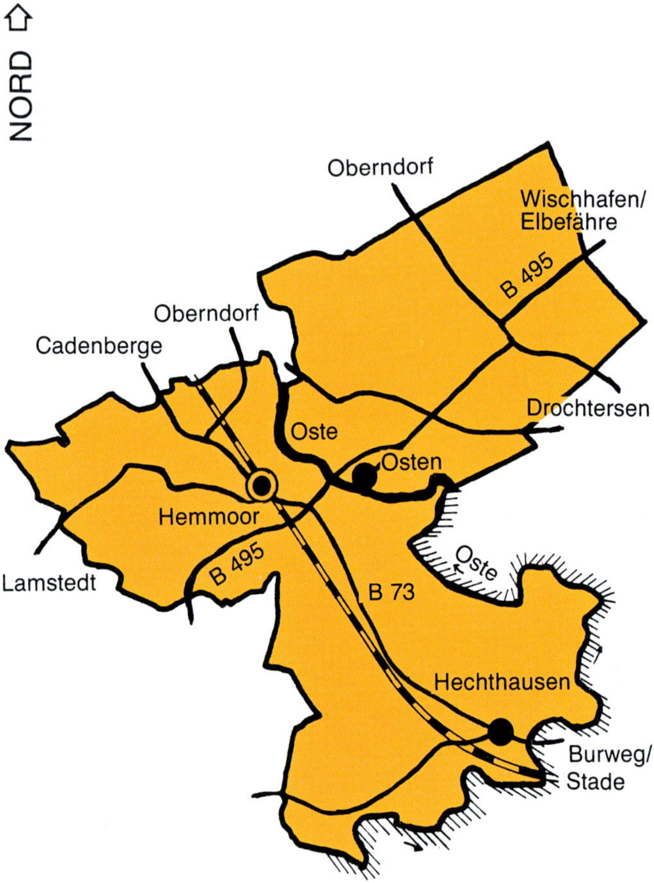

Samtgemeinde Hemmoor

Samtgemeinde Hemmoor

Die letzte Station unserer Rundreise erreichen wir am angenehmsten, wenn wir die Wingst bei Weißenmoor verlassen, die Remperniederung an der schmalsten Stelle überqueren und dann von Bröckelbeck aus, sozusagen von hinten rum, die Samtgemeinde Hemmoor betreten. Sie dürfte, neben Cuxhaven, der wohl widersprüchlichste Gemeindeverbund des Landkreises sein. Die Gründe hierfür sind sowohl in der Geschichte wie auch in der Struktur ihrer drei Einzelgemeinden zu suchen. Die heutige Stadt Hemmoor mit ihrem ländlichen Randgebiet, die aus den Dörfern Basbeck, Warstade, Westersode, Hemmoor, Hemm und Heeßel hervorgegangen ist, gehörte früher zur Börde Lamstedt. Die südlich im Ostebogen gebettete Gemeinde Hechthausen mit den Teilen Kleinwörden, Bornberg, Wisch, Koppel, Klint, Geesthof und Laumühlen war einstmals das Patrimonial-Gericht Hechthausen. Das ehemalige „Gerichte Osten" schließlich mit dem kleinen, aber feinen Örtchen Osten und dem großen Marsch- und Moorgebiet Achthöfen-Isensee-Altendorf, das auf der anderen Seite der Oste liegt und schon weit ins Kehdinger Land hineinreicht, ist das dritte Element in dieser kontrastreichen Samtgemeinde.
Hemmoor ist die dritte und jüngste Gemeinde des Landkreises mit Stadtrecht, das ihr 1982 zuerkannt wurde. Geologisch gehört der uralte Siedlungsraum noch zum Westerberg. Der Name Hemmoor ist mit dem Begriff „Hemmoorer Eimer" in die archäologische Literatur eingegangen. Dieser Eimer aus Messing wurde in zahlreichen Exemplaren vor ca. 90 Jahren im Zementwerk und in Westersode gefunden. Er ist römischen Ursprungs und beweist, daß es in den ersten Jahrhunderten nach Christi einen regen Handel mit den Römern gegeben haben muß. Wahrscheinlich tauschten die Kaufleute vor fast 2000 Jahren mit ihren Schiffen über Oste, Elbe, Nordsee und Rhein ihre Waren aus.
Schon in der Jungsteinzeit dürfte der Hemmoorer Raum ein wichtiger Handelsplatz für Flintsteine, aus denen Waffen und Arbeitsgerät hergestellt wurden, gewesen sein, wie Funde beweisen. Daß wir uns, besonders auf der trockenen westlichen Seite Hemmoors, wieder auf einem riesigen prähistorischen Friedhof befinden, versteht sich schon fast von selbst. Da unsere Urahnen die Angewohnheit hatten, ihren Toten allerlei Gaben mit ins Grab zu legen, sind diese Gräberfelder heute gleichsam die Annalen jener vor- und frühgeschichtlichen Epochen, die keine schriftlichen Dokumente hinterlassen haben. Das Urnengraben muß

Ein neues modernes Zentrum

für einige Leute sogar ein einträgliches Geschäft gewesen sein. Aus der Wingst ist ein Mann namens Winter bekannt, der im vorigen Jahrhundert im ganzen Weser-Elbe-Raum prähistorische Gräber geplündert und seine Beute an die Museen verkauft hat. Das Hamburger Völkerkundemuseum ist offensichtlich sein Hauptabnehmer gewesen. Diese kommerziellen Ausgrabungen sind natürlich sehr oberflächlich durchgeführt worden und haben daher nur einen geringen wissenschaftlichen Wert.
Eine Entdeckung geologischer Art hat vor etwa 120 Jahren einen entscheidenden Umbruch in der Entwicklung dieser Gegend eingeleitet, die schließlich zum Erwerb der Stadtrechte führte. Der respektlose Volksmund beschreibt diesen historischen Augenblick folgendermaßen: Der Stader Kaufmann und Senator Jürgen Hinrich Hagenah verspürte auf einer Geschäftsreise von Cuxhaven nach Stade in der Warstader Geest, die hier abrupt in die Marsch abstürzt, ein menschliches Bedürfnis und schlug sich seitlich in die Büsche. Bei der Erledigung dieses dringenden Geschäftes stellte er fest, daß er auf kalkigem Untergrund hockte. Dies war die Geburtsstunde der berühmten ,,Portland-Zement-Werke Hemmoor" im Jahre 1862.

Das Gründungsjahr stimmt, aber der Rest ist natürlich eine typische Legende des 19. Jahrhunderts, der Zeit der Entdecker, Erfinder und Firmengründer. Die mächtigen Kreidevorkommen wurden bei der Suche nach Braunkohle im Auftrage der Hannoverschen Regierung gefunden. Dennoch bleibt dem wagemutigen Stader Kaufmann Hagenah das Verdienst, den Wert dieser Bodenfunde als erster richtig eingeschätzt zu haben. Er hat sogleich die Grundstücke in der Gegend, die noch unbebaut und brach dalagen, aufgekauft und mit dem Bau eines Zementwerkes begonnen, das 1866 die Produktion aufnahm.

Die ,,Portland-Zementwerke" nahmen, nach einer anfänglichen Durststrecke, einen raschen Aufschwung, das Wagnis hatte sich gelohnt. Um die Jahrhundertwende wurde der Zement bis nach Afrika, Asien, Australien, Nord- und Südamerika exportiert. 1902 gründete man die ,,German-American-Portland Cement Works" in den USA, da durch die Entstehung nationaler Fabriken der Export allmählich wieder schrumpfte. Der größte Teil der Produktion wurde im Ostehafen ,,Schwarzhütten" verschifft, wo die ,,Portland" auch noch eine eigene Ziegelei betrieb. Bis zu 1000-t-Schiffe (Europa-Klasse) können hier auch heute noch beladen werden.

Was die Gründung des Industriebetriebes für die ländliche Region bedeutete, läßt sich unschwer ahnen. 1890 sind rund 1800 Männer und Frauen in dem Werk beschäftigt. 1905 ist die Spitze mit 2000 Beschäftigten erreicht. Dann greifen die ersten großen Rationalisierungsmaßnahmen durch Einführung moderner Herstellungsverfahren: die Zahl sinkt bis 1913 auf 1000 Arbeiter. Die Einwohnerzahl des heutigen Stadtgebiets betrug 1867 rund 3100 Seelen, wuchs bis 1905 auf 6700 an und zählte 1933 nur noch ca. 5400 mit weiter sinkender Tendenz.

Man kann aus einem Dorf eine Industriestadt machen, aber nicht aus einer Industriestadt ein Bauerndorf. Hier lag und liegt das Problem Hemmoors. Die einzelnen Gemeinden waren inzwischen auch geographisch zusammengewachsen. Nur Hemm und Heeßel haben sich ihren bäuerlichen Charakter teilweise erhalten können. Dazu kam, daß noch ein anderer Wirtschaftszweig Mitte des 18. Jahrhunderts einen gewaltigen Boom in den Marschen an Oste und Elbe erlebte, um dann zu Beginn des 20. Jahrhunderts seinen schnellen Zusammenbruch zu erleben. Als Hamburg nach der Feuersbrunst von 1841 wieder aufgebaut werden mußte, schossen hier die Ziegeleien wie die Pilze aus der Erde. Viele Bauern haben, mit Blick auf das schnelle Geld, ihre

fruchtbaren Marschenböden radikal abgeziegelt und damit einen nicht wieder gutzumachenden Schaden angerichtet. Bis zu 10 000 Saisonarbeiter haben in jenen Tagen des „Goldrush" an der Oste ihr Brot verdient.
Aber das ist alles Schnee von gestern. Denn auch das Zementwerk hat wegen Erschöpfung der Kalklager seine Tore 1985 endgültig geschlossen. Nur das Verwaltungsgebäude an der B 73 und gegenüber ein kleines Freilichtmuseum mit Maschinenteilen aus dem ehemaligen Werk erinnern noch an die glorreichen Zeiten. Und, ebenfalls direkt an der B 73, wartet ein riesiger See von ca. 100 m Tiefe auf eine zweckmäßige Verwendung. Andere Industriebetriebe möchten natürlich gerne ihren Müll in diese große Kuhle werfen. Aber die Gemeinde Hemmoor, der das Gelände nicht gehört, kämpft darum, den See als Freizeitgelände nutzen zu können, wozu er sich geradezu anbietet. Drücken wir den Hemmoorern die Daumen, denn auch wir und Sie könnten Freude daran haben.

Die 8000-Einwohner-Stadt, die 1945 auch noch einen großen Flüchtlingsstrom verkraften mußte, hat die ökonomischen Probleme wohl gut gelöst und steht heute auf den recht soliden Füßen mittelständischer Betriebe. Dazu hat die günstige Verkehrslage sicherlich mit beigetragen. Hier kreuzen sich die B 73 von Hamburg nach Cuxhaven und die B 495 von Bremerhaven/Bremen zur Elbfähre Wischhafen-Glückstadt. Die Oste mit dem Verladehafen Schwarzhütten haben wir schon erwähnt. Außerdem führt die Bundesbahnlinie Hamburg — Cuxhaven mit Bahnhöfen in Basbeck und bei Hemm durch die Gemeinde.

Solch ein gewerblich-industriell orientierter Ort hat es natürlich schwer, für den Touristen attraktiv zu sein. Man kann die Stadt Hemmoor nicht gerade eine Schönheit nennen. Durch das Puzzle aus mehreren Dörfern hat sich kein organisches Zentrum bilden können, so daß man in den letzten Jahren eines auf dem Reißbrett entworfen und quasi künstlich errichtet hat. Da fehlt die heimelige Atmosphäre, und erst die Jahre müssen dem Ganzen die nötige Patina verleihen. Auch das Weichbild des Ortes ist nicht Stadt noch Land, was durch den langgestreckten Plan der Stadt, der Länge nach zersägt durch die breite B 73, nicht gerade besser wird. Ein kleiner Badesee und ein Hallenbad sowie ein Reitplatz mit Halle stehen für die Freizeitgestaltung zur Verfügung. Und, wie gesagt, drumherum überall schönste Landschaft.

Nach Osten hin geht es kurz hinter der B 73 sturzartig runter zur Ostemarsch. Nicht nur Frachtschiffe, sondern auch Sportyachten finden hier am Fluß ihren Anleger. Der hohe Damm der B 495 trennt im Süden den Basbecker Bereich deutlich ab. Das entspricht sicherlich auch der historischen Bedeutung Basbecks, das von alters her eine große selbständige Gemeinde und Sitz der Herren von Brobergen war. Dieses Adelsgeschlecht hatte hier seit 1280 eine Vogtei und erbaute 1470 einen Rittersitz. Auch die Fähre nach Osten legte seit eh und je hier an, was dem Ort eine verkehrstechnische Bedeutung gab. In Basbeck haben die Broberger 1570 die erste Kirche des jetzigen Stadtgebietes gestiftet. Das heutige Gebäude entstand durch Umbauten um die Jahrhundertwende.

Kurioserweise hat Hemmoor von dem kleinsten und jüngsten seiner Teilglieder seinen Namen erhalten. Das kleine Dörfchen Hemmoor (heute Althemmoor) wird erst in der Mitte des 17. Jahrhunderts erwähnt, und noch 1848 zählte es ganze 25 Häuser. Erst die Zementfabrik hat es aus dem Schlaf gerissen und weltweit bekannt gemacht, was denn wohl auch bei der Namenwahl den

Ausschlag gab. Wenn's nach Größe und historischer Gewichtigkeit ginge, müßte Hemmoor heute Warstade oder Basbeck heißen.

Die Geestseite um Heeßel und Pulvermühle herum ist teilweise durch riesige Sandgruben und Betonwerke verschandelt worden. Die Erde ist eben nicht nur ein Ferienparadies. Wo nicht geschafft wird, kann auch nicht geruht werden, übrigens, in Pulvermühle wurde bis etwa 1750 tatsächlich Pulver gemahlen. Man verwandte dafür die Holzkohle des Faulbaumes. Später wurde die Mühle in eine Kornmühle umgerüstet. Heute verheißt Ihnen der Name „Pulvermühle“ eine kulinarische Rast auf Ihren Wanderungen durch die abwechslungsreiche Landschaft der Samtgemeinde.

Südlich der Pulvermühle geraten wir wieder ins Moor. Wir sollten nicht vergessen, daß im 18./19. Jahrhundert durch die von der Hannoverschen Regierung intensiv betriebene Moorkolonisation der Torf als begehrtes Heizmaterial ein wichtiger Exportartikel des Elbe-Weser-Raumes war, besonders in die Großstädte Hamburg und Bremen. Zwischen Juli und Oktober, der Haupttorfsaison, wimmelte es auf der Oste von hochbeladenen Bullen, Prähmen und Evern. Allein in Bremervörde, dem wichtigsten Torfhafen, wurden dann etwa 500 Schiffe beladen. Aber nicht nur in den Häfen, sondern auch an den sogenannten Schiffsstellen entlang der Oste, wo Kanäle oder Nebenflüsse mündeten, wurden Torf, Steine und Stackbusch für die Uferbefestigung auf die Reise geschickt. Noch heute findet man an solchen Stellen alte Ziegelsteine aus der großen „Ziegelzeit“. Den regen Schiffsverkehr auf der Oste kann man sich heute kaum noch vorstellen. Im Jahre 1832 wurden an der Mündung 10 321 Schiffsbewegungen registriert. Das bedeutet 28 Schiffe pro Tag, ohne Rücksicht auf die Jahres- und Tageszeiten, die damals noch ganz wichtige Faktoren waren.

Wir sollten auch noch etwas auf der Oste schippern und uns deshalb in Eilmärschen auf den Weg machen. Die B 73 möglichst meidend, gehen oder radeln wir durch die Moorreihe bis Bornberg, schwenken dort rechts ab Richtung Laumühlen über den Telegraphenberg, wo wieder einer dieser „optischen Telegraphen“ (siehe Samtgemeinde Dobrock) im 19. Jahrhundert stand. Wir wandern durch herrliche Wald- und Ackerlandschaft der Geest, die hier bis an die Oste heranreicht. In Laumühlen geht es dann scharf links nach Klint, Koppel, wo Sie einen Campingplatz an der Oste finden, und nach Hechthausen.

Im 16. Jahrhundert verlegten die Marschalcken ihren Wohnsitz von der Cranenburg rechts der Oste nach Hechthausen auf die

Osteanleger Hechthausener Mühle

hochgelegene Geest. Sie verdrängten die Broberger aus diesem Gebiet, das sie von der Börde Lamstedt lösten, und errichteten das „Patrimonial Gericht Hechthausen". Unter der alten Hechthauser Kirche, deren heutige Gestalt aus der Mitte des 17. Jahrhunderts datiert, bestatteten sie ihre Toten in zwei Grabgewölben, die 1842 zugeschüttet wurden, nachdem die Bestattungen in Kirchen verboten worden waren. Bis 1628 gab es sogar eine Zugbrücke bei Cranenburg über die Oste, die von den Tyllischen Söldnern zerstört worden ist.

Die Familie von Marschalck gehört zu den wenigen Adelsgeschlechtern dieser Gegend, die die rasanten Umwälzungen zur Neuzeit überlebt haben und hier in Hechthausen eine der größten Gutsländereien des Landkreises mit 800 ha bewirtschaften. Natürlich übt der Gutsherr Freiherr Marschalck von Bachtenbrock keine herrschaftliche Gewalt mehr über die Bürger der Gemeinde aus. Aber durch den großen Landbesitz beeinflußt er doch wesentlich die Gestaltung der Landschaft. Dabei kommt den Marschalcken das große Verdienst zu, schon seit eh bis auf den heutigen Tag intensive Aufforstung betrieben zu haben. Das gibt uns die Möglichkeit zu wundervollen Spaziergängen durch die großen Forste bei Hechthausen.

Aber wir wollten ja auf die Oste. Und da hat der Freiherr auch etwas Besonders zu bieten: Wohnen auf dem Wasser. Die Idee ist eigentlich simpel. Er hat einfach die Fahrgestelle von Wohnwagen abmontiert und statt dessen Schwimmkörper darunter gebaut und das Ganze mit einem kleinen Motor versehen. Mit diesen Dingern kann man ganz gemütlich auf der Oste herumtuckern. Allerdings sollte man möglichst nicht gegen die Strömung strampeln, sondern immer mit der Tide fahren. Die Oste ist bis Bremervörde tidenabhängig, d. h. sie fließt ,,rauf und runter''. Einen Bootsführerschein brauchen Sie nicht, und die Handhabung ist ganz einfach.
Eine Bootspartie auf der Oste sollte ärztlicherseits als Beruhigungsmittel verordnet werden. Hier wird das Wörtchen ,,Frieden'' sinnlich erfahrbar. Das satte Grün der Deiche und der Marschenwiesen. Dann und wann ein Ruderboot oder das Tuckern einer Yacht. Weiße Segel gleiten vorbei. Am Ufer hier und da der ruhige Blick eines Anglers. Spaziergänger und Schafe auf dem Deich, hinter dem die blühenden Obstbäume und dunklen

Reetdächer hervorschauen. Und wenn die Sonne es so richtig gut meint, einen Sprung in das bräunliche, kräftig strömende Wasser machen. Das tut gut, denn in dem gesunden Fluß können sich Fisch und Mensch noch wohlig tummeln.

Eine günstige Gelegenheit, unser schwimmendes „Ferienhäuschen" festzumachen, bietet sich am Fährhaus in Osten an, direkt unter dem riesigen Gestell der Schwebefähre, Sie befinden sich an der Stelle, die das Werden und Sein dieses Ortes seit 5000—6000 Jahren wesentlich beeinflußt hat. Mag sein, daß Sie heute hier verweilen, um in dem historischen Fährkrug von 1764 oben auf dem Deich Ihren Gaumen mal so richtig zu verwöhnen. Doch vielleicht bitten Sie bei der Gelegenheit den Wirt, Herrn Ahlf, einmal, mit Ihnen auf der Schwebefähre über die Oste zu gondeln. Das technische Baudenkmal, das noch voll funktionsfähig ist, hat 65 Jahre lang, von 1909 bis 1974, reibungslos und ohne Mucken seinen Dienst versehen. Das den Ort und die weitere Umgebung überragende Stahlgerüst verdient nicht nur wegen seiner Funktion, sondern mehr noch als Zeuge einer bestimmten Epoche unseres technischen Zeitalters die Würde eines Denkmals und darf sich getrost neben Eiffelturm und Wuppertaler Schwebebahn einreihen, ohne rot zu werden. Der verantwortliche Ingenieur Pinette aus Berlin war denn auch schon beim Bau des Eiffelturms in Paris dabei.

Die Schwebefähre hat die alte Prahmfähre abgelöst, die an derselben Stelle mindestens seit dem 15. Jahrhundert zwischen Osten und Basbeck verkehrte. Noch früher befand sich der Fähranleger etwas weiter flußaufwärts am Kirchspielsgang, wo auch ein kleines Hafenbecken gewesen sein muß. Der Prahm, der an einem auf dem Flußgrunde laufenden Seil über den Fluß geführt wurde und breit genug für Fuhrwerke war, hatte das vorher gebräuchliche kleinere Fährboot abgelöst. Die beiden Bootstypen sind ebenfalls bei der Schwebefähre zu besichtigen. Das kleine Fährmuseum umspannt mit Blick auf die nahe Brücke einen Bogen tausendjähriger Verkehrsgeschichte.

Der Fährort Osten fällt etwas aus dem Rahmen dessen, was wir bisher über die Gemeinden des Landkreises gehört und gesehen haben; denn weniger Acker und Land, sondern Fähre und Kirche haben die Menschen hier seßhaft werden lassen. Die Bewohner waren seit frühester Zeit überwiegend Schiffer, Fischer und Kätner, d. h. Händler, Handwerker, Gastwirte und Tagelöhner. Osten war Gerichtsort und eine Art Markt- und Gewerbezentrum des umliegenden Marsch- und Moorlandes. Und so bestimmen denn auch weniger alte Bauernhäuser als vielmehr die oft stattlichen Villen der Jahrhundertwende und einige alte Speicher und Ausspanne, die Motels der Kutschenzeit, das Bild des heute so stillen Fleckens.

Ursprung des Ortes war wohl eine Kapelle ,,by de Osten'' für die umliegenden Bauernschaften der Marsch- und Moorkolonisten. Die Holländer waren auch wieder dabei. Diese Kirche, die im Dubben bei der Langenstraße gestanden hat und zu keiner größeren Ortschaft gehörte, wurde vermutlich um 1100 durch eine größere und stabilere Kirche abgelöst. 1391 hat eine Sturmflut den alten Hafen mit dem Fähranleger und den ursprünglichen Platz der Kapelle, der wahrscheinlich auch Thingplatz war, zerstört. Die neue Kirche, die schon auf dem heutigen Kirchplatz stand, ist Ende des 14. Jahrhunderts abgebrannt. 1395 wurde die nächste Kirche auf einer Wurt wieder aufgebaut, die dann 1745 wegen Baufälligkeit abgerissen werden mußte.

Mit der St.-Petri-Kirche zu Osten, die 1748 als dritter Bau an dieser Stelle eingeweiht wurde, stehen wir ein letztes Mal auf unserer Rundreise vor einem der prächtigen ,,Marschendome''. Zugleich der „Größte unter den Herrlichen" fällt er auch durch sein städtisches Äußeres auf, was wiederum bezeichnend für den besonderen Charakter des Ortes ist. Den Ostenern war denn auch für den Entwurf ihres neuen Gotteshauses der Hamburger Architekt Johann Leonhard Prey nicht zu teuer, der vier Jahre später den berühmten ,,Hamburger Michel'' mitgestaltete. Er hat einen Barock-Bau aus einem Guß hinter den Ostedeich gestellt, auf den die Bürger des ,,Mini-Städtchens'', das nie eine Stadt gewesen ist, zu Recht stolz sein können.

Das Innere entspricht selbstredend dem Äußeren. Der prachtvolle Barock-Kanzelaltar, d. h. die Kanzel ist hinter dem Altartisch in den Altar integriert, wird von wappengeschmückten, geschlossenen Priechen, Ehrenlogen, flankiert. Hinter dem schönen Barock-Orgelprospekt auf der gegenüberliegenden Empore verbirgt sich leider eine dringend erneuerungsbedürftige Orgel. Da die goldenen Zeiten längst vergangen sind, wird man wohl eine ganze Weile den Spendentopf aufstellen müssen, bevor die Klänge wieder ihres Kleides würdig sein werden. Unter dem hohen Tonnengewölbe bieten die Bänke rund 1100 Seelen Platz. Diese große Sitzplatzzahl — Osten hat nur rund 700 Einwohner — erklärt sich aus dem großen Gebiet, das seit frühester Zeit zum Kirchspiel gehört.

Erstaunlicherweise ist Osten erst 1875 eine selbständige Gemeinde geworden. Vorher gehörte es zur Bauernschaft Altendorf.

Schwebefähre — Osten

Der Ortsname Osten bezeichnete einen etwa 11 km langen Siedlungsbereich entlang der Oste. Durch den Bau der Kirche hieß die Ortschaft dann Kirchosten. 1970 wendet sich das Blatt, und die Landgemeinden Altendorf und Isensee bilden mit Osten die Einheitsgemeinde Osten, die 1972 dann zur Samtgemeinde Hemmoor zugeschlagen wird. Das Amtsgericht wird 1973 aufgelöst, und 1974 ist Einweihung der neuen großen Brücke über die Oste. Es wird still im Orte, was dem Erholungssuchenden nur recht sein kann.

Die Einheitsgemeinde Osten ist im Gegensatz zur übrigen Samtgemeinde ein ausgesprochenes Feuchtgebiet ohne Geest. An der Oste entlang erstreckt sich von der Rönne bis zum Niederstrich die üppige Flußmarsch mit seinen stattlichen Apfelhöfen. Auch die Pferdezucht steht hier, wie im ganzen Oste-Elbe-Raum in hoher Blüte. Für den Reiz dieses Landstriches hinter dem Deich spricht auch, daß sich hier viele Neusiedler aus den Großstädten ihr ländliches Heim geschaffen haben.

Hinter diesem schmalen Marschenstreifen dehnt sich nach Osten eine weite grüne Ebene ehemaliger Torfmoore aus. Wir kennen diese Art Landschaft schon von unseren Streifzügen durchs Sietland und andere Niederungen des Kreisgebietes. Es ist an der Zeit, sich wieder aufs Stahlroß zu schwingen und entlang den Kanälen und Gräben auf den schmalen Straßen zu radeln. Noch glücklicher natürlich der, der diese sanften, ruhigen Weiten auf dem Rücken eines echten Rosses einatmen kann.

Im südöstlichen Winkel des Moores, bei Obenaltendorf, hat man 1895 eine der berühmten Moorleichen gefunden. Durch die Moorsäure wurden Haut, Haar und ebenso Wolle konserviert, während die Eingeweide und Knochen verwesten. Die Lebens- und Todesdaten der Moorleichen können ziemlich genau datiert werden, und ihre gut erhaltene Kleidung gibt Aufschluß über Kultur, Sitten und Gebräuche der jeweiligen historischen Epoche. Die Obenaltendorfer Moorleicht, die Sie im „Schwedenspeicher" in Stade besichtigen können, stammt aus dem 3. Jahrhundert n. Ch. Wie fast alle Moorleichen dürfte sie eines gewaltsamen Todes gestorben und im Moor versenkt worden sein. In der Gegend des Fundortes stand mal eine befestigte Wehranlage, die Burg Ostenhagen. Sie wurde bereits im Jahre 1397 zerstört. Die Junker von Ostenhagen, die auf ihr residierten, sind bald darauf ausgestorben. Ein schloßartiger Gutshof auf der Kranenweide nahe der Rönne wird heute noch von den von Schulenburgs, einem späteren Altendorfer Herrschergeschlecht, bewirtschaftet. Nach Osten zurückgekehrt sollten Sie die Heimatstuben direkt bei der Kirche einmal besuchen, um sich die bewegte Vergangenheit dieses Ortes noch stärker zu vergegenwärtigen. Für uns war es ein intensives Erlebnis, mit dem Wissen dessen, was hier einmal los war, durch die stillen Straßen zu gehen. Sich das Gedränge und Geschiebe der Menschen und Fuhrwerke in den schmalen Gassen vorzustellen. Wenn der Weihnachtsmarkt um die St.-Petri-Kirche herum pulsiert, bekommt man heute noch eine schwache Ahnung davon.

Zu guter Letzt wollen wir Sie noch auf ein Kuriosum aufmerksam machen. Vom Mittelalter bis ins 19. Jahrhundert hinein gab's in jedem Dorf mehrere kleine Bierbrauereien und Schnapsbrennereien. Die Produktion und der Konsum von Alkoholika konnte von den Landesherren nur mühsam gesteuert und reglementiert werden. Die zahllosen Hersteller der geistigen Stoffe sind heute ausgestorben, was man vom Genuß dieser Getränke nicht behaupten kann. Osten kann es sich zu Ehre anrechnen, als letztes noch eine Schnapsbrennerei in seinen Mauern beherbergt zu haben, die Sie heute als Buddelmuseum besichtigen können.

Wir sind am Ende unserer Reise. Vielleicht sollten wir als krönenden Abschluß noch eine Dampferfahrt auf der Oste mit der „Mocambo“ machen, die beim „Seefahrer“ am Ostedeich ablegt. Wir wollen uns damit von Ihnen verabschieden, in der Hoffnung, Ihnen ein wenig Lust auf dieses weitestgehendst noch zu entdeckende Land zwischen Weser und Oste gemacht zu haben. Vieles, allzu vieles mußten wir übergehen, oder konnten es nur streifen. Dieses Buch kann seiner Natur nach nur oberflächlich anrühren, einen Anstoß geben. Es ist jetzt an Ihnen, auf Entdeckungsfahrt zu gehen.

ⓘ Was es in Hemmoor gibt

Auskunft:

Samtgemeinde Hemmoor
Rathausplatz 5 — Tel. 0 47 71 / 60 20
2170 Hemmoor

Öffnungszeiten:	Montag—Freitag	8.00—12.00 Uhr
	Donnerstag	15.00—18.00 Uhr

Bäder

Hallen- und Freibad
Lamstedter Straße 1 — Tel. 0 47 71 / 33 43
2170 Hemmoor

Boote, Ausrüstung u. Kanuverleih; Wohnboote:

Krista Reibe
Mühlenstr. 22 / Mühle — Tel. 0 47 74 / 8 11
2174 Hechthausen/Oste

Campingplatz „Geesthof"
Inh. Freiherr Marschalck
von Bachtenbrock
2174 Hechthausen-Klint — Tel. 0 47 74 / 10 25

Campingplatz:

Campingplatz „Geesthof"
Inh. Freiherr Marschalck
von Bachtenbrock
2174 Hechthausen-Klint — Tel. 0 47 74 / 10 25

Deutsche Bundesbahn:

Bahnhof Basbeck-Osten — Tel. 0 47 71 / 24 16
Bahnhof Warstade-Hemmoor — Tel. 0 47 71 / 73 24
Bahnhof Hechthausen — Tel. 0 47 74 / 2 14

Fahrradverleih:

Fremdenverkehrsverein Osten
Hans Brozio
Lange Straße 30 — Tel. 0 47 71 / 26 03
2176 Osten

Hotels u. Gaststätten:

Fluß-Hotel — Restaurant „Fährkrug"
Familie Ahlf
Deichstr. 1 — Tel. 0 47 71 / 39 22 Hotel
2170 Osten-Oste — 23 38 Restaurant

Polizei:

Polizeirevier
Rathausplatz 5 — Tel. 0 47 71 / 20 10 + 30 11
2170 Hemmoor

Post:

Postamt Hemmoor
Bahnhofstr. 36 — Tel. 0 47 71 / 60 11
Hauptstr. 37 — 6 01-2 17
Bergstr. 12 — 6 01-2 18
Grenzweg 10 — 75 51

Reiten:

Geesthof
Geesthofer Weg 37 — Tel. 0 47 74 / 5 12
2174 Hechthausen

Sehenswürdigkeiten:

Buddelmuseum, Kirche, Schwebefähre in Osten
Mühle Hechthausen

Fluß-Hotel Restaurant „Fährkrug" Osten

Ein Gasthaus — wir wählen dieses schöne alte Wort „Gasthaus" hier bewußt — wird wesentlich von drei Komponenten geprägt: der landschaftlichen Umgebung, der Architektur des Hauses und den Gastwirten. Der Fährkrug in Osten dokumentiert dieses in eindrucksvoller Weise. Er thront auf dem Ostedeich in direkter Berührung mit dem Ort und dem Marschenland, überragt von der Schwebefähre. Vor dem Haus finden Sie reichlich Platz für Auto oder Bus und wenn Sie mit dem Boot kommen, können Sie am hauseigenen Anlegesteg festmachen. Die Bezeichnung Flußhotel ist so schon reichlich gerechtfertigt. Der Fährkrug ist seit 1529 als Fähr- u. Gasthaus aktenkundig, und das heutige Stammhaus feierte 1986 sein 222jähriges Bestehen. Es ist in seinem wesentlichen Charakter auch innen unverändert. Aus dem alten kleinen ‚Krug' ist indes ein komplettes Urlaubs- und Erholungshotel geworden mit 14 komfortabel eingerichteten Einzel- und Doppelzimmern und einem großen Kaffeegarten. Seminar- und Gesellschaftsräume für bis zu 150 Personen, Fahrrad- und Bootsverleih, Kegelbahn, Tischtennis und Billard, sogar ein eigener Fischteich, steht den Hotelgästen unentgeldlich zur Verfügung. Das Angelgerät kann gegebenenfalls ausgeliehen werden. Der Fährkrug ist bei den Sportanglern in ganz Deutschland bekannt, wovon auch das alljährliche Königsangeln im Oktober zeugt. Jetzt wird es Zeit, daß wir von den Wirtsleuten reden. In Horst Ahlf verbindet sich aufs glücklichste die Achtung und Sensibilität für die historischen Werte mit einem ausgeprägten Sinn für moderne attraktive Gastlichkeit. Er ist die wandelnde Chronik von Osten und kann Ihnen ein Ausflugs- und Besichtigungsprogramm für eine ganze Woche zusammenstellen. Küchenchefin ist seine Frau Gisela, und diese Küche können wir Ihnen als häufige Gäste des Hauses wärmstens empfehlen, besonders natürlich die Fischkarte, die uns schon mit den feinsten Früchten des Meeres, der Flüsse und der Teiche erfreute.

Campingplatz und Reitzentrum Geesthof

In landschaftlich reizvoller Lage, direkt an der Oste, liegt unter altem Baumbestand der Campingplatz Geesthof des Freiherrn Marschalck von Bachtenbrock. Ein mit allen modernen Einrichtungen ausgerüsteter Platz, der auch Liegeplatz der Wohnboote ist, die der Freiherr verchartert. Das nebenan liegende Reitzentrum bietet die Möglichkeit zum Reiten unter erfahrener Betreuung. Und wer nicht in der Oste baden möchte, obwohl das von der Wasserqualität her noch möglich ist, findet sogar ein beheiztes Freibad vor.

Anhang

Wie versprochen, wollen wir Ihnen jetzt am Ende unseres Streifzuges durch den Landkreis Cuxhaven den Heimatbund „Männer vom Morgenstern“ und das Urlaubsangebot „Wandern ohne Gepäck“ vorstellen. Beide Einrichtungen, so grundverschieden sie auch zu sein scheinen, sind hervorragend geeignet, Ihnen bei der gründlicheren Erfahrung von Geschichte, Leben und Natur des Landkreises zu helfen.

Männer vom Morgenstern

Im Jahre 1882 gründete Hermann Allmers im Weddewardener Gasthof „Schloß Morgenstern“ (bei Imsum) mit einigen Freunden die gesellige Runde der „Männer vom Morgenstern“. Daraus entwickelte sich der heutige Heimatbund, dessen Wirkungskreis sich über das ganze Land an Weser- und Elbmündung erstreckt. Der Verein will — die Heimat, ihre Geschichte und Natur erforschen, — die Kultur und Natur der Heimat pflegen und schützen, — die niederdeutsche Sprache lebendig erhalten, — das Schrifttum dieser Bereiche besonders fördern. Eine regelmäßige Beilage in der Nordseezeitung und zahllose wissenschaftliche und heimatkundliche Publikationen sind u. a. die Früchte dieser Bemühungen. Eine umfangreiche Morgenstern-Bücherei befindet sich in der Museumsbibliothek in Bremerhaven-Geestemünde, Kaiserstr. 5/6. Schon Anfang des Jahrhunderts ging aus der großen Sammlung des MvM das Morgenstern-Museum der Stadt Bremerhaven hervor. Natürlich können Sie auch Mitglied der „Männer vom Morgenstern“ werden. Kontakt-Adresse: Carla Heyne, Borriesstr. 1, 2850 Bremerhaven, Tel. 0471/2713.

Wandern ohne Gepäck

Fremdenverkehrsvereine, Verkehrsämter und private Initiativen im Landkreis Cuxhaven haben, erstmals ab Herbst 1986, das Urlaubsangebot „Wandern ohne Gepäck“ ausgearbeitet. Das Angebot beinhaltet verschiedene Arrangements, d. h. Wanderrouten über eine Distanz von 45 bis 90 km und einer Dauer von jeweils ca. einer Woche. Der wesentliche Gedanke dabei ist, daß man Ihnen das Gepäck von Ort zu Ort transportiert, so daß Sie unbeschwert wandern können. Ferner sind die Routen so angelegt, daß Sie am Ende nicht wieder zum Ausgangspunkt zurück müssen, weshalb Ihr Gepäck auch sozusagen mitreist. Natürlich werden Sie auf Ihrer Wanderung an allen interessanten und

besonders schönen Punkten der jeweiligen Gegend vorbeikommen. Die Wege sind von Kennern ihrer Heimat ausgearbeitet worden.
Informationen über das gesamte Programm erhalten Sie über: Landkreis Cuxhaven — Amt für Regionalplanung und Wirtschaftsförderung — Postfach 328 — 2190 Cuxhaven — Tel. 04721/6625100

Frühling im Moor